爱与幸福
铺就成长之路

叶新强 著

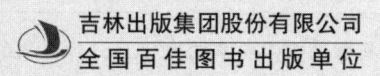

吉林出版集团股份有限公司
全国百佳图书出版单位

图书在版编目（CIP）数据

爱与幸福铺就成长之路 / 叶新强著. -- 长春：吉林出版集团股份有限公司, 2023.12
ISBN 978-7-5731-4509-3

Ⅰ.①爱… Ⅱ.①叶… Ⅲ.①基础教育-学校管理-中国 Ⅳ.①G637

中国版本图书馆CIP数据核字(2024)第000630号

AI YU XINGFU PU JIU CHENGZHANG ZHI LU
爱与幸福铺就成长之路

著　　者	叶新强
责任编辑	杨　爽
装帧设计	吴晓华

出　　版	吉林出版集团股份有限公司
发　　行	吉林出版集团社科图书有限公司
地　　址	吉林省长春市南关区福祉大路5788号　邮编：130118
印　　刷	唐山富达印务有限公司
电　　话	0431-81629711（总编办）
抖 音 号	吉林出版集团社科图书有限公司　37009026326

开　　本	710 mm×1000 mm　1 / 16
印　　张	13.75
字　　数	220 千
版　　次	2023 年 12 月第 1 版
印　　次	2023 年 12 月第 1 次印刷

书　　号	ISBN 978-7-5731-4509-3
定　　价	68.00 元

如有印装质量问题，请与市场营销中心联系调换。0431-81629729

序 言

教育的目标是什么？这是每位教育工作者都应该认真思考与探索的现实问题，在我看来，教育的目标是育人。教育工作者的价值则在于利用爱创造幸福的育人环境，培养学生追求幸福生活的能力，用自己的努力铺就学生的成长之路。这么多年的教育工作经历告诉我们，"用爱营造幸福生态"应该是教育工作者的追求。

校长是学校发展的规划者和领航者，每所学校的发展都应该是个性化的，而校长就是个性化发展的领导者，他赋予了学校的办学特色，推动了学校教育的品牌化发展。基于此，校长需要确定学校的办学思想与办学理念，形成学校特色办学方面的目标与思路，让所有师生都认可学校的发展追求；同时，加强校长的领导力修炼，让自己胜任新时代校长这一职位。作为校长，要多了解教育教学前沿理论，深入教育教学工作，多读书、多思考，贯彻落实国家教育政策与理念，成为新时代合格校长。校长不是一个人在奋斗，需要推动师资队伍建设，为学校的长远发展奠定人才基础。当所有教师都开始追求上进、注重专业发展、努力做好教育教学工作时，则学校的发展就有了依托，提升学校办学质量也有了现实保障。教师的专业成长离不开教科研活动，教科研活动能够真正让教师的能力得到提升，引导他们思考教育教学中遇到的问题，真正探索更有效的教书育人之路，鼓励他们成为教育的研究者，成为时代的大先生。特色课程是学校教育教学工作的基础，我们通过"百花园"特色课程体系建构，真正实现了课程引领，也实现了课程改革理念的深度落实，为学生成长提供了丰富的课程选择。教学活动的核心始终围绕"爱与幸福"这一主题，通过教育教学活动设计引领学生成长，同时注重家校共育，让家长参与学生的成长过程，成为培养学生的力量。总之，作为校长，应该努力在校园中营造一种充满爱与幸福的生态教育文化，让每个人都受到这一文化的影响，成为幸福的人。

作为教师，育人是使命，也是职责。学科育人与德育育人是两个重要方面，前者从知识与核心素养角度培养学生，后者从"立德树人"角度促进学生成长。我教过语文、道德与法治两个学科，语文是基础人文学科，在语文教学中注重感情教育，帮助学生树立正确的人生观和价值观，用真情引导学生成长。学生能够感受到教师的真情实意，自然可领会语文课程中的美好之处。随着核心素养理念的提出，在语文教学中渗透核心素养理念是必要的，尤其要重视传统文化传承，让学生真正学好语文，能通过文化角度来探索语文。"双减"政策提出后，语文教学更注重能力和素养的培养，语文教师要设计更契合学生特点的作业，让学生在探索与思考中实现语文知识的应用。道德与法治是培养现代合格公民的重要课程，育人特征明显，道德是个人要求，法治则是社会需求，在学生成长之路上，道德教育要从心灵层面引领，法治规范要对外在行为进行约束，从而推动文明社会建设。道德与法治课程的教学将会实现培养时代幸福新人的目标。德育，既是新时代教育落实"立德树人"的要求，也是学生未来成长和追求幸福的需求。重视德育，才能让学生幸福，才能让未来社会更加和谐美好。

不管是作为校长，还是作为教师，我都是一名光荣的教育工作者，都会努力做好党和国家的教育事业，为自己心中的教育梦想努力，用自己的爱为学生的幸福成长铺路。作为校长，我从管理层面努力；作为教师，我从教学层面着手。方法不同，但是追求一致，那就是构建"充满爱与幸福的教育生态"，让每个学生都幸福地成长。

叶新强
2023年5月

目 录

第一章 | 修炼领导力，用思想领导学校

　　第一节　理念领航，增加师生幸福感 …………………… 1
　　第二节　以人为本，修炼校长领导力 …………………… 9
　　第三节　提升素养，建设高质量团队 …………………… 24

第二章 | 紧抓课堂课程，向教学规律靠拢

　　第一节　搭建特色课程体系，让学生全面发展 ………… 31
　　第二节　深度开展研修活动，脚踏实地做教学 ………… 52
　　第三节　丰富教学实践活动，助推学生成长 …………… 71

第三章 | 以爱之名义，创造学生发展环境

　　第一节　塑造多元开放的校园文化环境 ………………… 117
　　第二节　家校共育，让教育产生共振效应 ……………… 131

第四章 | 构建新课堂，和教师一起做研究

　　第一节　以"小学语文教学"为例探索情感教学 ……… 141

第二节　基于核心素养培养的小学语文课 …………… 148

第三节　小学语文教学中的文化传承 ………………… 155

第四节　"双减"政策下的小学语文教学 ……………… 160

第五章 | 育人先育德，让学生在爱中自我锻造

第一节　道德与法治教学的育人思考 ………………… 173

第二节　道德与法治的德育探索 ……………………… 183

第三节　道德与法治培育时代幸福新人 ……………… 203

参考文献 ……………………………………………………… 211

第一章

修炼领导力，用思想领导学校

第一节　理念领航，增加师生幸福感

办学思想与办学理念，既是一所学校文化发展框架的核心，也是校长引领学校成长道路的认知。每所学校的办学思想与办学理念都要符合国家教育政策，符合学校实际情况，更要符合育人目标。

一、办学思想认知

学校作为教育实践的主要阵地，其办学思想在一定程度上也决定了学校教育的整体质量，学校需要以新课改为契机，以党的教育方针为中心，形成特色办学模式，深化素质教育，不断提升教育质量，为国家培养人才。

（一）以党的教育方针为中心，做国民素质的提升者

教育的目的在于育人。著名教育家陶行知曾阐述教育的本质，教育既要达到"教人求真"，也要实现"学做真人"。教育围绕"作善""求真""做真人"，要求在提高个人的思想道德品质的基础上，学习各学科知识、丰富个人内涵并学以致用，促进人的全面发展。作为自古以来实施教育的机构，学校要全面承担起教书育人的社会责任。学校教育的有效实施，离不开科学合理的教育理念和教学方针的指导。教育方针和政策不仅为学校教师和其他教育行业工作者提供了教学思路，还成为各类学校实施办学理念、更好发挥育人作用的重要依据。

1. 要坚持党的教育方针不松懈

认真学习习近平总书记关于教育的重要讲话精神，坚持实施符合国情的教育理念，全面推进素质教育改革。当前，我国教育、经济、文化的发展仍存在不相适应的情况。我国在国家体制、国情、理念等诸多方面与其他国家存在较大差异，因此我国必须坚持走中国特色社会主义道路，形成符合我国国情和文化传统的教育政策，才能不断提高教育教学水平，最终实现中华民族伟大复兴。

2. 要坚持育人为本的教学理念不动摇

学校教育要以德育为先，深化对国家教育政策的理解，创新发展素质教育。注重对人的全面培养，不单纯以成绩高低评价学生的好坏优良，或降低升学率对学校办学水平影响的比重，而应努力倡导学校和教育工作者为国家培养德、智、体、美、劳全面发展的国之栋梁，落实落细科教兴国、人才强国战略。

3. 要坚持提升教育质量为目标不偏移

国家的建设需要培养源源不断的专业人才和高素质劳动者，我国正在不断探索实施素质教育，新课程改革也进入深水期，学校等实施教育的主体要把培养学生的全面发展和个性培养相结合，充分挖掘学生的创新意识和实践能力，全面提升教学和办学质量，培养学生的综合素质。要从提高课堂效率出发，实现素质教育理念融入课堂，进一步优化创新教师教学的方式方法，活跃课堂氛围，培养学生的充分思考能力。

（二）以特色办学模式为抓手，做服务社会的参与者

学校形成一定的办学特色，有助于向社会宣传其独特的教育理念。新课改明确要求，中小学不仅要全面实施素质教育，还要办出学校自身的特色。结合素质教育的理念，学校需要通过开展富有特色的教学课程引导学生充分发挥个人潜能，实现独立且全面的个性化发展。

一方面，学校要根据当地文化和学校的实际情况设置科学合理的教学目标，创办"规范与特色"的学校。要做好某类学科或文体艺术的重点培养教学工作，提高一定区域内教学成果的影响力，在教学内容上独树一帜或在教学方式上标新立异，形成明显不同于一般学校的教学特色。

另一方面，学校要通过不断创新的教学手段，加大教育行业优秀人才引进的投入力度，建立人才储备库，持续提高办学效益和质量。教育是以育人为目的的一种社会活动，具有较强的公益性和社会性，是立国之本。学校要提高对教学质量的重视程度，清晰分辨素质教育与传统应试教育的区别，重视对人的培养，建立健全、科学、综合的学生成绩评价体系。关注中小学生的身心健康，合理安排学习压力，为学生减负的同时也要注重培养学生的兴趣，以学生的爱好和兴趣特长为抓手，让学生主动学、愿意学，提高学生学习效率和教学质量，做到对学生、家长和社会发展全面负责。

（三）以实施素质教育为重点，做学生发展的推动者

教育的历史告诉我们，应试教育难以培养出推动社会进步和国家发展所需要的综合性人才。学校需要培养学生的综合能力，不断提高其运用所学知识解决生活实际难题的实践能力。国家只有实施素质教育，以提高国民素质为根本，才能有效提高教育基础水平，促进全体国民的综合素质，从而在各个领域涌现出更多的高水平人才，以支持国家的发展。

学校的办学和管理，要坚守素质教育理念，聚焦创新能力培育，将学生解决问题的思路打开，以更加宽广的知识视野和发自内心的主动性、强大的自信心投入学习知识、追求个人理想、实现人生价值，为中华民族伟大复兴而努力奋斗。百年大计，教育为本。让教育为文明传承和创造服务。学校培养学生"追求幸福"的意识，为学生的成长、升学进入新环境甚至踏入社会做好充分准备。

（四）以培育创新能力为目的，做课程改革的实践者

随着人口素质和人民生活水平的不断提高，人民群众对学校的教育理念和教学需求也在不断变化，新课改下，素质教育的全面实施极大地满足了人民的需求。学校是素质教育实践的最主要阵地，担负着培养学生创新意识的重要责任。在帮助学生掌握基本的学科知识和理论思想的同时，要有针对性地提高其创新意识、思维和能力，需要做好以下两个方面：

第一，将素质教育融入原有课程体系。素质教育不是一种新的教学模式，与学校以往教学并不矛盾，更代表着一种以提高学生综合素质为根本的教学理念。因此，在实施素质教育时，学校要充分剖析素质教育目标特点，并将其创新精神融入符合学校办学特点的教育课程体系，实现教学的顺利过渡和学生素质的整体提升。

第二，要全面实施素质教育体制创新，改变传统单向知识输送的"大水漫灌"式教育，提高教育的精准度和有效性，以激发学生的创新意识、提高思维能力为重点，丰富学生考试评价的内容和形式，形成更加科学合理的素质教育办学模式。

二、办学理念认知

一所学校的办学理念是办学者能主动地把先进教育思想与学校实际相结合的产物，是一种境界、一种追求，是办学灵魂之所在，是办学者对自己所办学校的理性认识和理想追求，并且内化为全校师生的共同认识和追求。它是校长教育信仰与价值观在学校工作中的体现，是校长在贯彻教育方针中表现出的办学谋略，是校长办学实践和感悟的结晶。办学理念是学校的灵魂和核心价值，先进的办学理念体现出时代特征，具有全局性、先导性、战略性指导作用。办学理念，即学校发展中一系列教育观念、教育思想及其教育价值追求的集合体，是学校自主建构起来的学校教育哲学。

办学理念的内核是学生观、教育观、学校观。

（一）学生观是办学理念的原点问题

学校的根本目标是促进学生发展，无论其有意识还是无意识，都对学生的发展起着一定的作用。20世纪80年代以来，我国的教育理论在学生观问题上基本达成一个共识，即学生是主体。

早在古罗马时期，普罗塔克就明确指出，学生不是一个需要填满的罐子，而是一个需要点燃的火种！一个生命的火种、精神的火种、心灵的火种！在当今信息化、多元化时代，对学生的理解一定要超越机器时代、进化论时代的学生观，充分认识到学生的天性、兴趣和需要，如杜威所揭示的制作兴趣、探究兴趣、语言社交兴趣和艺术兴趣等；学生观还内在地包含着学生的发展观，办学理念应符合学生发展的内在规律。

我们学校的学生观是用爱教育学生，引导学生成为"幸福的人"，教育目标是培养幸福的人。

（二）教育观是办学理念的思想基础问题

没有教育观的办学理念是伪理念、假理念。人们经常说，要转变办学方向，转变教育思想，指的就是转变教育观。一所学校的办学理念应清晰地回答教育观问题，只有正确的教育观，才会有正确的教学观、课程观、德育观、知识观、美育观、体育观、教育过程观、教育手段观以及教育质量观、教育评价观。而教育观的核心是教育本质观、教育价值观和学生发展观。

学校通过教育究竟要获得什么？这是办学理念需要明确的教育价值观问题。

从办学理念中能够透视出学校教育的核心思想，即切实促进学生素质全面而有个性地发展，为学生提供终身发展必备的基础知识和基本技能，激发学生终身学习的愿望，发展学生终身学习的能力，养成负责任的生活态度，具有创新精神和实践能力，从而具备思考并规划人生的能力，切实奠定"学会认知、学会做事、学会与他人共同生活和共同工作、学会生存"四大价值支柱。

（三）学校观是教学组织与管理的机构运行问题

办学理念反映的是学校的教育理念，因而，办学理念不能回避对学校的理解。我们如何理解学校，就会如何决定学校行为、学校思维，乃至整个学校生活方式。作为办学理念，我觉得应渗透如下对学校的基本理解。

学校不只是一种知识传授的场所，而是一个社会组织，是将制度化组织与日常生活组织结合的组织。

学校是一种充满着精神感召力的学习型与发展型的文化组织。精神感染力是文化组织的基本标志。

学校是具有文化品位的场所。有品位的学校应具有合作与交往的文化、研究与创新的文化、人本文化。

学校是物质与心理、精神和谐统一的优质生活空间，是环境的人文情调和人文关怀的彰显；环境和资源进入学校中人的生活，使得学校应具有"家"的亲和力。

合理的办学理念应凝聚着学校的教师观、学生发展观、教育质量观等丰富的内容，因为合理的办学理念不是一个口号、不是一个概念、不是一个教育政策、不是一种教育模式，而是沉淀了学校历史传统，反映了学校社区背景，以及学校校长和广大教师共同愿景的一整套教育思想体系的结晶。

三、坑梓中心小学办学思想体系与办学理念梳理

坑梓中心小学办学思想体系

教育理念

用爱营造幸福生态

办学目标

建设师生家校幸福联动、和谐共育、内涵丰富,特色鲜明的"生态型幸福学校"

育人目标

培养幸福的人

学校精神

不待扬鞭自奋蹄

没有最好,只有更好

校训

求真、崇善、尚美

校风

诚信、自励、勤勉、创新

教风

团结、奉献、敬业、爱生

学风

善思、乐学、求实、进取

"幸福教育生态圈"校园系统方案

系统关键词

爱、幸福、生态

教育理念

以爱营造幸福生态

育人目标

培养幸福的人

办学目标

建设师生家校幸福联动、和谐共育、内涵丰富，特色鲜明的"生态型幸福学校"

坑梓中心幸福生态教育"三三体系"：

◎ 爱的三种表达：关心、尊重、支持

◎ 幸福感三要素：成就感、尊重感、从容感

◎ 教育生态三要素：生活化课程、生命力课堂、生长性评价

幸福的人
（朝阳气质君子风范）
- 三自：自信、自理、自立
- 三会：会学习、会感恩、会生活
- 三讲：讲礼仪、讲诚信、讲责任

自　信——我行、我会，我快乐

自　理——自己的事情自己做，自己的活动自己搞

自　立——有志向，能力强、显才干

会学习——乐学善思、培养爱好、有效学习

会感恩——感恩父母、感恩教师、感恩同学

会生活——睦邻助困、健康身心、安全防范

讲礼仪——知仪明礼、养成习惯

讲诚信——守时守诺、以诚待人

讲责任——知责履行、关爱集体

师生家校幸福联动

幸福校园生态圈：

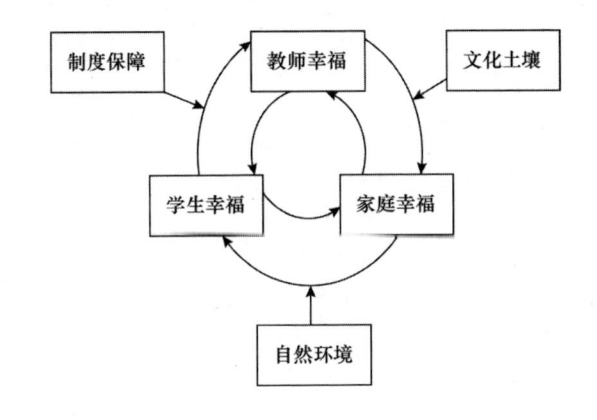

```
制度保障 → 教师幸福 ← 文化土壤
            ↕
学生幸福 ⇄ 家庭幸福
       ↑
     自然环境
```

幸福教育生态圈：

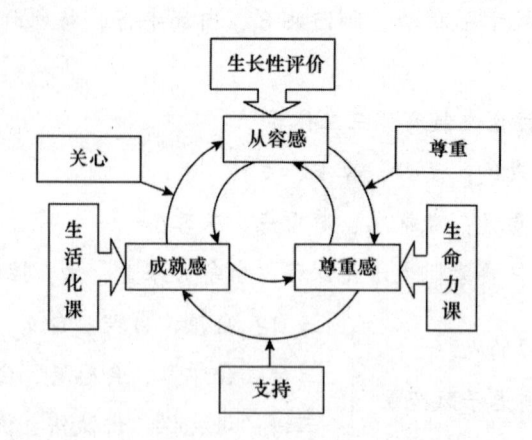

```
                    生长性评价
                        ↓
         关心  →     从容感      ←  尊重
       生活化课   成就感 ⇄ 尊重感   生命力课
                        ↑
                       支持
```

"和谐共育"就是以"适应每位学生的成长、适应每位教师的发展"为宗旨，以促使每个学生全面、主动、健康、可持续发展为质量目标，以培养幸福的人为育人目标，注重学生、教师、学校的全面发展、特色发展、可持续发展，着眼于可持续发展，让每个学生获得最适合自己的成长平台。

"内涵丰富"指：建立科学、高效、民主的管理机制，建设一支师德高尚，融教育、教学、科研为一体的专业教师团队，构建具有学校特色的课程体系和教学评价体系，坚持严谨治学与开拓创新相结合，使学生个性彰显与全面发展相结合。

"特色鲜明"指：养成教育显成效，建立养成教育的长效机制；学生在养成良好学习习惯和行为习惯的基础上主动学习，自主发展，至少具有一项喜欢并终身受益的兴趣活动项目。重点突出足球、击剑、管乐、创客实验、个性化班级管理等学校重点发展项目，让活动规范化、常态化、课程化，并加大推广力度。

第二节　以人为本，修炼校长领导力

一所学校的发展，离不开教师，离不开学生，也离不开校长。校长是一所学校的领航者，是一所学校发展的规划者，更是一所学校日常工作的管理者。校长领导力修炼，是指校长在领导学校发展过程中，勇于变革，不断开拓进取，为学校发展赋能。

一、校长的追求——做一名优秀的校长

我国著名教育家陶行知曾经说过："做一个学校校长，谈何容易！说得小些，他关系千百人的学业前途，说得大些，他关系国家与学术之兴衰。"校长是办学方向的掌舵者、教育思想的贯彻者、学校关系的协调者、教育管理的指挥者，在学校管理中有着相当重要的地位和作用。要办好一所学校，要靠全校的教师，更要靠教师的领班人——校长。校长素质高低，直接关系到办学的方向和办学质量，关系到国家和民族的未来。所以，要当校长，就要当一名优秀的校长。要做一个优秀的校长，应该具备以下几点素质：

（一）校长要有见识、意识、胆识的个人素养

成功的校长是一个有丰富见识的教育工作者，因为校长的见识会影响到他自己的思想素养。

校长的见识来自学习、实践与思考，校长要不断更新自己的知识结构，不断参加继续教育培训，虚心向兄弟学校学习成功的经验，多看各种中外书籍，善于运用现代信息技术，使自己始终站在发展教育理论的前沿，使自身知识更加渊博和对业务更加精通，并从多种途径开阔视野，增长见识，有了见识也就有良好的思想素养，校长就会尊重科学、热爱教育事业；就会具有坚定正确的政治方向，忠诚于社会主义教育事业；就会对人民的教育事业无限忠诚，有高度的事业心、责任感，有献身教育事业的精神。只有这样才能

带出一支好队伍，带出一个好校风；才能在工作中有所创造、有所成就、有所前进。

同时，校长在工作岗位上要取得成功，让学校真正得到发展，校长的意识很重要。校长的意识体现在以人为本、尊重人才、尊重知识、爱护师生等人文精神方面，校长要在自己的管理领域取得成功，必须坚持以人为本的思想，对自己从事的教育事业、所担当的校长工作无比热爱。要为学校的长期发展努力，要带领教师走向成功，要有培养好下一代的信心和决心，只有这样才会热爱学生，乐于探索，不畏艰难。学校的教育教学工作才能有序地开展，才能取得优异的成绩。

另外，学校的发展也与校长的胆识相关，有胆识的校长会追求教育创新，会要求自己既是教育教学的专家，又是所教学科的带头人。因为有胆识的校长才具有非凡的决策力，才会善于总结办学治校实践中的成功经验与失败教训，才会在理论中融入校长的个性特点、独到见解和独特的教育风格，形成一整套行之有效的教育指导思想，才能带领教师让学校朝着良好的方向发展，才能教育好学生，让学生健康、快乐地成长，校长才会有成功感。

因此，见识、意识、胆识的个人素养是一个成功校长的必备条件。

（二）校长要有民主、科学、创新的管理理念

校长在工作中要想尽办法带好教师队伍，提高教育质量，让群众满意，只有这样才能体验到成功的喜悦，在多年的校长经历中，我深刻意识到，管理理念决定了教师专业的发展，直接影响学校的质量，实行民主、科学、创新的管理模式有利于增强学校管理的实效性。

校长在学校管理中要实行民主管理，要充分调动全校师生员工的积极性和创造性，让广大教职工参与管理，才能增强广大教职员工的主人翁责任感。依靠群众的智慧和力量，把学校办好、管好。在任校长的二十年里，成立了"教职工代表大会"，实行"校务公开"制度，给予教职员工对学校工作的审议权、监督权，学校的重要决策，比如学校的发展规划、人事考核聘任、教学改革等都提交教代会讨论、决定，由此，在实践过程中教师就会清楚工作方向，积极主动地承担各项工作任务，这样就提高了管理效率，实现了管理目标。

同时，校长要有教育管理能力和科学的管理方法。要坚持以德育为首、以教学为中心的管理原则，要让自己的管理既能实现教育现代化技术革新，又能很好地实现"科研兴校"战略；既重视教师素质的提高，也重视学生的全面发展；要充分、有效地调动人的积极性，通过思想政治工作、岗位责任制度、内部分配制度、考核奖惩制度等手段来调动教师教学的积极性和学生学习的积极性，实现教书育人、管理育人、尊师爱生、教学相长、互相促进的目标。

另外，管理思想的创新是校长管理学校的首要问题。作为校长，要对教育的改革与发展进行超前思考，要具有敏锐的观察力和感受力，要分析与思考当前学校教育改革面临的问题和发展需要，从而创造性地思考整个学校教育改革的总体思路，并引导教师统一认识，沿着改革思路去思考和实践。作为校长，应为学校制订发展规划，带领教师鼓实劲，做实事，抓落实，把理论付诸实践，把策略化为行动，把理想变为现实。教育质量明显提高，校风明显好转，学校也获得区先进单位荣誉，得到社会的一致好评，令兄弟学校刮目相看。因此，校长既要有鲜明的办学思想，又有全新的管理策略，这一切都是学校得以发展的保证。

因此，校长民主、科学、创新的管理理念是优秀校长的关键。

（三）校长要有谈话、用人、评价的管理艺术

管理是一门艺术，多年的校长工作经验告诉我，校长在管理中尤其要注意谈话艺术、用人艺术、评价艺术，这样会让自己的工作开展顺利，会很好地实现自己制定的目标。

注意谈话艺术是因为学校管理的主要对象是人，因此，管理者怎样与人谈话，是一门相当讲究的艺术，一次入情入理、实事求是、言辞恳切的教师谈话，会使人兴奋并愉快接受工作。相反，一次语言生硬，死板教条，用命令的语气说教，会使人情绪低落，有时管理者一句不慎之语，会伤教师的自尊，或打击教师的工作热情，会给工作造成损失。

注意用人艺术，就是校长在用人上不仅要注重"才"，更要注重"德"，真正做到用好一个人，配好一班人。对于教师管理，学校要有一套完整的考核评价机制，从教学理论上深挖，从教学基本功上下功夫，鼓励教师提高自身的教学能力。在我们学校，有个职工性格有点粗糙，不够细腻，但是为人特别负责，并且敢于承担责任，于是校领导班子研究决定安排他负责学校的安保工作。进入工作岗位后，他表现特别好，对工作非常用心，全校师生都很满意。

同时还要注意评价艺术，评价涉及管理者对教师的态度和对教师工作成绩的评价，是学校管理中极其敏感的问题。学校管理者应该多研究评价的方式和方法，还要选择适当的时机进行评价，才会对评价效果有正向影响。

因此，谈话、用人、评价的管理艺术是优秀校长的重要保证。

（四）校长要有表率、爱心、宽容的人格魅力

一名优秀的校长一定是具有表率作用，现代教育家陶行知先生说过："校长是一个学校的灵魂。"校长的表率作用影响着整个学校的发展趋势，也影响着人才培养的质量，因此校长的表率作用不可低估，校长要管好教师，知人善任，充分发挥每位教师的特长，关键在于校长的严于律己、以身作则，要做廉洁的表率，给人以圣洁感；做实干的表率，给人以美好感。通过良好的表率和形象，带出师生优良的工作作风、学风、教风和校风。

感人心者，莫过于情。在平时的学校教学管理中，校长应具有兄长的爱心，要用兄长的情怀、责任和义务，真诚地、无微不至地关心、爱护和照顾教师，热情地为教师分忧解愁，比如我校充分利用工会，每月给过生日的教师举办生日会，让教师沟通、欢乐、减压，由此赢得教师之心。同时，校长只有做教师的知心人，以平等的态度和他们交流思想，做到坦诚相见，以心换心，教师才愿敞开心扉，领导才能准确地把握教师的思想脉搏，增强工作的感召力和向心力。如果一味地只要教师抓好教学，实现目标，完成任务，那么领导和教师之间必然产生隔膜，造成隔阂。

明代著名学者薛宣说过："唯宽，可以容人；唯厚，可以载物。"校长宽厚大度，办事公正，就备受信任，反之，就会逐步被教师怨恨；校长在非原则问题上宽容，不为小事小气而争辩、争论，就备受亲近，反之，就会逐步被下属疏远，因此，作为校长，要容人之长，对超过自己的人要鼓励、赞赏，不能妒忌；要能够宽容教师和下属的缺点，坚持疏导教育，坚持以情感之，以理服之。有宽容才能有和谐，有和谐才能使管理更有成效。管理的成效，从某种意义上说，取决于校长对教师的宽容程度。因此，表率、爱心、宽容的人格魅力是一名优秀的校长不可缺少的重要因素。

一名优秀的校长不仅必须具备上述几点素质能力，还必须具备诸如严

谨的治学态度、朴素的生活作风、良好的协调能力、保证校园安全的能力等，这些都是一名优秀的校长所应具备的素质。校长只有具备较高的素质和能力，才能带领好全校师生为完成神圣使命，为祖国教育事业做出更大的贡献，让教育事业更好、更快地发展。

二、校长的办学实践——坑梓中心小学"新样态学校"优质发展

教育品质提升，历来是学校发展中一个永恒的话题。国家层面提出了"努力为每个孩子提供公平而有质量的教育"；深圳市正在打造"学有优教"的特区教育发展蓝图。坪山区还通过出台《坪山义务教育质量提升三年行动计划》《坪山区深化课程改革实施方案》等文件，对学校品质提升提出了明确要求。2018年，中国教育科学研究院基础教育研究所所长陈如平首倡中国"新样态学校"联盟，以"新样态学校"定位和引领新形势下的学校优质发展，这是学校转型升级发展的一大创举，必将促使学校品牌化优质特色发展步入一个崭新阶段。

"新样态学校"旨在突破传统学校的发展模式，重新审视教育中的"人"；将内生性作为文化表征，简单来说，"新样态学校"是有情怀、有温度、有故事、有美感的新优质学校发展理念，这与深圳市关于学校特色发展的理论立意与实践探索不谋而合。因此，在探求学校优质发展路径时，我们渴望从"新样态学校"的主张中汲取养分，以打造出具有深圳特色的坑梓中心新样态优质学校。

坑梓中心小学办学规模大，目前有60个教学班；学生差异大，外户生源达85%。针对这一现状，我们一直在思考，如何在"新样态学校"的引领下，加强科学有效的管理，实现学校特色品质的提升。在不断调研与摸索发展中，我们大量引进家长和社区力量参与学校建设，渐渐找到了学校的定位，认为"师生家校幸福联动、和谐共育、特色鲜明"，就是我们要实现的质量目标。只有"教师、学生、家庭、学校"联动管理，实现家校和谐、师生共同成长，实现让每个师生都能体验成功，得到适合自己发展，学校的质量建设才能不断提升。因此，我们学校近两年重点抓住五个关键：理念引领、课堂变革、文化自觉、特色发展、教师共长，努力成为深圳市有影响的优质学校。

（一）理念引领——秉行"以爱营造幸福生态"的新理念

在"新样态学校"中，我们需要认真审视学校中"人"的力量，重新样态建设的视角，以学校已有的生态基础和文化基础作为共生的土壤，将"零散化"的现象进行"整合建构"，提出学校系统变革和整体创新的思路，挖掘和解码学校蕴含的文化基因，走"内化共生式"发展之路。

在新的五年规划中，坑梓中心小学在以往生态教育和幸福教育理念基础上，提出"以爱营造幸福生态"的办学理念和"培养幸福的人"的育人目标，确定"建设师生家校幸福联动、和谐共育、内涵丰富、特色鲜明的生态型幸福学校"为学校未来五年办学目标，致力于打造"生态型幸福校园"。这些价值理念充分反映了学校师生的共同愿景，成为全校师生共同的价值追求。

这里的"生态型幸福"意义深远，是指让师生体验和享受幸福的教育，是"和谐共育"的教育，是"内涵丰富"的教育，是"特色鲜明"的教育。在实践中，我们提出了"幸福校园、幸福课程、幸福课堂、幸福教师、幸福学生""五个幸福"评价标准。追求幸福教育生态，目的在于落实和践行立德树人的课程改革要求，引领学校内涵优质发展，促成教师乐教、学生乐学，让学生在幸福教育中快乐学习、幸福成长；教师在幸福教育中感受到职业的尊严和成就感，师生都能幸福地在学校生活。

（二）课堂变革——创造互动共生的新体验

我们学校致力于打造"互动共生"课堂，它的内涵及形态主要包括以下几点：

1. 回归本原，彰显特色

"互动共生"课堂的源头是回归教育的本原，就是让课堂回归到"课堂的样子"。通过让学生在学校参与生动多样的生活化课程，使其获得一种协调生命与生活为一体的人生。课堂充分彰显各学科特色，比如：语文、英语等语言类学科就要回归到人文性、工具性、思想性本原上来；而数学、科学等学科就应该回归到实验性、探究性、科学性本原上来。

2. 互惠共进，和谐共振

与传统课堂相比，"互动共生"课堂更注重教师与学生之间的均衡和协调，这种均衡会促进每个个体的优化和发展，以达到"互惠互进，和谐共振"的目的。在"互动共生"课堂上，学生"活"了，教师"活"了，课堂"活"了，学生和教师都在建构一种前所未有的具有自我组织、自我提升、自我完善、自我构建、自我发展，独特个性的、完整的"生命"和"智慧"集成体系。

3. 异质共存，尊重个性

"互动共生"课堂本着"多元互动、共生共长"的原则，但"互动共生"并不是一味地趋同，还要尊重个体的"差异性"，"互动共生"课堂追求的，不仅仅是学生，还包括教师、课程、教学环境等都应该获得最优化，而且是个性化的发展。在"互动共生"的课堂里，学生通过课堂主动探究建构知识、培养能力，形成正确的情感、态度及价值观，在这一过程中，我们还要让学生的个性得到发展，形成自己特有的思维方式和科学视野，形成个性化的科学思想和科学价值观。对教师而言，每个教师在"互动共生"课堂里都能形成自己独特的教学风格，绽放自己的教育思想，彰显自己在教育沃土里的生命价值！而课程资源、教学环境及技术因为有师生的共同参与而得到不断改进、不断完善、不断提升！

（三）文化自觉——唤醒文化价值回归的新主张

建设新样态学校凸显着教育自主变革的决心，在新样态学校建设中，我们要注重从提升教育质量到培育文化自觉的转变。我们不仅要改变学校内部环境，还要改变学校外部的生态环境，要为教师赋能，强化本土特色，形成文化自觉，提升文化自信。党的十八大以来，习近平总书记提出要"增强文化自信"，尤为重视文化发展。对一所学校的文化而言，它是学校发展的核心，是学校的灵魂，有助于为学校发展营造良好"生态"。先进的学校文化对促进学生良好品质的养成，全面提高学生的素质、陶冶学生的情操、构建学生的健康人格，促进学生、教师、学校的和谐发展，都大有裨益。

为进一步加强学校文化建设，营造良好的育人环境，全方位实施素质教育，全面提高教育质量，我校结合实际以社会主义核心价值观为根本导向，以打造高格调、高品位、高质量的"幸福文化"为核心目标，着重于五个方面的文化建设：

1. 优化校园环境，打造幸福环境文化

对校园进行全面的美化升级，营造校园景观环境；持续开展"书香校园"建设活动，营造方便多样的书香环境；重视校园网络建设，高标准、高起点地开展设计，建立良好的校园网络环境。

2. 完善安全、管理制度，打造幸福制度文化

制度是管理的有效工具，是保证质量的铠甲，学校秉承民主治校原则，在教师充分参与的基础上制定了行之有效的常规管理制度、教学考核评价制度等，充分调动教师们的工作积极性。

3. 构建校本课程体系，打造幸福课程文化

构建了适合学生个性化发展的"幸福百花园"课程体系，形成七个类别100门课程，包含"无围墙"课程、学科融合课程、体验课程、社团课程等，极大地促进了学生的个性发展和全面发展。

4. 推进课堂改革，打造幸福课堂文化

我校积极开展"互动共生"课堂改革，以区重大教改项目为载体，组建改革小组，鼓励教师开展课堂改革实践，尊重改革成果。

5. 营造良好人际关系，打造幸福人文文化

通过定期谈心谈话，设立意见收集处理机制，时刻了解教师们的工作情况和工作需要，让每个教师都有存在感、被尊重感、价值感。

注重文化建设，不断提升文化内涵，让学校变得更加美丽，也让教师更具有内涵，学生更加有自信。走在校园里，处处感受到一种风清气正、和谐奋进的气氛。对学生来说，这些景象就是一部立体的、多彩的、富有创造力和吸引力的无声教科书。

（四）特色发展——聚焦"内生式"发展的新样态

将"内生型经济""内生型发展"的概念迁移到教育领域，我们同样惊喜地看到新样态学校也必然要求"内生式发展"，即去挖掘、去发现，从传统、历史、学校整体建筑布局和校园景观环境中寻找学校发展的特色"基因"。"特色"是衡量一所学校发展水平的重要标尺，有特色的学校才能培养出有个性、有特色的学生。学校特色建设也是提升学校知名度、打造学校品牌的一条重要途径，是办学的生命力，是推动学校发展的一项重要措施。

我校从自身特点出发，大胆探索和实践，锐意进取，着力抓好学校特色建设，形成了五大特色教育品牌项目：创客教育、艺术教育、足球教育、悦读教育、仪式教育。

1. 创客教育

学校通过创客课程建设、与校企合作等方式推广创客教育，培育优秀创客团队，提升学生的科技创新素养。

2. 艺术教育

学校通过开放式艺术教育理念，一方面通过承办大型活动，让师生在更大的舞台上锻炼；另一方面挖掘社区、文化中心、艺术场馆等资源，把学生艺术教育延伸到校外。

3. 足球教育

加大校级、班级联赛组织的力度，同时尝试开发小学各阶段足球教学的相关教材。

4. 悦读教育

完善悦读课程的校本教材，实施悦读进社区、悦读进家庭等活动，营造"三位一体"悦读环境。

5. 仪式教育

进一步丰富仪式教育活动，在常规仪式活动的基础上，开展类型多样的"多彩班级仪式"，争取达到"一班一课程"。

特色发展让学校拥有了自己的名片，大大提升了知名度，极大地促进了学生的发展，提升了学校的整体教育水准，部分经验已在兄弟学校中得到推广。

（五）教师共长——滋养教师团队的新力量

教师是一切教育活动的主体与主导者，是一切教育行为的实践与变革者。在层次众多、类型多样、学科众多的现代教育体系中，无论是推进因材施教还是做到有教无类，是追求人格陶冶还是重视知识完备，是促进学生全面发展还是面向全体学生，无不需要教师具有完整的知识结构、高超的教学能力、高尚的师德修养、不懈的专业追求、无私的奉献精神。

在"新样态学校"中，各实验区、学校、教师之间相互学习，通过共同交流和研讨平台，构成了学校、生命和职业的共同体。我们认为，只有建立一支优秀的教师队伍才能落实立德树人的根本任务，才能促进学生核心素养的全面提升。因此，我校在发展过程中始终要把教师队伍建设放在首位，围绕各级教育指示，结合学校办学实际，创建了"训—研—学—思"一体化优师模式，争取快速实现教师成长。

"训"主要"训"有效之技。一方面开展"名师工程"、实施"135成长规划""1+N成长模式",为教师成长创造有利环境;另一方面组建青年教师展示平台、教师科研学习平台、校本课程开发平台等,充分调动教师们的积极性、创新性,发挥他们的专长特长,助力教师在教育教学上全面提升。

"研"主要"研"教学问题。我校确立了以科研为途径、以科组为抓手的科研优师方案,着力于科研意识培养、科研激励制度改革、科研实验平台建设、科研管理结构优化四大方面。两年来,我校教师申报各级科研课题45项,学校教师参与度达到100%。

"学"主要"学"阅读写作。阅读与写作,是教师成长的双翼。我们坚持推广阅读文化,让书香溢满校园。定期组织各类型读书活动,如"最美读书人"读书论坛,鼓励青年教师积极撰写读书笔记,提升教师专业素养。

"思"主要"思"教学实践。教学反思可以分析教学中的不足;记录教学中的困惑;发现某种教学行为是否对学生有伤害;等等。我校重视教学反思,一方面定期开展教学反思交流会;另一方面坚持让教师撰写教学反思随笔,还创造性地开展了由学生参与的教师教学反思课堂。

上述五个关键点,凸显了学校自觉变革、主动求新、品质优化提升的发展思路,坑梓中心人正以鲜明的文化主张、创新的践行姿态、朴素的教育情怀在富有"人情"和"温度"的校园里微笑着生长。未来,学校会一如既往地传承和创新,让学校教育向下扎根、向上生长,努力成为深圳市有影响的优质学校,实现"师生家校幸福联动、和谐共育、特色鲜明"的质量目标。

三、校长办学梦想——创建"美"的学校

美国教育家麦加菲用了二十多年时间写下《给孩子最美的教育——麦加菲德读本》,这本书的译者依妮、苍松说道:"什么是最好的教育?每个人的答案可能都不同,我只想让我的孩子接受最美的教育,让她自己去判断什么是好,什么是坏。我相信,这本书可以帮助我做到这一点。"她的话启发了我们,在"美"的育人环境下一定能成就一种幸福完整的教育生活,追求"美"能让学生喜欢学习,让学生健康、快乐地成长,作为教育者,也能感受到一种理想追求的境界和幸福心境。所以,我们认为一所优质学校,就应该拥有"美"的教育。

（一）环境要"美"，让师生有"阳光"的心态

优质学校应该是环境"美"的学校。美的校园环境能造就师生"阳光"的心态，让学生成为爱护校园的使者，因为学生对事物的认识大部分是通过环境潜移默化的作用和影响所得到的。让校园环境建设变成一片美的景象，给师生带来一种亲切感，这份亲切感能让师生的心情变得舒畅，从而心态会变得更阳光，学生会更加热爱学校，更加愿意在这个美丽的校园里快乐地学习，教师的教育才更有效。

比如，在我们的学校，根据校园基础环境，设计一步一景：播种四季开放的鲜花，种植碧绿的小树。同时，创设班级精品，打造一班一貌，让学校师生人人追求品位，营造出幽雅、整洁、和谐的班级环境氛围。对学生来说，这些景象就是一部立体的、多彩的、富有创造力和吸引力的无声教科书。

因此，创设优美的校园环境、营造良好的育人氛围，能塑造出学生乐观的、阳光的心态。

（二）心灵要"美"，让学生成为情感丰富的人

在优质学校学习的学生，内心世界会更加纯洁、美丽。美丽的心灵可以创造一切美，甚至可以把一切不美的变为美的。"师如父母"不仅表明了教师在学生心中的地位，也说明了教师对学生行为和心灵的导向作用。作为教师，要学会在自己的心灵中播撒"美"的种子，这样才能收获更多的种子去开发学生的心田！教师在学生的心目中是知识的化身和道德的象征，教师的一言一行无不影响着学生的成长，因而，教师只有自己"美"起来，才能成为"美"的使者，在学生心灵播撒"美"的种子。

我校提出，教师要用博大的爱去培养学生心中的爱，要结合重大节日，如母亲节、父亲节等进行爱的行动传播，要充分利用艺术和文化课程的文化阵地，让师生共同感受每个角落所传递出来的美的力量，如在课堂上，教师的语言、神态、行为、师生的互动都要展示教师的"爱"与"美"，对进步学生欣赏，对学困生不放弃，更要体现教师博深的师生情感与师生心灵的对话。让教师能成为学生诠释心灵美的使者，这样孩子们才是幸福的、快乐的。

因此，学校要有一批拥有"大爱"的教师队伍，才能让学生的心灵变"美"。

（三）文化要"美"，让学生成为高雅的人

优质学校必定有"美"的校园文化。校园文化是一种以学生为主体，以校园为主要空间，以育人为主要导向，以环境文化、精神文化和制度文化建设等为主要内容的群体文化，是学校形成和发展中物质文化和精神文化的总和。要营造出高雅的、美的校园文化氛围，让学校处处能说话，有催人向上的文化气息，并能取得"润物细无声"的效果。要在加强校园文化的过程中，除正面教育、积极灌输外，还必须充分挖掘和利用校园文化的潜移默化作用，高度重视校园文化建设，才能培养学生成为一名有文化的高雅人，才能让师生时时处处感受到校园内的一切都在感染人、激励人、陶冶人、塑造人。

比如，我校在架空层及1~4层楼分别设计悦读天地、童趣体验、感恩时刻、创想时空等文化长廊，学生可以在"多看"中产生"多问"，达到"多识"，为学生创设美的氛围，让他们感受美、发现美。

因此，学校要精心建设"美"的校园文化，让学生在"文明、整洁、美观、有序、高雅"的校园文化环境中健康成长。

（四）课程与课堂要"美"，让学生成为热爱学习的人

创造"美"的课堂和开发"美"的校本课程是一所优质学校的重要内容。新的课程标准提出，课堂是师生互动、心灵对话的舞台，课堂的教学过程应重视提高学生的品德修养和审美情趣，使他们逐步形成良好的个性和健全的人格，促进德、智、体、美和谐发展。的确，美就是生活，美就是新意。要让学生真正感受到课程里的美，并成为一个热爱学习、快乐学习的人，这就迫切需要教师在教学中充分地挖掘教材中的美感，运用多种手段调动学生的积极性，引导学生在审美的乐趣中获得精确的体验、智慧的启迪，带领学生充分地体验美、表达美、创造美。比如，在学校倡导自主灵动的课堂，引导教师在课堂上让学生"灵"起来，善思考、善倾听、善表达、善交流、善互动、善合作，要让学生"动"起来，动口、动手、动脑。同时，学校开发形体课、感恩大讲堂，开设亲子共读、烹饪、缝纫等近五十门课程，涵盖地方特色、学能培养、情感培育等学生素养提升，让学生真真正正地欣赏到了课程里无处不在的美：外观美、图画美、课文美、活动美，从而激发学生学习的欲望。

因此，学校要根据实际情况，创造"美"的课堂和开发"美"的校本课程，让学生真正成为热爱学习的人。

（五）特色要"美"，让学生成为个性飞扬的人

有特色是实现优质学校的关键。开展学校特色不在大而全，而在小而美，要长期细心观察，多方面互动，并采取有效措施，认真实施，力求通过特色美的教育来净化学生的心灵，陶冶学生的情操，提高学生的素养，发展学生的个性，把学生培养成为具有感受美、欣赏美、评价美，进而能创造美、传播美的全面发展型人才。

比如，我校以外聘内挖的形式，增设民乐团、足球社、书画社、舞蹈队、合唱队等特色课程。让学生在愉快的活动中受到美的熏陶，从而成为一个全面发展、个性飞扬的学生。

因此，学校要培育自己的办学特色，发展学生的个性，让学生能够成长成才。

总之，学生在环境美、心灵美、文化美、课程美、特色美的熏陶和激励下，才能让学生更全面、健康、幸福地成长，让教师感受到幸福的教育生活，学校才能得到快速发展，成为一所优质学校。我们愿与新教育有个约会，与新教育这艘航船同行，共同追寻更好的教育之梦，让教师与学生真正过上一种幸福完整的教育生活。

四、校长引领学校发展——自我发展与学校发展融合促进

教育家陶行知先生曾经说过："校长是一个学校的灵魂，学校的好坏和校长最有关系，一个好校长就是一所好学校。"随着社会的不断发展，人们对教育的渴求越来越大，对学校的要求越来越高。作为一校之长，只有具备良好的素质才能引领学校向前发展，才能在激烈的竞争中满足人们的需要。

（一）自律自省，做廉洁校长

校长要坚定信念，不随波逐流，不贪图享乐，在廉政施政中给教师树立典范、当好榜样。要做到这些，就得加强学习，思想上筑牢防线，行动上把好准则，牢记宗旨，自觉抵制一些诱惑，经得住考验。要将权力运行在阳光下，框在制度的笼子里，凡事做到公开透明，自觉接受教职员工的监督，自觉接受教职工代表质询，时刻牢记"走正确的路，放无心的手，结有道之朋，断无义之友，饮清净之茶，戒色花之酒，开方便之门，闭是非之口"，

做廉洁校长，给学校发展营造风清气正的教育环境。

（二）心系学校，做勤政校长

学校不同于机关，校长不同于行政领导，管理学校要从大处着眼、小处着手，把学校装在心里，铭记"学校发展，我的责任"，牢记"学校发展了，教师就幸福了"的执政管理理念。要从内心深处热爱学校，使得师生人人爱校，营造一种爱校如家的良好氛围，培养教职员工爱校、爱生的良好作风。管理学校要沉得下底，深入一线，站在前沿，用智慧的头脑思考学校的问题，用智慧的眼光看准学校的问题，用智慧的方法处理学校的问题，勤于管理，认真履职。

在学校管理中要坚持做到每天到校后巡查一下学校管理方面的工作，深入工作前沿，掌握管理工作情况，发现当日存在的问题，提出整改建议，督促整改落实到位，保证管理工作目标明确、措施具体、执行有力。要多走进教师课堂，观察教师的任课与课堂管理情况，了解课堂教学对知识传授的到位情况，掌握教师的教学能力；走进学生活动中当旁观者，看看学生们学习怎样、课外活动的精神面貌如何。

校长要耳聪目明，创造机会去倾听教师的意见，倾听学生们的意见，定期召开学校管理诊断会、学生代表座谈会等，听听师生的建议和意见，利用接访师生和走访师生等机会听取师生对学校管理的要求与建议。通过倾听了解师生在议论什么、关注什么、想要什么，从而明白学校该做什么，以便调整学校的管理策略，推进学校迈向预期目标。

校长要清醒地认识到自己是带领学校发展的领路人，千万不能高高在上、远离师生，行事武断，作风官僚，而要实实在在地为学校的壮大谋发展，为提高教师待遇想办法，为创设美好环境做实事，勤于工作，善于管理。

（三）情系教师，做人文校长

一所学校的好坏不是看它有多少大楼，而是看它有多少大师。宏伟气派的建筑群体是学校的躯壳，敬业、爱岗、乐教的教师队伍才是学校发展不竭的动力源泉。学校管理工作其实就是管好人、用好人，把合适的人用到合适的岗位，用校长的人文关怀与情感去读懂教师，凝聚人心，挖掘工作潜力，激发工作动力。

要树立为教师服务与为教学服务的管理理念，自觉践行服务宗旨，把教职工的困难看在眼里、记在心里、办在落实里，力求做到：家有大事小事必去，教师生病住院必看，新进教师必迎，调离教师必送。要将人文情怀渗透于学校管理工作中，让教师在最困难时见到校长的身影，听到校长的慰问，得到校长的帮助，营造一种相互关爱、相互团结、相互尊重的人文氛围。要时刻把关心教职工疾苦纳入学校管理者的视线，列为管理者必做的事，切实帮助教职工解决实际困难，卸下思想包袱，轻松愉快地工作，主动接受工作，自觉勤奋工作。

一支高素质的教师群体是支撑学校发展的强大支柱。对教师的培训定位要高、要求要严，制定切实可行的培训规划和练习举措。对新进教师要有一套系统的培训方法，针对他们存在的教学薄弱环节，进行有实效性的培训，促进年轻教师快速成长。要创设外出学习机会，搭建教师成长平台，把教师送出去学习和培训，增长教师的见识，拓宽教师的教育视野，更新教师的教学理念，提高教师的教学技能，促进教师能更好地适应教学和管理班级。

（四）厘清工作，做高效校长

学校管理事无巨细，校长要能从纷繁复杂的事务性管理中抽身，坚持"精、深、细"的思路，跳出管理抓管理，厘清管理工作，明确阶段性工作与长远工作，分清楚重点工作与次要工作，有条不紊地推进管理工作向前迈进，管理成效才能达到最大化。校长不必在管理中事必躬亲，但要事事关注，事事监控，协调到位，处置到位。管理学校要从大处着眼、小处着手，分权于众、分责于众、分利于众，明确管理人员的责任与权利，建立管理工作台账，管理做到日清、周结、月总。校长好比琴手，该弹哪个键不该弹哪个键，什么时候弹什么键，什么键重弹什么键轻弹，心中要有谱，使学校管理这支曲子弹得和、拍悦身，实现校长管理高效化、管理运行效率最大化。

第三节 提升素养，建设高质量团队

新课程改革不断深化，提高专业素养，丰富自身内涵，提升教学水平和科学素养，建立一支高素质的师资队伍，变得尤为重要。在师资队伍建设中，应引导教师更加注重教学工作经验的积累，在课堂教学工作中摆脱模仿的束缚，不断探索，以促进教师专业成长。

一、基于教师专业成长，推动师资队伍建设

构建高质量的师资队伍是校长的使命，也是学校可持续发展的基础。从教师专业成长的角度推动师资队伍建设，是可行的，也是必要的。

（一）系统学习理论知识，提升教师专业理论水平

自身积极思考，通过系统地学习理论知识，吸收理论，与自身特质结合起来，融合、整理、运用，形成自己的一套理论体系，才能真正提高自己的理论水平。

1. 通过学习理论书籍、听教育理论讲座等整合教师教学理念

通常，我们通过看书、听讲座、用媒体等渠道提高理论知识。真正掌握理论知识的过程需要发挥主观能动性，是从自身原有的理论基础上，吸收外界的不同信息来源，理论联系实践，不断学习研究深化理论，形成自己独有的兼具个人特色的教育理念。教师应在课后多参加一些教学理论培训讲座，学习教学理论书籍，吸收精华，以提升专业水平，促进自身成长。

2. 优秀理论指导小学教学日常，促进教师之间理论知识交流

工作中，每位教师的理论水平参差不齐，因此用优秀理论指导日常，促进教师之间理论知识的交流很有必要。例如，教师经常在上课准备时遇到课程主题的选择与实施问题。我们可以利用教学研讨对问题进行讨论，每位教师分别阐述如何有效选择主题并实施，原因是什么，有什么理论根据。在讨

论过程中，每位参与讨论的教师都可以从任何方面去思考教育观点，摘出对自己有价值的教学理论知识。实践是检验真理的唯一标准，教师间的理论知识交流将讨论出的优秀理论用于小学教学中，对教师自身素质的提高和学生的发展都是很有必要的。

（二）学习优秀教师的经验技能，优质资源共享

通过对优秀教师经验的学习，取长补短，也是提升教师专业素养、教学水平的有效途径。教学研讨这一形式也有助于教师之间的交流沟通，优质资源共享，优秀教师经验分享对身边教师也具有激励作用，有利于促进教师成长，提升教师团队的整体教学水平，有助于团队共同进步。学习优秀教师的经验，也是对优秀教师的一种鼓励和激励，对其自身教学发展也有着重要作用，激励教师不断进行创新，提升教学水平。

1. 学习教师优秀经典案例，取长补短

学习剖析优秀经典案例，促进教师在学习中成长，面对众多案例，如何使案例发挥出最大价值和作用。教师在整理、总结案例时，要善于总结与发现，授课中，记录自己的困惑，课后，总结课堂中的失误与本堂课的不足，结合经典优秀案例进行对比，发现其中的差距，取长补短。比如，在教育过程中要避免浇灌式的教育，要引导学生，发现学生的兴趣所在，不要直接告诉学生问题的正确答案，引导学生自己寻找、探索，在发现问题中不断进步。提升教育水平的案例随处可见，关键是教师是否能及时发现，并摘取出来，将有效信息书面化、文档化，转变为自身独有的教学方法。

2. 通过教学研讨，教师间优质资源共享，促进教师成长

开展全校性的案例交流分享会或者以年级为单位交流教学案例。教研探讨这种形式，可以促进教师共同思考，并且可以让教师更深入思考教学细节。巩固自己原有的知识，也帮助他人丰富认识。以年级为单位的小组交流，不仅使人人都有机会表达自己的想法，大家可以深入探讨某一话题。例如，"如何选择有意义的教育主题""如何鼓励孩子，让孩子感受到支持""主题教育如何开展等"等等，并在优秀案例中体悟。用于自身教学，拓宽了教师的认知角度，还提高了认识深度，使教师就一些重要问题达成了共识，对教师团队的共同发展有着重要意义与价值，研究氛围越发浓厚，也利于团队的共同进步，以及整体教学水平的提高。

（三）剖析经典教学案例，促进教师通过实践反思成长

理论上升到实践，是一个困难的过程。因此，对于经典教学案例的剖析变得格外重要。经典案例的剖析是一座桥梁，联通了理论与实践两座山，使教师对于不够具象的理论知识有更直观且深入的理解，从而更容易形成自己的新方法、新理论。

1. 学习国内外经典案例，进行深入分析

新理念教育模式起初并不清晰，新观念很难一时被理解。这时，国内外经典案例的学习就变得尤为重要，可以帮助教师更好地理解新理论。例如，通过学习尊重教育案例，大家学会了如何尊重儿童的兴趣并进行正确引导，学会了如何与儿童进行有效互动。国内外部分案例的成功让我们感到惊叹，新颖的观点和教学方法对教师专业素养的提升十分有帮助。经典案例总会让人有更多的思考，并且带来更多对教育方法的启发，学习国内外经典教学案例并进行深入分析，在学习中总结经验，形成自己新的教学理论及教育方法。苏联著名教育家赞可夫曾表示："提升所学知识内容的兴趣以提升学习动机。"从瑞吉欧活动案例中所展示的教学方式，同时再通过资料查找、实践结合，从多个方面对教学方式进行剖析，以得到适合的教学方式。

2. 学习本校优秀教师案例

国内外经典案例对教师思考具有启发性，而学习本校教师优秀经验则具有更强烈的激励作用。随着研究工作的不断深入开展，热爱教育、刻苦钻研、领会能力强的教师显现出来，他们大胆开展一系列与以往不同的主题探究活动，改变了原始枯燥的集体教学模式。运用差异化教育形式，培养学生的创造性，激励学生大胆尝试，改变了以往的教学模式，不再以教师为课堂中心，重视学生的真正需求，注重互动，引导学生个性化发展。教师通过不同教学方式引导不同性格、不同水平的学生进行学习，进而培养各自学习的能力与技能，真正意义上促使学生实现个性化发展。

教师专业成长对于教学水平的提高乃至整个教育事业发展至关重要，因此，教师在日常教育实践中需要不断积累工作经验，摆脱传统思想的束缚，具备创新思维，总结优秀经典案例，不断探索，形成独特的教育方法及经验。教学中注重发挥自己个性中的优势，争当优秀表率，提高主观能动性，在教学中多思考、多总结，更快、更好地适应新课程改革的需要。从当前教

育教学中的问题及困惑出发，认真思考，总结经验，学习先进的理论知识并将优秀教学理论上升为实践，通过对优秀案例、优秀教师的学习，拓宽教育眼界，开阔教育思路，形成自己的新方法、新理论。

二、名师工程引领，推动高质量师资队伍建设

一所学校能否保证教学质量可持续发展，关键在于教师队伍管理是否能够全面、协调地提升。因此，教师的专业成长与名师的带动引领显得尤为重要，实施"名师工程"建设是坪山新区坑梓中心小学可持续发展的必由之路。名师是学校的宝贵财富，是学校持续发展、形成特色的保证，是教育教学的中坚力量，实施"名师工程"，关键在于在办学理念不断创新的前提下管理创新。究竟如何管理，无论怎样，必须设计并保持一种良好的教师共同发展环境，注重实施过程的管理，使教师在团体中高效率地完成既定目标。学校采用科学的方法，对我们的"名师工作建设"进行预测与规划、组织与指导、督促与协调、激励与控制，使有限的资源得到开发和合理配置，以实现提高教育质量、增进办学效益、稳定教学秩序、改善小学条件，促进"名师工程"的建设与发展，带领教师整体发展，共建和谐幸福校园。我们坑梓中心小学的教师整体素养基础良好，目前，学校有深圳市张珂名师工作室，深圳市吴红云名班主任工作室，有14位新区名师，他们年轻有活力，涵盖各个学科，有各具鲜明的教育教学特色和风格。学校整体教研学术氛围呈良好态势，为了加快学校的优质、特色发展，我们学校在实施名师工程中主要做好"五个一"。

（一）围绕一个落脚点：成就教师幸福感

为把学校打造成师生共同成长的乐园，学校针对国家教育方针的总体要求，结合学校"十三五"规划实际，从领导班子、中层干部、全体教师三个层面进行了广泛深入的研讨，不断深化对"名师工程"建设的认识，在对学情、教情、校情全面分析了解的基础上达成共识，确立了建设生态型幸福学校的目标，建设坑梓中心小学"幸福教育生态圈"的教育体系，着力实现生活化课程、生命力课堂、生长力评价，强调"团队智慧"，以教师幸福感、学生幸福感为落脚点、归宿点，提出教师发展的三个阶段是"成长、成就、成名"，引导每位教师制订个人成长规划，学校从多渠道引领教师：成为名

师是自己追求的幸福愿望。

（二）建设一支团队：实现和谐共育的教师成长

在打造名师工作团队时，把名师的发展和学校的整体发展融为一体。我们注重内涵建设，坚持师德、能力的统一，坚持人才培养、科学研究的统一。在培养观念上坚持"四个强化"，强化创新精神与实践能力的素质教育观，强化以教师为本、学生为主的科学发展观，强化质量立校、特色兴校、科学治校的发展观，强化学生满意、家长满意、社会满意的办学宗旨。

基于我校现有的14位市、区级名师优势，在原有"名师工程""青蓝工程"的基础上，创造性地提出构建"1+N"成长共同体的教师成长模式，其主要特点是由1位学科名师引领，1位骨干教师带动，帮助若干位新教师，结成一个学习研究团队，通过共同"备课、听课、研课"的形式，共同"研究、尝试、改革"的方式，围绕课堂教学和课题研究共同学习，互相提高，形成各行动组的教学风格，辐射周围；合作交流、形成合力，解决实际问题，提高教育教学水平。每年，学校每个团队通过共同研究，推荐1节有代表意义或特色鲜明的优质课例进行区域教学展示，并推荐2节具有团队特色的课例参加学校"幸福杯"教学交流活动。这种教研模式改变了传统"一帮一、一带一"的教师培养模式，学校充分利用身边的名师资源，培养青年教师，让青年教师从"面"到"点"去进行跟踪学习，全方位了解名师教育教学经验，反思自己的教育教学问题，解答教学困惑，有效促进团队中各层次教师全方面进步与成长，不仅新教师得到锻炼，名师、骨干教师也得到再发展。

（三）开展一系列课题研究：打造自成风格的个性化教师

为更好地促进教师教学水平的全面提高，使他们的教学风格尽快形成特色，个性鲜明。在名师建设中，我们方法上坚持"三个早""五个一"，即早启发、早选苗、早培养，建立一个领导小组，制订一项规划，构建一种风格，细化一个流程，确立一个目标。结合学校开展"幸福杯"主题教研活动，争创一流，争当名师。

为引领教师尽快形成自己的个性特色，提升专业发展能力，我校积极开展丰富多彩的教科研活动，通过活动抓管理，打造名师。学校教科室有效开展有针对性的教学研究，学校要求已有的各级名师与带头人、骨干教师，必须深入领会每次教研专题所涉及的理论，找到相关声像材料或文字资料，高屋建瓴地引领本组研究，从而尽可能地将新课程理念化解开来，让同组教师感性地认识、理性地思考，并结合原有的集体备课方式，进而设计出切实可行的新实施方案，实实在在地解决教师具体教学困惑。为打破本校骨干教师认识的局限性，我们还时常邀请市、区教研室专家走进我们的教研组，进行更高层次的指导。

在"1+N"团队运作中，我们学校还注重发挥集体智慧，通过有共同志向、共同研究方向的团队或成员之间的自由组合，围绕教育教学中的实际问题申报、立项并开展各级课题研究。2016年上学期，我校以名师为首、骨干教师参与的方式成功申报新区课题8项、市级课题3项。均通过专家评审立项，申报通过率达到100%。课题涉及面广，涵盖课程、教学、德育各个方面，涉及各个学科，教师参与研究面大，覆盖率高，使团队中成员的发展方向和教学特色更突出，更易于形成教师个人的教学风格。

（四）搭建一个展示平台：营造具有教育艺术的科研氛围

学校坚持以课堂教学为中心，以研讨会、报告会、主题讲座、名师论坛、公开教学、现场指导等方式，开展系列主题展示活动，给教师提供充分展示的平台，使名师进一步发挥示范、辐射、引领作用，使青年教师进一步学习、锻炼、成长。为了更好地加强教师之间的合作互动，让他们在交流与碰撞中聚集观点、提升思想、实现共享共进，学校组织了丰富多彩、形式多样的理论论坛活动。论坛的形式灵活多样，大小结合，讲求便捷，论坛的过程追求不同观点的交锋，论坛的结果不苛求形成定论，但注重在交流过程中形成自己的思想。活动准备阶段，向教师广泛征集选题，然后从中遴选出大家共同关注的热点问题、实践中亟待解决的问题；接着以网络形式向全校发布论坛的主题，大家围绕主题搜集资料、寻找支撑、提炼观点，然后自觉自愿地会聚于我们的会议室。教师们济济一堂，侃侃而谈，或阐释自己的观点，或反驳别人的意见，时而争辩得面红而耳赤，时而为精辟的见解称赞，在浓郁的学术氛围中洋溢着真诚的探究态度、积极的合作意识。

教学实践中，教师的自我反思很重要，实践过程中的反思总结实现了由实践到理论的提升，是从量变到质变的过程。学校要求教师反思常规化、制度化。教师在每节课结束后都要在教案中撰写有针对性的课堂教学反思，同时，在每个月结束时对一个月的教学情况撰写反思。学期末，每个人撰写具有反思性质的总结,这些反思我们都计划挂在校园网上,这样就可以人人借鉴、人人完善,不断充实、不断丰厚。这些活动制度化后,促进了教师反思习惯的形成。上学期,全体教师上传随笔共366篇、46万字,名师占多数。

(五)推出一批成果:集大家智慧,享教育成果

加强教研组制度建设,进一步宣讲和完善各项教学、教研管理制度。形成风清气正、严谨笃学、和谐共进的教研氛围;坚持听、评课经常化、规范化。学科组长、教科室主任要按照教学标准,有计划深入课堂听课、评课。通过完善各项管理制度营造"名师"迅速成长的环境。

学校发展,教师为基;教师成长,名师为首。名师队伍建设必须遵循教师的成长规律,采取全方位、多途径的培养措施促进全体教师更新教育思想观念,更新知识能力结构,使每位教师都能用现代教育思想来审视自己的教学实践,反思自己的教学行为,提升自己的专业水平,建成一支具有创新精神的、智慧型的教师队伍。我们将继续致力于培养更多、更高层次的名师而努力探索,为学校教师成长和学校教育发展做出应有的贡献。

第二章

紧抓课堂课程，向教学规律靠拢

第一节 搭建特色课程体系，让学生全面发展

为了全面落实教育方针，进一步贯彻《国家中长期教育改革和发展规划纲要（2010—2020）》的精神，以及《深圳市坪山区教育发展"十四五"规划（2021—2025）》的指导意见，促进学生综合素养的提升和学校的内涵优质发展，更好实现"办人民满意教育"的愿景，结合建设"新坪山·新教育"的发展形势，我校以构建整体课程作为办学及发展的核心点，制订了本课程规划。

一、学校课程基础

（一）优势与经验

学校于2015年发布了《坑梓中心小学整体课程建设规划方案》，启动了建校以来规模最大的课程建设活动。经过精心的顶层设计和扎实的全员参与，构建了涵盖100门课程类别的"百花园"课程体系：一是构建国家课程、地方课程和校本课程的三级课体别系；二是构建以学科课程为主、活动课程和潜在课程为辅的三类课程交融并存的课程体系；三是构建以必修课程为主、选修课程为辅、必选选修课程与自选选修课程共存的课程体系。

在五年的实施和优化升级中，学校不断摸索，优先培育了创客课程、艺术课程、足球课程、仪式课程、悦读课程五大精品课程；创新探索了"X+1"

教学、连堂课、大小课、项目选学、综合实践、活动课、家校联动、社团、走班制等九大实施路径；开发《快乐拼读》《国际象棋》《小学生写字》《七彩校园》《仪式教育》《乐游诗韵》等配套教材及教师教学用书；各配套教材全都实现了1~6年级全学段覆盖。2018年5月，学校课程建设方案在坪山区重大教改项目竞争性评审中荣获坪山区一等奖、广东省二等奖。我校舞蹈社团编演的节目《劳动最光荣》登上央视春晚，并荣获国家级优秀奖；小凤帆行进乐团在广东省第三届行进管乐决赛中喜获小学组第二名；艺术发展方案《艺术特色》获得区"领域特色类"一等奖；产生了6位中国少年科学院"小院士"，被中国少年科学院授予"中国少年科学院科普教育示范基地"荣誉；创客社团入选深圳市首批中小学创客社团，被深圳市教育局、深圳市科技协会、共青团深圳市委员会联合授予"深圳市青少年科技活动优秀组织单位"。

（二）问题与思考

1. 存在的问题

（1）我校持续开展教育教学改革实践，取得一定成效，在区域内也有一定影响，但这与我们办"优质名校"的教育理念还存在一定差距，需要与学校办学理念有效地、全面地统一起来。

（2）在课程建设过程中，我校积极挖掘社区、校园、家长、教师等潜在课程资源，并进行有效利用，但周边的课程资料还非常丰富，需要我们加强计划性、系统性、针对性，进一步合理开发、全面利用。

（3）研究范围过于宽泛，出现了面面俱到却缺乏核心的问题，课程、课堂、评价三方面应如何协调及平衡，还需要进行调整。

（4）课程实施较为肤浅，缺乏整体构建与顶层设计，课程指导不到位导致课程建设的基础不牢固，到底哪些课程是学生真实需要还要进行调整。

2. 思考

（1）继续强化教师的课程观念，使教师转变观念，全员参与课程体系构建。

（2）将研究重点放在课程，将课堂和评价调整为课程实施的策略，在课程化、普及化、品牌化方面加大研究力度。

（3）引进专家资源，做好顶层设计，优化学校课程规划，进一步完善课程体系。

（4）引进电子资源，优化课程组织形式，实现课程选修及课程管理信息化。

二、学校课程哲学

（一）教育哲学：幸福教育

古希腊大哲学家亚里士多德说过：幸福是一切行为的终极目标。教育活动目的也不能背离这一目标。幸福教育是指让师生体验和享受幸福的教育。学生在幸福教育中快乐学习、幸福成长；教师在幸福教育中感受到职业的尊严和成就感。学校秉持的幸福教育，目的在于落实和践行立德树人的课程改革要求，引领学校内涵优质发展，达到教师乐教、学生乐学，师生都能幸福地享受学校生活。

1. 幸福教育是"和谐共育"的教育

以"适应每位学生的成长，适合每位教师的发展"为宗旨，培养幸福的人，注重学生、教师、学校的全面发展、特色发展、可持续发展，让师生获得最适合自己的成长平台。

2. 幸福教育需要"内涵丰富"做支撑

建立科学、高效、民主的管理机制，建设一支师德高尚、教研皆优的专业教师团队，构建具有学校特色的课程体系和教学评价体系，坚持严谨治学与开拓创新相结合。

3. 幸福教育需要"特色鲜明"来彰显

建立养成教育的长效机制，学生在养成良好学习习惯和行为习惯的基础上主动学习，自主发展。学校将依据自身优势发展一批重点项目，使之成为课程体系中的积极元素，让活动规范化、常态化、课程化，并加大实施与推广力度。

（二）办学理念：以爱营造幸福生态

陶行知先生倡导"爱满天下"，徐特立先生提出"爱生如子"。教育是爱的事业，没有爱就没有教育。教育自产生之日起，就是为了人的发展和完善而存在，它引导个体向善，帮助人们走向幸福。"爱"无疑是幸福教育的核心内涵和课程纽带。

我校提出打造"生态型幸福学校",建设师生家校幸福联动、和谐共育的教育生态圈。教师与学生的幸福体现在师生日常交往与教学互动之中,师生彼此关心、尊重、支持,老师教得轻松,学生学得快乐,师生才会融洽、快乐、幸福。

(三)课程理念:培养学生创造幸福的本领

幸福教育既关心师生当下的幸福,又关注学生的未来发展。小学是教育的基础阶段,在学生的发展过程中起奠基作用。因此,小学生在接受基本的文化知识之外,还需要在道德、审美、技艺等方面获得营养。课程的关键是让学生感受幸福、传递幸福,从而培养创造幸福的本领,这是我校课程的核心价值。

1. 课程即美好的拥有

我校课程结合学校自身所处的社会人文环境和学校教育实情,有效进行国家课程校本化实施,补充开发校本课程,其目的在于为孩子提供适合成长的教育内容,让孩子在成长中美好地拥有学校教育,为他们带来缤纷色彩。在常规的课堂之外,学生通过接触自己感兴趣的多样化课程,利用学校提供的资源,在教师指导下提高对所学课程的认知,进而强化自己的兴趣爱好,打破"博而不专""泛而不精"的学习瓶颈。

2. 课程即丰富的行走

我校课程以体验式教学为主,坚持"学生主体自为"的原则,采用互动式的情境教学,在体验式教学的基础上,以项目式、探究式、综合性、实践性等方式展开。课程不再是单纯的文本课程,而是立体化的综合体验课程。学生在课程学习的过程中,充分发挥自身的创造性,挖掘互联网、影像、社区等一切可被利用的资源,形成"在课程中行走,在行走中丰富,在丰富中成长"的良性学习局面。

3. 课程即生命的旅程

人生就是一场旅行,每个学生都是行者。在旅行途中,学生所到的地方、欣赏到的风景、品味到的风情决定着学生生命的长度、广度和厚度。我校课程内容的设置力求把握学生年龄特点,体察学生心理,契合学生需求,不走老旧套路,不流于形式,真正让课程满足学生的兴趣、个性、好奇心等多方面需求。

4. 课程即幸福的体验

我校课程内容丰富：既有形体操作，又有心理体验；既有智力开发，又有情感培育；既关注学生兴趣，也发展学生特长。泰戈尔说："生如夏花之灿烂，死如秋叶之静美。"幸福教育的过程本就是一个与"美"不断相遇结缘的过程。通过体验美、创造美，使学生感悟生活中的千姿百态，并在日常行为规范和生活学习中用"美"的标准自我约束，在美的环境里体验幸福。

三、学校课程目标

（一）育人目标

全面贯彻党的教育方针。弘扬地方客家和中华优秀传统文化，以及东江纵队革命精神，把培育和践行社会主义核心价值观融入各年级教育教学全过程，培养学生高尚的道德情操、扎实的科学文化素养、深厚的中华文化底蕴、健康的身心，使学生成为社会主义合格建设者和可靠接班人。

同时结合我校实际，培养有自信、能自理、善自立的基本能力，倡导讲礼仪、讲诚信、讲感恩的思想品质，追求会审美、会学习、会生活的精神境界，使学生成为幸福的人。

（二）课程目标

学校课程目标由国家课程、地方课程和校本课程三个层次目标构成。

1. 国家课程目标：发挥国家课程标准的统领作用，开齐开足国家课程，面向全体学生，全面、高效、优质地落实国家课程方案，促进人人成才。

2. 地方课程目标：确保深圳市教育局主导编写的《社会主义核心价值观》（小学段）、《法制读本》地方教材进课堂、进头脑。

3. 校本课程目标：根据"培养幸福的人"的育人目标，围绕"三自"（自信、自理、自立）基本能力、"三讲"（讲礼仪、讲诚信、讲感恩）思想品质、"三会"（会审美、会学习、会生活）精神境界，开发和实施校本课程。

由于国家课程和地方课程都有统一规定目标，规划只将校本课程的目标细表展示如下（见表2-1）：

表2-1 校本课程目标细表

目标 \ 维度		1~2年级	3~4年级	5~6年级
三自	有自信	主动表达,敢于表现自己	善于表达,能与同伴合作	大胆展示,表达独特见解
	能自理	能做力所能及的事	积极参与集体管理	具备自主管理能力
	善自立	主动解决遇到的问题	善于解决遇到的问题	具备独立解决问题的能力
三讲	讲礼仪	知晓文明礼仪规范,着装整洁,言行文明	遵守文明礼仪规范,待人有礼	展现文明礼仪风采,榜样示范
	讲诚信	遵守纪律,实话实说	诚实守信,按规则办事	待人真诚,实事求是
	讲感恩	懂得感恩,有感恩意识	学会感恩,能表达感恩之情	善于感恩,回馈他人
三会	会审美	感受美,欣赏美	理解美,发现美	创造美,表达美
	会学习	培养良好的学习习惯	掌握科学的学习方法	具备自主合作的学习能力
	会生活	喜欢运动,喜爱艺术,活泼开朗,珍爱生命	具备基本的艺体技能,保持积极心态,具备基本的生存技能	具备几项有益身心的艺体特长,长期保持积极心态,尊重每个生命

四、学校课程体系

(一)课程图谱

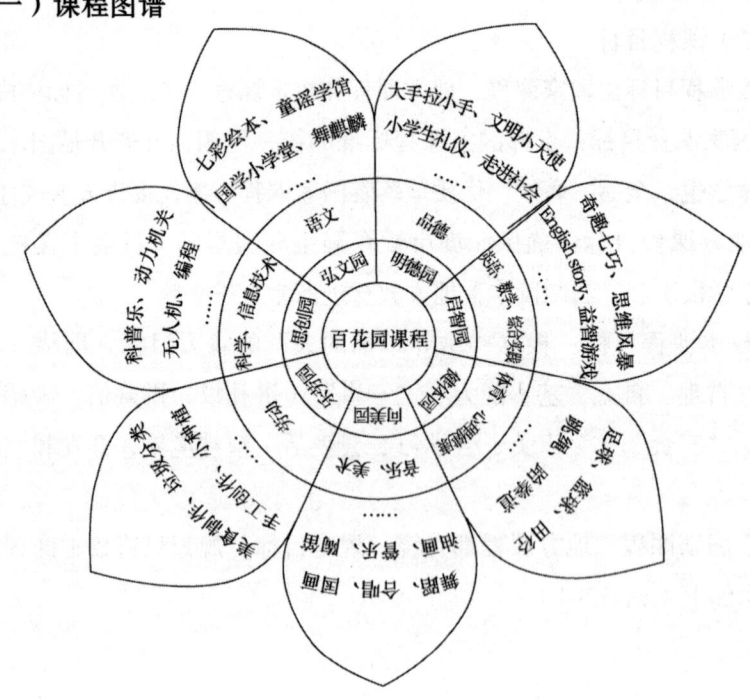

图2-1 "百花园课程"图谱

（二）课程结构（课程设置细目）

1. 构建三级管理的课程总体系

从课程管理主体来看，构建以国家课程为核心、地方课程为辅助、校本课程为特色的三级课程体系。

在保证全面、高效、优质落实国家课程方案的前提下，尝试将国家课程总课时压缩到原来的70%，腾出30%的课时用以实施地方课程和校本课程。三级课程的结构为：国家课程占70%，地方课程占1%，校本课程占29%。三级课程均可能涉及拓展性和特色性。

三级课程体系与结构见表2-2。

表2-2 坑梓中心小学课程体系与结构表

周课时（节）	年级	一	二	三	四	五	六	周总课时（节）
国家课程（70%）	语文	8	7.5	6	5.5	5.5	5.5	38
	数学	3	4	4	4	4	4	23
	英语	3	3	3	3	3	3	18
	品德与社会	2	2	2	2	2	2	12
	科学			1.5	1.5	1.5	1.5	6
	健康教育			0.5	0.5	0.5	0.5	2
	综合实践			0.5	0.5	0.5	0.5	2
	音乐	1	1.5	1.5	1.5	1.5	1.5	9
	美术	1.5	1.5	1.5	1.5	1.5	1.5	9
	体育	4	3	3	3	3	3	18.5
	信息技术			1	1	1	1	4
	合计	22.5	22.5	24.5	24	24	24	141.5
地方课程（1%）		0.25	0.25	0.25	0.25	0.25	0.25	1.5
校本课程（29%）	明德园	君子之仪 0.25	君子之仪 0.25	小学生礼仪 0.25	小学生礼仪 0.25	走进社会 0.25	走进社会 0.25	1.5
	启智园	奇趣七巧1 英语绘本1	数学王国1 英语绘本1	趣味生活1 快乐拼读1	百变魔方1 快乐拼读1	数独游戏1 英语阅读1	思维风暴1 英语阅读1	12

续表

周课时（节） \ 年级	一	二	三	四	五	六	周总课时（节）
健体园	围棋1	国际象棋1	足球1	足球1	足球1 篮球1	足球1 篮球1	8
向美园	童画1 形体1	书法1 小乐器1	国画1 儿童画1 小乐器1	国画1 油画1 舞蹈1	国画1 油画1 合唱1/管乐1	国画1 油画1 合唱1/管乐1	16
乐劳园	垃圾分类1	垃圾分类1	小种植1	小种植1	手工制作1	美食制作1	6
思创园	力翰科学1	科普乐1	科学小实验1	3D打印1	无人机1	少儿编程1	6
弘文园	童谣学馆1 多彩校园1	七彩绘本1 传统节日1	吟诵1 故事天地1 国学小讲堂0.5	吟诵1 故事天地1 客家美食1	名著赏析1 儿童诗创作1 客家民居1	名著赏析1 儿童诗创作1 诗词礼韵1	15.5
周课时总数（节）	31	31	35	35	35	35	202

注：（1）学生每天在校学习总时间不变，通过缩短每节课的时长（由40分钟缩短为35分钟），每天多出时长合成一个课时，以增加每周的课时节数；

（2）0.25课时表示每四周上一次课，0.5课时表示每两周上一次课；

（3）班队会（安全教育）与品德进行整合；

（4）劳动技能与班级特色课程整合，由教师指导和评价，在家学习，不计周课时；

（5）班级特色课程、节庆仪式课程等不计入周课时；

（6）地方课程主要是市教育局编写的《社会主义核心价值观》和《法制教育读本》，这两门课程每周、每年级0.25课时，同时结合到美德园课程中实施；

（7）表2-2中的课程是必选部分，没有列入表2-2的课程是自选部分。

表2-3　坑梓中心小学百花园课程细目表

课程类别	适用对象	学习目标		课程名称
明德园课程	1~2年级	知晓文明礼仪规范，言行文明，遵守纪律，有感恩意识	品德	大手牵小手　小学生礼仪 君子之仪　文明小天使 与爱同行　走进社会
	3~4年级	遵守文明礼仪规范，待人有礼，诚实守信，能表达感恩之情		大手牵小手　多彩生活 君子之仪　文明小天使 与爱同行　自我成长 走进社会　生涯教育
	5~6年级	展现文明礼仪风采，待人真诚，善于感恩，回馈他人		大手牵小手　多彩生活 君子之仪　文明小天使 与爱同行　自我成长 走进社会　生涯教育
启智园课程	1~2年级	养成主动思考的习惯	数学 英语 综合 实践	奇趣七巧　数学游戏 围棋　　　中国象棋 国际象棋　珠心算
	3~4年级	培养发现问题、解决问题的能力		趣味生活　百变魔方 珠心算　　思维风暴 围棋　　　中国象棋 国际象棋　国际跳棋 快乐拼读　英语绘本
	5~6年级	善用科学方法，解决生活中的实际问题		趣味生活　百变魔方 数独游戏　思维风暴 围棋　　　中国象棋 国际象棋　国际跳棋 快乐拼读　英语阅读
健体园课程	1~2年级	激发运动的兴趣，养成锻炼的良好习惯	体育 心理 健康	足球　篮球　田径 跳绳　轮滑
	3~4年级	掌握基本的运动方法和技能		足球　击剑　篮球 田径　跳绳　轮滑
	5~6年级	形成积极进取的体育精神和乐观开朗的生活态度		足球　击剑　篮球 田径　轮滑　跆拳道
向美园课程	1~2年级	培养美的初步感知能力	音乐 美术	舞蹈　　形体　管乐 口风琴　书法　国画 童画　　黏土　陶笛
	3~4年级	培养理解、欣赏美的能力，发展美的表现能力		舞蹈　　形体　街舞 合唱　　管乐　口风琴 吉他　　跳跃鼓点　书法 国画　　油画　童画 彩石绘　剪纸　编织 黏土　　园艺　饰品制作

续表

课程类别	适用对象	学习目标		课程名称
	5~6年级	形成健康的审美观，形成初步创造美的能力		舞蹈　形体　街舞 合唱　管乐　口风琴 吉他　鼓点　书法 国画　油画　彩石绘画 剪纸　编织　饰品制作
乐劳园课程	1~2年级	初步形成日常生活自理能力	劳动	亲子劳动　制作生字卡 美食制作　小种植
	3~4年级	培养劳动卫生、安全意识和劳动习惯		美食制作　小种植 垃圾分类　手工创作
	5~6年级	养成劳动习惯，掌握一定的劳动技能		垃圾分类　手工创作 做小玩具　社区劳动
思创园课程	1~2年级	养成主动探究的习惯	科学信息技术	积木　科普乐
	3~4年级	掌握主动探究的方法		无人机　科技创新 动力机关　科普乐
	5~6年级	培养主动探究的能力		无人机　快乐编程 机器人　3D打印
弘文园课程	1~2年级	感知学校文化、地方文化和中华传统文化	语文	七彩绘本　故事天地 童谣学馆　国学小讲堂 客家传统美食　多彩校园 传统节日
	3~4年级	理解学校文化、地方文化和中华传统文化		七彩绘本　故事天地 名著赏析　儿童诗创作 文学社　小百灵话筒秀 吟诵　舞麒麟 多彩校园　传统节日 太极　南拳　刺绣
	5~6年级	弘扬学校文化、地方文化和中华传统文化		名著赏析　儿童诗创作 文学社　小百灵话筒秀 诗词礼韵　客家民居 多彩校园　传统节日 太极　南拳　刺绣

2. 构建学科课程、活动课程与潜在课程并存的课程体系

从课程类别来分，构建以学科课程为主、活动课程和潜在课程为辅的三类课程交融并存的课程体系。

国家课程、地方课程、校本课程等三级课程都可能是学科课程，也可能是活动课程。因此，学科课程的比例最大。我校拟按照学科课程占80%，活动课程占20%的结构来构建课程体系。

由于潜在课程是指无意识、潜移默化地影响学生的内容，如班风、学风、教风、校风、校园文化和学校各项管理制度、学校环境等都是无形地、潜在地影响学生的课程，它们不需要专门的课时来实施。杜威把潜在课程叫作"同时学习"，我们将深入发现、挖掘、开发和利用潜在课程的积极影响因素，利用优美的校园环境和校园建筑与空间设计，加强班风、学风、教风、校风和学校文化与制度建设等措施来建设潜在课程，防止、减少、杜绝潜在课程的消极影响。

3. 构建以必修为主、选修为辅的课程体系

从课程选择主体来分，构建以必修课程为主、选修课程为辅、必选选修课程与自选选修课程共存的课程体系。

拟开发40门拓展课程列入整体课程体系与结构，要求全校学生必选；另拟开发60门不列入整体课程体系与结构的特需课程作为学生自主选择课程。必选课程占40%，自主选择课程占60%。

五、学校课程实施

（一）实施条件

1. 办学条件不断优化

坑梓中心小学位于坪山区，地处深圳东部边缘，始建于1986年，2002年9月迁至现址，是一所公办、全日制完全小学。学校占地6.1384万平方米，建筑面积1.65万平方米，可绿化面积达1.07万平方米，绿化率达100%。

校园占地广、绿化好，近几年对办学的硬件、软件环境进行了全面梳理，逐年整改，不断完善，进一步优化学校的办学环境，对校园环境进行整体提升，风貌更加凸显，得到大家认可。

硬件建设方面。学校正在改建运动场，按国家义务教育要求，对功能场室进行重新布局，高标准配备各功能场室，重新装修了创客实践室、科技活动室、美术室、油画室；新增了教室外文化墙，加高了走廊围栏；对生物园进行了清理和补种。全校教师人手一台办公电脑，58个班全部配备电子白板和多媒体教学平台，并全部连接互联网，为课堂教学提供了先进、高效的设备和便利条件，学校硬环境得到较大改观。

软件建设方面。教师对学校领导班子的满意度较高。通过转变工作作风、完善管理制度，塑造了良好的工作人文环境。如今，学校干群关系和谐，全校教工在新的工作环境下形成合力，目标明确，精心投入教育教学、科研和课改之中。

2. 课程资源丰富

校园规划超前，设计新颖，环境优美，绿树成荫，人文内涵丰富，为课程实施提供了资源。区域内60余处各类受保护的客家民居、省重点文物保护单位龙田世居、市重点文物保护单位新乔世居，以及比亚迪、华谊兄弟影视文化产业基地等校外资源，也为课程实施提供了较好的资源。

3. 办学内涵逐渐丰富

学校在"不待扬鞭自奋蹄"的办学精神引领下，自2007年起开始实施两轮总时长达八年的"生态型学校发展规划"，着力打造"健康乐园、幸福家园、绿色花园、书香校园、成功学园"，实现学校跨越式发展。2016年起，学校传承"生态理念"，提出"幸福生态"的发展思路，开始实施"构建新型幸福生态学校"五年规划，学校发展掀起了新的一轮高潮，学校"以人为本、和谐发展"的办学特征凸显，内涵不断提升。在传承与发展的前提下，在新的五年规划中，学校提出"以爱营造幸福生态"的教育理念和"培养幸福的现代城市人"的育人目标，确定以"建设师生家校幸福联动、和谐共育、内涵丰富、特色鲜明的生态型幸福学校"为学校未来五年的办学目标，致力于促进和发展学生的综合素养。这些价值理念，充分反映了学校师生的共同愿景，成为全校师生的共同价值追求。

学校的教育哲学是幸福教育，因此，课程实施的前提是不增加学生和教师额外的时间和课业负担，不影响学生的身心健康。课程实施的主渠道是课堂教学，辅助渠道是课外活动和家庭教育。围绕育人目标和课程目标，统筹一线教师、管理干部、教研人员、专家学者、社会人士等力量，充分发挥各自优势，明确各自在教书育人、服务保障、教学指导、研究引领、参与监督等方面的作用，形成育人合力，实现育人与课程目标充分结合。

（二）实施方式

1. "X+1"教学

按学科学时总量不变、实施分量自主的原则，每个学科每周除基础课程外，安排一节拓展课程。

2. 连堂课

根据学科、课型特点，尝试连堂课的实施方式。

3. 大小课

根据教学内容的特点，灵活采用大小课的实施方式：教学内容可分散且长期进行的，采用小课方式实施；教学内容主题性较明显的，采用大课方式实施。

4. 项目选学

创造师资和场馆空间条件，在音乐、美术、体育等学科中探索"基础普及+项目选学"的教学方式，学生对特色项目进行自主选课，实行走班制教学。

5. 跨学科融合教学

以某一学科为依托，构建更全面的学习空间，进行跨学科整合课程实施方式探索。

6. 综合实践

拓展各方资源，创设条件，开展"自然研学、文化研学、场馆研学、旅行研学"等主题课程，实施综合实践学习方式，将学习理解、实践应用、迁移创新由校内延伸到校外，给学生提供丰富的"开放性、多元性、实践性、探究性"无围墙特色课程。

7. 走班制社团

统筹安排社团课程，每周四为课后服务时间，全部进行走班制学习。

8. 活动课程

利用开学初新生到校、大队委竞选等活动内容，统筹进行仪式课程、活动课程等相关系列课程。

9. 家校联动课

引导家长进入课堂，将美食、客家地方文化等特色课程以教师、家长双师联动方式实施。

图2-2 坑梓中心小学百花园课程体系多样化实施方式

（三）实施策略

1. 调整课时，保障三级课程实施时间

（1）优化国家课程总时数，保证地方课程与校本课程课时

尝试将国家课程的总课时优化至原来的70%，剩余的30%课时用以实施拓展课程、地方课程和必修校本课程。

（2）缩短每节课的时长，以增加每天课时总量，给予拓展课程和必修校本课程课时保证

要求在有效完成每堂课教学任务的前提下，将每节课40分钟缩短至35分钟。这样，上午4节课就可以多出20分钟的时间，下午至少可以多出10分钟时间，一天就可以多出30分钟的时间来确保拓展课程和必修校本课程的实施。

（3）每周四下午全校开放实施校本课程

每周四下午，课后服务时间安排两课时，在全校实行校本课程（特需课程）开放活动，学生全员参与，走班、走课到自己选定的校本课程实施课室或场所，参与相应课程的教学活动。

（4）每天下午课后服务时间全部实施校本课程

结合学校特色项目建设发展，每天下午四点半后的时间用以开展校本课程（特色课程）开放活动，师生双向选择确定参与课程的人员，每天开展一至二课时的课程教学活动。

2. 提升教师与家长的教育能力，给予课程实施的人力资源保障

（1）促进教师职业道德与专业能力发展，提升课程实施主力军的整体水平

利用"走出去请进来""构建1+N成长共同体""课题研讨""校本研修""内省自修"等多种渠道，提升师德修养、育人意识、职业理想、敬业精神，促进教师课程的开发、实施与专业能力发展，确保三级课程的实施质量。

（2）培养家长的教育能力，使其成为课程实施的重要辅助力量

加强家长学校建设，推动家长转变教育观念，树立良好家风，提高家庭教育水平。倡导家长通过言传身教形成良好的家庭教育氛围，发挥家庭的教育功能。重视发挥家长委员会、家长学校、家庭教育指导机构、校外活动场所的作用，把学校教育与家庭教育紧密结合起来，形成家校育人合力。利用好家长资源，使之成为部分拓展课程、地方课程和校本课程的开发者和授课者。积极组织学生和家长共同参与各类课程体验、主题教育实践活动、志愿者服务和公益性活动，使家长成为课程实施的重要辅助力量。

3. 以课堂为主，多渠道实施课程

（1）以课堂教学为主，构建多种教学模式实施课程

课堂教学是我校国家课程、部分拓展课程和必修校本课程能够顺利实施的主渠道。利用学校倡导的自主课堂、智慧课堂、自主与合作、学习与生活相融合等教学模式，营造宽松与愉悦的课堂氛围，让学生不断体验成功，学会学习，形成教师乐教会教、学生乐学会学的幸福氛围，轻松快乐地完成课程任务。

（2）利用校外资源，使现场教学成为课程实施的补充形式

有效使用区域内60余处各类受保护的客家民居、省重点文物保护单位龙田世居、市重点文物保护单位新乔世居，以及比亚迪、华谊兄弟影视文化产业基地等校外资源，使之成为部分拓展课程、地方课程和校本课程的教学场所，实现现场教学。同时，探索课堂教学与社区服务、研究性学习与社会实践相结合的途径和方法有效实施课程。

4. 优化课程的结构，高效实施课程

优化课程的结构是指厘清每节课的构成环节以及各构成环节之间的联系与推进顺序，合理分配每个环节的教学时间，确保教学任务在相应的教学时

间内顺利完成。一般来讲，一堂新授课通常包括的环节有组织教学、导入新课、讲授新课、课堂练习、评价与反馈、布置作业等，合理有效地排列这些环节的顺序并有机地、巧妙地过渡、衔接，同时，分配好每阶段的教学时间并保证教学任务在规定时间内完成。

5. 充分发挥学科的教育功能，将地方课程、拓展课程与校本课程渗透进学科教学中

以"1+X"为路径，推进学科拓展课程的整合。"1"即学科基础课程，"X"为相应拓展课程和校本课程，作为学科基础课程的有效补充。在发挥各学科独特育人功能的基础上，充分发挥学科间的综合育人功能，开展跨学科主题教育教学活动，将相关学科的教育内容有机整合，提高学生综合分析问题、解决问题的能力。

6. 加强学校文化建设，发挥潜在课程的积极育人功能

利用班级管理、学校管理与教育教学评价制度等制度文化建设成果；利用校园环境美化、建筑空间设计与文化渗透的环境文化建设成果；利用班风、学风、教风和校风，以及具备良好德行学生的榜样示范等，发挥潜在课程的积极育人功能。

六、学校课程评价

（一）评价维度

1. 课程内容文本

这主要针对校本课程，它由校本课程管理委员会组织完成。校本课程文本的评价主要包含校本课程理念、校本课程目标、校本课程内容及其编排方式、校本课程的长度和校本课程的结构等内容。其中，校本课程的内容和结构是评价的重点。

2. 课程的实施效果

这包含三级课程实施效果的评价，即教育质量的综合评价。

课程实施效果评价的基本原则：

坚持育人为本。综合考查学生的发展情况，既关注学业水平又关注品德发展和身心健康；既关注共同基础又关注兴趣特长；既关注学习结果又关注学习过程和效果。

坚持促进发展。注重发挥评价的引导、诊断、改进、激励等功能。改变简单分等定级的做法，改变单纯强调结果和忽视进步程度的倾向。注重学生进步与成长幅度的记录并给予肯定，推动我校教育教学质量的提升，办出特色。

坚持科学规范。遵循教育评价的基本要求，评价内容和评价方法科学合理，评价过程严谨有序，评价结果真实有效。

（二）评价指标

1. 校本课程内容与结构的评价指标

评价一门校本课程的内容，主要有六个指标：①课程内容要反映基础教育改革新政策的方针性要求，反映现代教育改革的新成果；②内容必须基础化并博古通今，博古通今是全面发展的基本要求，也是当今世界课程改革的发展趋势；③基础性的知识技能具有更广泛的迁移性、长久性和稳定性，这是基础教育的使命所在；④内容必须符合国情、省情、市情和学校传统与文化，体现时代精神；⑤内容必须凸显个性、特色发展，将张扬学生个性，体现老师个性和学校办学个性（特色）有机结合起来；⑥内容要正确、科学，材料、数据准确可靠，并能与时俱进，动态发展，不断完善优秀课程，不断删减或增添新的内容，淘汰不受学生欢迎或选课学生不多、教学效果不好的课程。

完整的校本课程结构应该包含以下内容：①课程名称（全称）；②课程类型；③编写目的；④指导思想；⑤主要特点；⑥课程长度；⑦课时数量；⑧时间安排；⑨适用年级；⑩教学组织形式；⑪教学方式与策略；⑫教具或设备设施要求；⑬考查方式；⑭成绩计算方式；⑮授课教师素质要求等。同时，还需要考虑校本课程的体系结构和体例、编排与呈现方式、试验（或实验）计划等内容。

2. 课程实施效果的评价指标体系

课程实施效果的评价内容与标准参照教育部中小学教育质量综合评价指标框架（试行）执行，如表2-4所示。

表2-4　课程实施效果评价内容与标准

评价内容	关键指标	指标考查要点	评价主要依据
品德发展水平	行为习惯	学生在文明礼貌、勤俭节约、热爱劳动、爱护环境等方面的认知和表现情况	社会主义核心价值观、义务教育课程方案和相关学科课程标准、普通高中课程方案和相关学科课程标准、《中小学德育工作规程》《中共中央、国务院关于进一步加强和改进未成年人思想道德建设的若干意见》《中小学生守则》《小学生日常行为规范（修订）》《中学生日常行为规范（修订）》《中小学文明礼仪教育指导纲要》等
	公民素养	学生在珍爱生命、遵纪守法、诚实守信、团结友善、乐于助人等方面的认知和表现情况	
	人格品质	学生在自尊自信、自律自强、尊重他人、乐观向上等方面的认知和表现情况	
	理想信念	学生的爱国情感、民族认同、社会责任、集体意识、人生理想等方面的情况	
学业发展水平	知识技能	学生对各学科课程标准要求的基础知识、基本技能的理解和掌握情况	义务教育课程方案和各学科课程标准、普通高中课程方案和各学科课程标准，以及其他相关规范性文件等
	学科思想方法	学生对各学科思想和方法的理解和掌握情况	
	实践能力	学生关注现实生活、参加社会实践和志愿服务活动、解决实际问题、进行职业准备等方面的情况	
	创新意识	学生独立思考、批判质疑、钻研探究，解决问题的思路、方式方法等方面的情况	
身心发展水平	身体形态机能	学生身高、体重、肺活量和身体运动能力等达到《国家学生体质健康标准》要求的情况，以及视力状况等	义务教育课程方案和相关学科课程标准、普通高中课程方案和相关学科课程标准、《国家学生体质健康标准》《国务院办公厅转发教育部等部门关于进一步加强学校体育工作若干意见的通知》《中小学学生近视眼防控工作方案》《中小学健康教育指导纲要》《中小学心理健康教育指导纲要（2012年修订）》《学校艺术教育工作规程》《教育部办公厅关于在义务教育阶段中小学实施"体育、艺术2+1项目"的通知》，以及其他相关规范性文件等
	健康生活方式	学生对健康知识与技能的了解和掌握情况，生活与卫生习惯、参加课外文娱体育活动等方面的情况	
	审美修养	学生在审美情趣和艺术修养等方面的发展情况	
	情绪行为调控	学生对自己情绪的觉察与排解、对行为的自我约束情况，应对和克服学习、生活中遇到困难的态度和表现情况	
	人际沟通	师生关系、同伴关系、亲子关系等方面的情况	

续表

评价内容	关键指标	指标考查要点	评价主要依据
兴趣特长养成	好奇心、求知欲	学生对某些知识、事物和现象的专注、思考和探求情况	
	爱好特长	学生课余生活的丰富性，在文学、科学、体育、艺术等领域表现出的喜好、付出的努力和表现的结果	
	潜能发展	学生在某些方面表现出的突出素质和进一步发展的能力	
学业负担状况	学习时间	学生上课时间、作业时间、补课时间、睡眠时间等	义务教育课程方案和各学科课程标准、普通高中课程方案和各学科课程标准、《中共中央、国务院关于加强青少年体育增强青少年体质的意见》《中小学学生近视眼防控工作方案》《教育部关于当前加强中小学管理规范办学行为的指导意见》，以及其他相关规范性文件等
	课业质量	课程教学、作业和考试（测验）的有效程度，以及学生的感受和看法	
	课业难度	课程教学、作业和考试（测验）的难易程度，以及学生的感受和看法	
	学习压力	学生在学习过程中表现出的快乐、疲倦、焦虑、厌学等状态	

（三）评价方式与工具

1. 评价校本课程文本的方式与工具

自评与他评结合，听课与查看教案相结合，课程实施过程与课程实施效果相结合，访谈课程开发者和实施教师与选课学生相结合等。

2. 评价课程实施效果的方式与工具

评价方式多样化。将定量评价与定性评价相结合，全面客观地收集课程实施效果的有关信息，根据数据和事实进行分析判断。将形成性评价与终结性评价相结合，注重考查学生进步的程度。将内部评价与外部评价相结合，注重自我诊断、自我改进。通过学业水平测试和问卷调查等方法进行评价，辅之以必要的现场观察、个别访谈、成长档案查阅等。

校本课程实施效果的评价，可以从选课的学生数、学生学习校本课程的成绩、学校领导和教师随堂听课情况，以及家长与社区代表的反馈情况等四个维度入手，研究确定每个维度应该占有的权重，形成校本课程实施效果的评价。具体可依据以下几种方式进行：①书面作业；②小论文；③调查报告；④学生答辩；⑤学习心得与体会；⑥各类作品（如科技作品、文化艺术作品、绘画作品等）；⑦各类制作；⑧各类活动；⑨测试与竞赛成绩；⑩采用问卷、座谈、个别访谈等方式获取的信息进行综合评价等。结合校本课程的实施状况与学生学习的实际，依据其中一种方式，或其中的两种甚至多种方式同时运用，综合评价。

七、学校课程管理

（一）管理组织

1. 成立课程管理中心

为了保障课程的开发和实施有序进行，我校健全组织，特成立课程管理中心职能部门，落实课程的决策与规划、开发与审议、实施与管理、评价与展示等职能。

2. 建立课程发展专家顾问督导制

充分利用有关专家的力量，成立专家顾问小组，定期到校进行督导，保证课程发展的方向，保证课程发展的领先性，及时解决课程发展中出现的问题，对课程发展提供全面的技术支持。

（二）管理制度

1. 课程开发

（1）学校课程开发应该按照学校课程开发的原则、途径和程序进行。在开发前要进行前期调研工作，调查学校的课程资源和学生的实际需求。

（2）拟订课程开发方案，制定课程纲要，并提交学校课程研究中心审议。

（3）学校课程研究中心对课程开发方案和课程纲要进行审议，对学校课程的实施过程、方法进行探究，对课程内容、教学时间和方法等提出可行性建议。

（4）加强课程资源库建设，引导教师最大限度地挖掘、利用课程资源，开发家长与社区的课程资源。

2. 课程实施

（1）每学年制订一次课程实施方案，合理安排课时计划，制定课程实施办法，对课程实施方向、资源配置、开发内容、教学方法、学习方式等进行有效调控，采取有效对策解决课程实施中存在的问题，完善课程建设。

（2）加强课程实施的动态管理，定期召开学校课程工作会议，安排以课程为专题的业务学习，开展以课程建设和实施为主题的研讨会、观摩会。

（3）任课教师应认真执行课程计划，认真编写教学设计。教学设计要突出学生活动和学习方法的指导，培养学生的探索精神，发展其动手动脑能力及合作能力。

（4）把校本课程的实施纳入教学常规管理，定期检查、考核、评估任课教师的工作，及时掌握教师的课程实施情况。

（5）学校课程研究中心组织有关人员对已有学校课程的实施情况进行评估。从学生、家长、社会、效益和学校规划及培养目标等多角度出发，对课程的进一步实施和开展提出改进意见。

（三）管理保障

1. 制度保障

校本课程与基础课程一样，计入教师工作量，工作实绩载入业务档案。

2. 经费保障

学校全力支持课程发展，对课程发展给予相应的资金支持，保证课程发展所需要的资金投入。

3. 建立激励措施

与教师评优评先相结合，充分调动教师参与课程开发和实施的积极性；创设宽松的环境，鼓励教师积极大胆地尝试和试验，允许失败，宽容问题，鼓励改进。

4. 后勤安全保障

学校后勤与安全部门制定相应的措施，保证课程发展的后勤服务与课程实施过程的安全保障。

第二节　深度开展研修活动，脚踏实地做教学

研修活动要有深度，要能够引领教师成长，并且推动学校育人工作的开展。深度研修是学校发展的关键，尤其是校本教研活动的开展，让学校得到特色发展，同时教学质量也迅速提升。

一、微观研学模式

（一）微观研学模式的背景

教育的现代化和新课程改革是当今我国基础教育两大热点问题。校本教研是推进课程改革、促进教师专业成长的重要途径。校本教研立足本校实际，以本校教师为主体，围绕新课程的实施解决教学中的困惑和教学中遇到的问题，推进学生核心素养培养，促进师生共同发展。而如何提高校本教研的有效性，是我们当前迫切需要研究的问题。

学校青年教师较多，促进他们的成长是一个迫切问题。35周岁以下的教师约占47.10%，工作3年内的教师达24.63%，工作时间在4~8年的占13.04%，如何通过校本教研尽快促进年轻教师的快速成长也是学校迫切要解决的问题。

学校在课程改革中不断探索校本教研的方式与内容，营造了良好的教研氛围，一定程度上促进了教师的专业成长。但在校本教研组织过程中，由于观念没有根本转变，组织不到位，过程形式化，致使校本教研有效性不高，在推进新课程改革中还存在如下亟待解决的问题：一是教研活动组织随意，缺乏一定的科学性和全局性，教师无法积极准备，只能听从学校的安排，从而导致教师主动参与性不强，校本教研的有效性差；二是教研活动缺乏新意，课题研究与日常教学衔接不紧，只停留在一般的听课评课、简单的教材研讨层面，缺乏深度的研究与提升；三是听评课主题不鲜明，没有目标，方

式单一，过程简单，评课时往往前面的人说了，后面的人就只能附和或简单说几句话；四是备课组工作存在"虚化"现象，教师群体缺乏科研意识，团队发展效果较差，教研活动大部分还是个人在努力，没有形成学习型合作研究的氛围与团体；五是校本教研制度还不够完善，部分制度还停留在文本上，教师的学习、研究、探讨意识还不够强，直接影响了教学教研有效性的提高。探索提高校本教研的有效性途径，以提高我校校本教研活动的质量和促进教师成长，是我们当前迫切需要研究的问题。

（二）核心概念界定和实践意义

1. 核心概念界定

微观，指细小的某方面；研学，研究教学。微观研学，是指以新课程理念为指导，以课堂观察为载体，以微观评课为核心，从细小的某方面去研究教学，探讨课堂观察的框架、程序，开发并完善课堂观察表，提高教师的课堂观察、微观评课技能，创新教研形式，构建以微观评课为核心的备课组教研活动形式，建立高效的教研管理机制，促使教学转变，提升学生素养，促进教师专业能力的提高。

关于校本教研有效性的界定。有效：是指有成效、有效率、有效益。校本教研：是指依托学校的发展情况，根据学校自身的教学实际开展的研究活动。有效教研以教师专业发展为本，解决教学中的困惑和教学中遇到的问题，促进师生共同发展。有效教研实质上是一种有效的、合作式的学习、实践、反思与改进的系统活动过程。

2. 实践意义

国内基础教育课程改革的核心是变革教学方式与学习方式，进行"微观研学"研究，既顺应了我国新一轮基础教育课程改革的趋势，又是提高学校校本教研有效性的必要方面，是推动我校学生八大素养培养的有力凭借。微观研学构建课堂观察体系，推动课堂观察微团队活动模式的发展，建立并完善课堂观察方式、工具，数字化微观评课，暴露并解决教与学的问题，促进教学改革，提升学生的素养。同时，创新教研组、备课组的活动方式，推动教研活动规范化、制度化。因此，微观研学可以改善教与学，改变教研的组织形式，促进教师的专业发展，它是对过去研究的一种超越，有十分鲜明的理论和实践意义：

（1）有利于改进课堂教学，深化课程改革，促进学生核心素养的提升。

（2）有利于调动教师研究的热情，促进课堂观察微团队活动模式发展，促进教师的专业成长。

（3）有利于聚焦课堂观察的校本教研方式构建和制度建设。

（三）国内外研究述评

1. 国外研究述评

（1）"校本"的思想萌发于20世纪六七十年代的英、美等国，其初衷是为改革教师教育，提高教师队伍的整体专业素质。20世纪80年代，以斯皮克为代表人物提出的"教师素质优化发展理论"，即"校本教师发展理论"，为当时的教师教育改革和实践提供理论依据，并促进着校本培训的发展。

英国是较早尝试以学校为中心进行在职进修培训的。在20世纪80年代的教师教育改革中，英国各地中小学普遍采取以在岗培训取代教育学理论培训，实行以中小学为基地的师资培养，并在80年代中后期建立旨在促进教师专业化的校本培训模式。

美国是20世纪60年代开始对师资培训模式开展研究和实践的。到20世纪90年代发展为"学校本位培训模式"，它的特点：一是以中小学为中心，满足不同学校、不同教师的需求；二是以大学和教育学院为主要基地。这种模式在加强高等教育机构与中小学的伙伴关系中注意充分利用中小学校的资源，发挥中小学校的教育资源优势。

日本从20世纪80年代初开始以"面向21世纪，培养个性丰富又具有主体意识的人才"为目标进行教育改革，80年代后期的中小学教师研修制度就是改革的一项成果，这种教师研修更具有主体性和主动性。日本的这种教师研修包括校内和校外两部分，校内研修主要是结合学校实际的教学工作进行的，以提高教师的教育教学能力为目标；校外研修是指参与各级教育部门、教育机构举办的研修。

综观世界各国教师继续教育可以看到，充分认识到中小学教师继续教育的重要性，改革中小学教师教育体系，以实施继续教育来提高教师素质，已成为世界各国教育改革的共识，成为各国共同关注的焦点。国外一些发达国家，如美、英、法、德、澳等国通过国家行政的法律政策和强有力的教育行政措施，推进教师教育的一体化和专业化。

（2）课堂观察在二战后期西方科学实证主义思潮中盛行，作为一种研究课堂的方法，从20世纪五六十年代开始注重定量观察和定性研究相结合。1975年到1980年，英国一些教育科研人员就采用了"学生记录法"和"教师记录法"两种相互联系又各自独立的观察方法，进行了一次题为"观察研究和课堂教学评价"的研究。艾奇逊（Acheson）和加尔（Gall）于1995年结合现代媒体技术的发展（如录音、录像技术的普及），给出了针对有效教学特征的21种定量与定性相结合的课堂观察技巧。英国兴起校本培训比较早，在校本培训的结构、运行和保障等方面提供了借鉴。英国课程专家斯滕豪斯曾提出，让教师成为研究者，也是行动研究发展的重要阶段。

2. 国内的研究述评

（1）国内学者于20世纪末21世纪初引进"校本培训"模式，主要用于在职教师的继续教育。"校本教研"可谓我国独创，是我国基础教育课程改革的必然产物，其基本内涵可概括为三个方面：其一，为了学校而进行教师专业发展的培训；其二，在学校中进行教师专业发展的培训；其三，基于学校的现实问题需要进行教师专业发展的培训。

从2004年6月开始，上海市教育科学研究院与深圳市八区签署共建校本研修基地项目协议以后，校本研修项目对于改进教研工作，改进课堂教学，促进教师专业成长、推进课程改革的重要作用得到业内人士的普遍共识。与此同时，有关校本教研的研究也大量涌现，它们从不同角度出发，提出了校本教研的种种构想。例如，王静茹、于冬青在《中小学教师培训》2001年第7期上发表了《建立反思型教师培训模式的探索》，张爱珠在《中小学管理》2002年第3期上发表了《反思总结法是校本培训的基本方法》，陈伟在《中小学管理》2002年第3期上发表了《校本培训实践的思考》，等等。

（2）我国的课堂观察研究萌芽于20世纪90年代，此阶段，国内对课堂观察方法的重视及其研究显得十分欠缺，主要代表有《行动研究：一种日益受到关注的研究方法》（郑金洲，1997年）、《课堂教学社会学研究中的现场观察》（吴康宁，1998年）、《课堂教学的观察与研究——学会观察》（顾泠沅、周卫，1999年），不难发现，课堂观察的研究基本上还处于国外课堂观察研究的第一阶段，即观察作为一种行动和经验研究中的主要方法被引入课堂研究。进入21世纪，国外研究成果不断被引进，方法论逐渐多元化，伴随着国内新课改的深入，我国课堂观察研究进入快速发展阶段，陈瑶的《课堂观察指导》发表之后，我国课堂观察的研究如雨后春笋般涌现，课堂观察研究得到许多一线教师实践，特别是2008年沈毅、崔允漷发表的《课堂观察：走向专业的听评课》使课堂观察成为听评课的新方法和新形式，得到进一步的发展和实践，充分发挥了教育研究人员的理论方法指导作用和一线教师实践的价值。虽然这样一种团队模式在国内并不普遍，但是课堂观察的主体必然是朝着团队模式发展的。课堂观察，作为一种重要的教育研究方法，近年来在我国被广泛运用。

（四）微观评课

微观评课是微教研的重要组成部分。

1. 微观评课的提出

评课，是对执教教师课堂教学的得失、成败进行评议的一种活动，是加强教学常规管理，开展教育科研，深化课堂教学改革，促进学生发展，提高教师专业水平的重要手段。伴随着课程改革的启动，不少地区对教师的课堂教学评价也做了相应的改革：在评价内容上，不仅关注教师的教，更关注学生的学；在评价标准上，不仅要看课堂教学的准确性、流畅性，更要看课堂教学是否体现课改精神；在评价方式上，不仅有专家评课、领导评课，而且增加了教师自评和学生及家长评课。但无论是何种评价方式，其评价思路大致相同：评价者根据自己对课程改革的理解，以正面评价为主，先肯定教师的成功之处，再指出不足，然后提出课应该怎么上，提出改进的目标和希望。

实践中，评课已成为教研活动的基本活动，但常常有形式而无实质：有的只发放"评课表"让听课教师在表上写上几条建议，不集中进行评课；有的虽组织集中评课，但通常进行简短的评课，大家都是概述，往往前面的人说了，后面的人就感觉没话说了，结果是泛泛而谈。这样的评课方式，既不能剖析问题，也不利于教研活动的开展，长此以往，将导致研讨氛围淡薄。我校的听评课活动也同样面临这样的问题，感觉前人已说而无话可说，泛泛而谈成为常见的形态。此外，学校的教研活动还存在缺乏主题、随意性大的问题。

为深化课堂教学改革，促进教师专业水平的提高，我们提出微观评课研究。这种创新评课方式，数据化微观评课，有利于教研活动内容的丰富，有利于锻炼教师专业评课。

2. 微观评课的界定

微观，指局部的、小的某个方面。微观评课指的是从局部深层次评价课堂教学。微观评课强调以团队方式开展教学研究，凭借课堂观察工具，个人从某方面数据化互动式微观评价课堂教学，若干人一起评价，全面评价教与学，暴露问题，并提出解决问题的建议。它以课例研究为抓手，创新评课方式、内容，创新教研活动形式，促成团队研究，让学生成为学习的主人，提升学生的素养，促进教师的专业成长。

3. 微观评课的主要观点与创新之处

微观评课以团队方式开展教学研究，构建评课活动"课前讨论—观课—微点评"新范式，针对某方面深入观察并做深入分析，数据化微观评价课堂，提出教学改进建议。它促进教育科研的开展，促进课堂教学改革的深化，改善学生的课堂学习方式，促进教师专业水平的提高。它是对过去评课研究的一种超越，有十分鲜明的理论和实践意义：

（1）有利于改进课堂教学，深化课程改革，促进新课程改革。

（2）有利于调动教师研究的热情，促进教师的团体合作研究。

（3）有利于提高教师的评课水平，促进教师专业成长。

（4）有利于以微观评课为核心的教研活动方式构建。

4. 微观评课目标与内容

（1）评课活动"课前讨论—观课—微观评价"新范式探索。

（2）课堂观察方式、方法。

（3）微观评课的组织、方式。

（4）微观评价的内容。

（5）教研组、教研小组以微观评课形式开展听评课活动策略。

5. 微观评课开展的行动

（1）组织理论学习，校内培训活动。

（2）教研小组日常微观评课。语文、数学各教研小组每学期开展4次活动。

（3）教研组微观评课。语文、数学各教研组每学期开展3次活动。

6. 取得的成果

（1）观察深入、内容翔实的微观评课稿。

（2）数据化的微观评课方式。

（3）"课前讨论—观课—微观评课"三步式评课活动新范式。

（4）构建出以微观评课为核心教研小组活动方式。

（5）教研活动团队氛围浓厚。

7. 《微观评课记录》模板

××科《×××》课例微观评课研讨记录

课　　例：《×××》授课人：×××授课时间：

研讨时间：×月×日

参与人员：××××××××××××××

××教师：我从×××方面去谈谈这节课的教学。

××教师：我观察的是××方面。

××教师：我观察的是……

××教师：我主要谈谈……

二、跨学科项目式学习模式

（一）研究背景

1. 变革学习方式是时代发展的要求和教育现实的需要

2019年颁布的《中国教育现代化2035》提出，要"创新人才培养方式，推行启发式、探究式、参与式、合作式等教学方式以及走班制、选课制等教学组织模式，培养学生创新精神和实践能力"。2014年3月，教育部《关于全面深化课程改革落实立德树人根本任务的意见》指出："要创新呈现形式，根据学生年龄特点，密切联系学生生活经验，设计教材内容的呈现和编排方式，使之更加生动、新颖、活泼，增强对学生的吸引力。""要在发挥各学科独特育人功能的基础上，充分发挥学科间综合育人功能，开展跨学科主题教育教学活动，将相关学科的教育内容有机整合，提高学生综合分析问题、解决问题的能力。""中小学要探索把课堂教学与社区服务、研究性学习与社会实践相结合的途径和方法。"2014年6月，深圳市教育局印发的《关于进一步提升中小学生综合素养的指导意见》指出，推进中小学生综合素养提升行动，促进学生全面发展和个性成长，要改革课程和课堂，培养学生品德等八大素养。近年来，坪山区着力深化教育改革和创新，启动《坪山区义务教育质量提升三年行动计划（2018—2020）》，在全市率先将"STEM"课程升级为"STREAM"课程，探索融科式课改进入课堂，开展文科（语文、历史、地理）、理科（数学、物理、化学）及英语等跨学科、融合式教育。

目前，坪山区大部分教师还是传统讲授教学，学生在主要学习领域的学习方式并没有产生实质性变化，区教育局提出要进行课堂改革，培养适应未来需要、掌握21世纪通用素养和专门素养的创新型人才，使学生适应未来的社会发展与终身发展。跨学科项目式学习被认为是一种被动学习和机械背诵之外的学习方式。

2. 变革学习方式是学生全面发展和个体发展的需要

多元智能理论认为，人有9个方面的潜在智能，这些智能如果后天都能得到有效刺激和开发，那么人就能得到全面发展；相反，如果某些智能不能得到应有的活动刺激，那么学生在相应方面就可能出现某些智能的终生不足。因此，对学生而言，不仅个性发展需要多样化的活动或者学习方式来支持，而且全面发展更需要变革单调的学习方式方法，开展多样化的课程和活动来丰富和充实。

在现实学校教育教学活动中，普遍反映有各种程度的学习困难、效率不高、挫折感强、学习收获不大等问题。项目式学习使学生在课堂上享有学习自主权，能积极影响学生的学习态度、学习行为和学习偏好，有利于学生沉浸在自己的学习项目中，在课堂上与同伴辩论探讨，搜集资料，对于同一个问题，不同小组根据自己组员讨论和构思，以及执行改进，小组合作过程中的多次交流磨合，让他们学会如何与他人共事，如何表达自身的想法，如何倾听他人观点，提高学生的创造力、思考力和团队合作能力。这样的学习方式有利于培养学生的小组合作意识、学习信心，树立积极主动、独立思考、锐意进取的科学态度，提高学生的自主学习能力，更好地促进其自主发展。

3. 变革学习方式是推动学校教学改革向纵深发展的需要

我校多年来重视教与学方式改革，但更多的只是在课程结构、课程内容方面进行，传统应试教育的影响仍明显存在，素质教育不能得到真正落实，课程结构仍显单一，学科体系仍相对封闭，教师单向灌输，学生被动接受，题海训练的情况仍客观存在。这样的教学，使得学生的个性得不到发展，实践得不到培养，实现不了我校培养幸福人的办学理念，严重影响了学生的全面发展，远不能适应未来社会对创新型人才的需求，它需要全新的教育理念去推动学校的教学变革。

有别于传统的单学科、重书本知识的跨学科项目式学习，在课堂教学过程中整合多学科的资源，围绕某一个主题进行跨学科教学实践，它突出学生的主体地位，并强调学习过程的体验性、灵活性、生成性和创造性。它以学生为中心，放弃教师对教室的过度控制，在课堂上给学生更多自主展示、自由表达和自主判断的机会，能够让学生在多方面得到锻炼和提升，更好地迎接未来挑战。这样的教学，深刻地影响了教师的教学行为，改变了学生学习的参与过程，推动学校教学改革向纵深发展。

（二）国内外研究现状及述评

1. 国外研究述评

20世纪20年代，美国的纽约出现"跨学科"一词，其最初含义大致相当于"合作研究"。20世纪上半叶，现代科学体系逐步形成，蓬勃发展的科学领域激烈分化，学科林立，学科间的交叉融合促成了相当数量新兴交叉学科、研究领域的出现。

20世纪60年代以后出现了一些涉及面较广、影响较大的专业跨学科运动，此时，跨学科研究正式登上学术研究的舞台。欧洲国家的跨学科研究机构及研究成果也较深入。例如，法国跨学科研究中心（CETSAP，1960）出版了《交流》、德国跨学科研究中心（ZIF，1968）出版了《年度报告》，这些研究报告是早期跨学科研究成果，且主要是理论层面的研究，在这之前，还没有专业的跨学科著作。在这之后，英、法、德等西方发达国家在跨学科领域发表了一系列研究，对跨学科教育基本理论和模式做了全面论述。1970年9月，在法国尼斯大学第一次召开了以跨学科为主题的国际学术讨论会，21个国家的代表和部分跨学科专家共57人参加了会议，会议对跨学科研究、跨学科教育等问题做了系统、全面的理论探讨，会后出版了文集《跨学科——大学中的教学和研究问题》（*Interdisciplinary: problems of Teaching and Researching Universities*），被称为跨学科研究的经典之作，本次国际学术讨论会也标志着跨学科研究进入一个系统化理论探讨的新阶段。这一时期，一些专业的跨学科学术期刊开始出现，大大推动了跨学科研究的发展。

20世纪80年代以来，跨学科研究蓬勃发展，交叉科学的概念扩大了，它不再局限于社会科学和自然科学之间的交叉，而且还在数学科学、系统科学、思维科学、军事科学、文艺理论、行为科学、人体科学七大类科学及其分支科学之间交叉。除了学术界之外，一些政府机构和基金会也开始支持跨学科研究。同时，跨学科研究也引起了各国政府高度的重视，从而开始制定相应的跨学科发展研究政策，各国相继成立了大批跨学科研究的中心机构。

1979年，德国成立国际跨学科研究会，这是关于跨学科研究的首个正式的专业学术组织，就高科技中的跨学科问题展开研究，相继发表了关于大学的跨学科研究、学术组织的跨学科研究、高科技研发过程中的跨学科研究等一系列学术成果。

1980年，跨学科研究国际协会成立，标志着跨学科研究体制进入国际化。

1986年，联合国教科文组织以"科学与知识的边界"为主题召开了首次跨学科会议，1991年12月，在巴黎召开了第二次会议，主题为"科学的传统——面向21世纪的跨学科展望"，与会专家围绕科学与传统，跨学科研究方法，跨学科研究与政治、经济、文化、社会发展的关系，科学中统一理论的兴起等问题展开了广泛的讨论，会后发表了《巴黎宣言》（*Paris Declaration*），对未来跨学科研究的发展做了展望。

1990年，美国著名的跨学科理论研究专家朱丽·汤普森·克莱恩出版了其首部跨学科理论专著《跨学科：历史，理论和实践》（*Interdisciplinary: History, Theory, and Practice*），该部专著从历史动态的视角梳理了跨学科理论和实践发展的脉络；1994年，出版了《今日之跨学科研究》（*Interdisciplinary Studies Today*）；1996年，出版了《边界互涉：知识，学科和跨学科》（*Crossing Boundaries: Knowledge, Disciplinarities, and Interdisciplinarities*）；1999年，出版了《映射跨学科研究》（*Mapping Interdisciplinary Studies*）。《边界互涉：知识，学科和跨学科》一书（该书中译本由南京大学出版社出版）呼吁更加深度的学科变迁、转移、扩大、交叉、跨界和融合。

进入21世纪，跨学科研究继续深化，跨学科研究广受重视，现有多个跨学科国际会议，包括国际跨学科社会科学会议（International Conference on Interdisciplinary Social Sciences）、第六届跨学科夏季年会（The Sixth Annual

Summer Interdisciplinary Conference)、国际艺术、数学与建筑学会会议（International Art、Mathematics、Architecture）等。较为有名的跨学科研究机构出版的期刊有英国曼尼出版社出版的《交叉科学评论》、辛辛那提大学国立人文教育协会出版的《人文交叉学科》、美国的兰德公司出版的《兰德公司研究评论》、法国跨学科研究中心出版的《交流》、德国跨学科研究中心出版的《年度报告》等。美国学术机构的权威代表——国家科学院协会（the National Academies）就跨学科研究发表了一系列报告。2004年发表的《促进跨学科研究》（Facilitating Interdisciplinary Research）报告对跨学科研究规律也进行了分析，对跨学科的定义、障碍、动力等进行了深入细致的研究，全面深入分析了交叉学科研究的发展现状，对如何促进交叉学科研究提出了深刻且富有创见性的建议。该报告还对大学中的跨学科行为展开研究，就本科生、研究生、博士后及教职人员的跨学科学习、科研情况做了调查，并对如何促进研究型大学中的跨学科研究和教学提出了建议。法国国家科学研究中心在其发展规划中将"发展跨学科性"作为中心的首要任务，该中心明确表示，"发展跨学科性"并不是目的，从微观角度讲，是为了搞活课题，鼓励科研创新，激发人的科学灵感，活跃学科并促进学科间的相互作用、交流和渗透，促进学科的多样性和研究组织方式的多元性发展；从宏观角度讲，是为了满足社会需求，推动科技和知识发展，解决复杂的社会问题。

2006年秋季，哈佛法学院设立专门研究机构，专门从事与基因、健康和技术发展等相关法律问题的跨学科研究。

2007年7月10日至13日，国际跨学科社会科学会议（International Conference on Interdisciplinary Social Sciences）2007年年会在西班牙南部省份安达卢西亚的格拉纳达大学举行。会议讨论了社会科学，以及社会科学和自然科学、应用科学和种种职业间的交叉学科的理论和实践问题。

2. 国内研究及述评

我国的跨学科运动萌芽于20世纪50年代，当时一批新兴交叉学科如运筹学、技术经济学、科技史等相继创立，受到学界的重视。最具代表性的是著名科学家钱学森关于工程控制论的研究，大大拓宽了控制论的研究领域。同时，一批跨学科学会也应运而生，1983年12月，天津师范大学跨学科学会正式成立，随后，北京师范大学等国内高校也成立了一批跨学科学会或交叉科学研究会。

1985年4月17日，我国首届交叉科学学术讨论会在北京召开，这是全国17个交叉科学学会与中国科学技术培训中心联合举办的。会议就当代交叉科学的形成、历史、地位和未来发展展开深入讨论，会后出版了论文集《迎接交叉科学的时代》。老一辈科学家如钱学森、钱三强、钱伟长等，就交叉科学的问题发表了重要讲话。"交叉科学"一词在这次会议上正式使用，并迅速在国内传播、普及。这次会议推进了我国交叉科学的学科建设，自此，我国交叉科学研究开始踏入现代科学的研究殿堂。

1985年，从事跨学科理论研究的刘仲林在国内首次提出并论述"跨学科学"，许多学科词典陆续收录这一新的学科名词。1989年，李光和任定成出版了《交叉科学导论》；1990年，刘仲林主编的国内第一部"跨学科学"专著《跨学科学导论》由浙江教育出版社出版，该书就跨学科的概念界定、认识论、方法论等问题展开了理论分析。目前，国内的跨学科理论研究概括起来主要有以下几个方面：跨学科的范式研究（汪丁丁，罗卫东，2004年）、跨学科的人才培养（牟忠英，2002年；朱现平，2004年）、跨学科的研究方法（鲁兴启，2004年）和国内外跨学科的比较研究（江小平，2003年；秦国柱，2005年；程如烟，2005年）。

21世纪以来，国家相关部门也在大力推动跨学科、交叉科学研究，如科技部采取了一系列举措，大力推动和加强学科交叉研究，国家自然科学基金中也设立了若干交叉科学的重大研究计划等。不仅如此，对跨学科的研究也上升到国家科技发展规划的高度，《国家中长期科学和技术发展规划纲要（2006—2020年）》明确指出："微观与宏观的统一，还原论与整体论的结合，多学科的相互交叉，数学等基础科学向各领域的渗透，先进技术和手段的运用，是当代科学发展前沿的主要特征，孕育着科学上的重大突破，使人类对客观世界的认识不断地超越和深化""基础学科之间、基础学科与应用学科、科学与技术、自然科学与人文社会科学的交叉与融合，往往导致重大科学发现和新兴学科的产生，是科学研究中最活跃的部分之一，要给予高度关注和重点部署"。

在此背景下，国内跨学科研究和人才培养平台也不断涌现。山东大学创立了以跨学科研究为特色的卫生经济与政策研究中心、环境考古实验室、齐鲁证券金融研究院和金融数学与金融工程人才培养基地；中国科学院建立了"上海交叉学科研究中心"，与德国马克斯·普朗克学会合作建立了"计算生物学研究所"；北京大学建立了"前沿交叉学科研究院"；浙江大学成立了"跨学科社会研究中心"；清华大学成立了世界上第一个跨学科的艾滋病综合研究中心；等等。这些跨学科的研究机构和教育机构在新兴的跨学科研究领域里运用学科交叉的思维、方法展开研究和进行人才培养，代表了大科学时代新的科学研究范式和人才培养模式。

3. 关于跨学科项目式学习法的小结

欧美国家基础教育大力倡导跨学科项目式学习法，OECD（经济合作与发展组织）国家的学校已经广泛采用。项目式学习在美国中小学普遍开展，倡导锻炼中小学生的创造力、团队合作能力、领导力、动手能力，以及计划与执行项目的能力。总之，在人生的早期阶段介入跨学科项目式学习，有助于从小养成自主意识、对世界的完整认知、手脑并用、合作意识和理论联系实际解决问题的能力，为终身学习及应对社会快速变化奠定思想与能力基础。

国内STEM（科学、技术、工程和数学教育的总称）等跨学科项目式学习已经有若干年了，比如北京顺义国际学校的未来学院、中关村四小、重庆巴蜀小学、深圳的部分学校开展得很好。运用PBL方法，开设STEM课程，转变知识观念，变革学习方式，培养学生的核心素养和关键能力，已成为全国当前基础教育改革和课堂教学方式变革的主要议题。

（三）核心概念界定

跨学科项目式学习是指以学生为中心，通过教师引导，学生主动探索现实问题，获得更深刻的理解和技能的学习方式。第一，它是一种教育理念，有别于传统的单学科、重书本知识的教育方式，在每门课的课堂教学过程中，教师经常是整合了多学科的资源，围绕某一个主题进行跨学科教学实践；第二，它具有跨学科学习的特点，需要整合运用知识和方法进行学习；第三，它倾向于以解决实际问题为目标，使学习更加具有指向性和考验性，对于学习也更有成效；第四，它的学习形式是小组合作，小组自主找到项目知识点和课程中知识点的联系，运用知识和技能解决现实问题；第五，它是一个关于学习的系统工程，需要对任务进行管理，在规定的时空范围内完成，所以也包括人事管理、时间管理等。因此，这种全新的学习方式需要教师学习、实践和效果评价，以不断丰富资源，探索过程，管理任务，达成诸多直接目标，能推动学校教与学方式变革向纵深发展，是值得倡导的一种学习方式。

（四）基础理论

1. 建构主义教育理论

建构主义教育理论的内容很丰富，其核心只用一句话就可以概括：以学生为中心，强调学生对知识的主动探索、主动发现和对所学知识意义的主动建构（而不是像传统教学那样，只是把知识从教师头脑中传送到学生的笔记本上）。以学生为中心，强调的是"学"；以教师为中心，强调的是"教"。这正是两种教育思想、教学观念最根本的分歧点，由此而发展出两种对立的学习理论，即教学理论和教学设计理论。由于建构主义所要求的学习环境得到了当代最新信息技术成果的强有力支持，这就使建构主义理论与广大教师的教学实践普遍地结合起来，从而成为国内外学校深化教学改革的指导思想。

2. 探究式学习理论

探究式学习在近几年成为我国基础教育课程改革倡导的主流学习方式。探究式学习是学生从问题或任务出发，通过形式多样的探究活动，以获得知识和技能、发展能力、培养情感体验为目的的学习方式。注重知识的发生发展过程，彻底改变教师以例题、示范、讲解为主的"教"的方式和学生被动接受的"学"的方式，按照开展科学研究的方式进行教学活动，让学生在教师的组织、引导与合作下自己发现问题，主动获取知识。这样就能最大限度地减少教师的讲授，最大限度地满足学生自主发展的需要，最大限度做到让学生在"活动"中学习，在"主动"中发展，在"合作"中增知，在"探究"中创新，充分体现学生学习的自主性，使课堂教学焕发出生机勃勃的活力和效力。

3. 探索与实践

（1）研制跨学科项目式系列学习主题

①项目式设计教科书特定内容，把学习过程变为学科渗透式项目学习

我们教师创造性地使用教科书，在教学中发现适合开展项目式学习的内容，根据具体的学习内容创新教学设计，设计挑战性的任务，开展项目式学

习，把学习内容设计为学生感兴趣的活动，把学习过程变为实践过程，通过学生主动探究、实践体验，使以教为主向以学为主转变，实现深度学习，在大量实践中培养学生自主学习能力。

②用教育要素改造教育资源，把学习生活中的真实问题转化为主题式项目学习

充分利用学校、家庭和社区等教育资源，用教育要素改造各种教育资源，提炼出蕴含的学科教育元素，进行项目化学习设计，把生活中的真实问题转化为主题项目探究学习，如传统文化、剧本编写、××表演、××调查、创编儿歌、创编绘本、课前讲演、××设计方案、策划六年级毕业晚会等，让学生在实践中学习，学会学习。

（2）探索跨学科项目式学习实施途径

在课题研究中，我们学校着重进行了项目化学习实施途径的探索。我们发现，项目化学习活动实践化、学习过程协作化，需要一定的实施途径，强调通过小组合作方式进行，要进行项目化学习过程的组织，适时指导，要进行成果展示，要进行学习参与过程与成果评价。

在长时间的项目学习实践中，逐渐摸索出"研制项目—小组合作学习—展示学习成果—学习评价"项目化学习实施途径，并在项目研制、小组合作学习中取得较为丰富的经验。

（3）探索跨学科项目式学习策略

在研究中，我们学校重点进行了跨学科项目式学习策略的探索，始终思考跨学科项目式学习策略，进行了深入的研讨、探索。课题组经常一起讨论跨学科项目式学习的主题研制、过程组织、成果展示、评价操作等方面内容，并积极进行尝试实践。

在研究过程中，我们设计了《跨学科项目式学习方案》，以活动设计为抓手，探索跨学科项目式学习策略。深入探索以问题为导向驱动学习，以成果展示评价学习。在研究过程中，适时组织专题研讨，对一些问题进行深入交流，实践探索，取得了一定成效。

（4）扎实推进跨学科项目式学习实践

①组织学生研究性学习

学校成立各种学习小组，引导学生从校内外各种现实问题开展跨学科项

目式学习研究，重点进行动手操作、创意设计、实验设计、观察设计、调查研究、实地考察等项目式学习，促进学生实验观察、调查访谈、分析研讨、动手实践等能力的提高使得学生能够在科技制作发明、自然科学实验、动植物生活习性、社会公共问题调研、生命健康与成长、人文艺术等6大领域充分学习。

学校还积极将学生研究性学习组织申报深圳市学生小课题研究，近几年，共25项学生研究性学习获深圳市小课题研究立项，其中"植物虫害产卵期动态自动监测系统设计""验证草履虫是否有净水环保功能的探究""鸡蛋的沉浮""土豆发芽能不能吃""校园观鸟活动的实践与研究""深圳湾鸟类拍摄活动实践研究""小校长，大世界——关于设立学生'校长助理'的可行性研究""废茶渣对绿植的生长影响""你的眼睛舒服吗？——基于教室照明设备的研究""火锅该怎么吃？——健康饮食的研究"等10项获深圳市资助，5项研究成果参加了深圳市优秀研究成果展示。

②组织系列主题项目式学习

学校充分利用学校、家庭和社区等教育资源，组织系列项目式学习活动，推动跨学科项目式学习。学校先后组织了点亮鞋盒小屋、乐器制作、走进传统文化、年货购买策划、防疫手册、剧本编写、表演、社会用字调查、创编儿歌、拍微电影、微视频、做书本、编程等系列活动，大力推进跨学科项目式学习实践。

师生的跨学科项目式学习涌现出一批优秀成果，参加各级评比，获得佳绩：学生林启哲、陈东岳跨学科项目式学习成果《科技大桥》获2021年深圳学生创客秀活动（小学组）一等奖；学生叶文俊、刘珂炜跨学科项目式学习成果《DIY生物电灯小屋》获2021年深圳学生创客秀活动（小学组）三等奖；《逻辑王者》《保护环境，从我做起》2021年在广东省中小学科技教育劳动实践活动中获得二、三等奖。

③开发校本课程

学校重视跨学科项目式学习研究，并积极将跨学科项目式学习进行课程开发，先后开发了"乐游诗韵""快乐编程""趣画英语词""制作一杆精确度高的杆秤""校园鸟探秘""点亮鞋盒小屋""校园植物生活习生性的探究""诗画雅趣"等课程，其中9项课程获坪山区跨学科融合课程立项。

④ 开展学科渗透项目式学习

各学科积极探索跨学科项目式学习，深入思考改革学习方式，改变传统的单学科、重书本知识的学习方式，整合多学科的资源，项目式设计教学内容，进行跨学科项目式学习。

在实践中，各学科的学习内容、单元主题不断拓展，从实践、体验等维度进行项目式学习设计，引导学生体验、实践，取得了一定的效果。语文与美术等学科渗透，设计项目化学习，课题组成员李月云老师做了《画诗歌》项目、何雍彦教师做了《我心目中的山水秋暝》项目。语文学科与其他学科渗透，课题组成员张其龙教师将《草船借箭》课文教学以项目为载体，把教学设计为编演《草船借箭》课本剧项目式学习。

各学科还结合学科特点，以课题研究方式深入探索跨学科项目式学习：语文学科进行"小学语文项目化学习研究"；数学学科进行"基于提升小学生数据分析能力的项目化学习研究"；英语学科进行"STEAM理念导向的小学英语项目式学习研究"，带动众多教师进行学科渗透式项目学习研究、实践。

4. 专题研讨

2019年8月31日，学校组织专题讲座，由课程管理中心主任张其龙做了题为《小学跨学科项目式学习策略》的讲座，阐述跨学科项目式学习内涵，学校落实跨学科项目式学习路径，以及如何开展项目式学习，促使教师理解跨学科项目式学习。

2020年1月16日，学校邀请盐田区教育科学研究院副院长陈尚宝做了题为《基于社区资源的项目式学习实践》的讲座，重点进行了项目式学习内涵、实施策略、注意事项等培训，提高了教师对项目化学习的理解与实践能力。

2020年6月8日，学校组织跨学科项目式学习专题研讨，重点研讨了项目式学习的组织，强化了项目式学习过程的资料要求，规范了活动方案表、过程评价表、成果评价表等要求，使课题研究更加专业、深入。

2020年11月27日，学校组织线上专题研讨，重点研讨项目式学习的内容、成果形式。本次研讨明晰了学习成果呈现方式：作品、研究报告、自做书、手册、绘本……探讨了项目式学习可能进行的内容。通过线上专题研讨对课题研究进行辐射推广，带动身边的教师参加项目化学习研究。

2021年1月13日，学校组织跨学科项目式学习专题研讨，本次学习主要是由课题组成员张其龙老师分享跨学科项目式学习研究心得，明确了项目式的成果呈现、成果形式、项目式学习内容的确定，重点研讨了项目式主题的研制。

三、基于深度教研推动学校发展

基础教育的兴衰，与教研观念更新、教研模式创新都息息相关。学校教学研究工作是学校教学工作的重要环节，当前教研能力也是教师教学实践中普遍缺乏的工作能力，从一定意义上说，它的高低严重制约着教师队伍素质的提高和学校教学质量的提升。如何转变教研观念，拓宽教研视野，推动学校整体工作的开展？要更新教研观念，对学校教研室工作要有准确的定位。因此，教学研究工作要理论结合实际，根据校情，鼓励学校教师加强校本研究，探索适合于校情的教育教学方法，这样才能完成教书育人的神圣使命。

（一）联系学校全局，重视教学研究

教学研究是运用科学的理论和方法，有目的、有意识地对教学领域中的现象进行研究，以探索教学规律、提高教学质量。教研工作是学校教学工作中的重要组成部分，是学校教学工作中不可忽视的重要环节，对学校教学质量的提高起着举足轻重的作用，决不可等闲视之。教研工作的重要作用，笔者认为主要体现在以下几个方面：

1. 教研工作有利于教师整体认识和宏观把握所任学科教学工作

整体认识和宏观把握，直接决定着教师的教学层次和教学水平的高低。教研工作有利于教师教学时抓住关键、突出重点、突破难点。教师课堂教学效果的好坏，往往反映在教学上是否抓住了关键、突出了重点、突破了难点。

2. 教研工作有利于教师解决教学工作中实际问题

任何教师在教学中总会遇到一些难以解决的问题，这些问题只有通过不断的教学研究才能给予解决。学校教研工作有利于教师自身素质和教学业务能力的提高。教学研究对教师最大的作用，就是教师自身素质不断提升和教学业务能力的不断提高。

3. 教研工作有利于教师提高课堂教学的授课质量，向课堂教学要质量

教学质量主要是通过课堂来实现的，教研工作的效果往往也是在课堂教

学中得以体现的。教研工作有利于教学工作，起到"磨刀不误砍柴工"的作用。教研的目的之一是让教师获得教学的方法和指导学生学习的方法，方法正确则事半功倍。

由上可见，教研在教学工作中起着举足轻重的作用，直接影响着教学质量的好坏。因此，学校的教研工作和教师的教学科研能力不能可有可无，必须采取有效措施逐步予以加强。

（二）不断开展学习，夯实教研基石

21世纪是一个知识爆炸时代，新知识、新观念、新技术层出不穷，稍一懈怠就会落伍。可能许多教师有这样的经验，在一些信息技术领域，我们教师的水平可能还不如小学生，这种情况以后会越来越显著。作为人民教师，尤其是教研人员，应该认清现实，静下心来做好自己的本职工作，不断加强学习，向同事、前辈、专家学者及一切可学的看齐，做一个有思想、有内涵的教师。有了这样的心态，才可能搞好教研工作。同时，教师应善于学习，把学习作为提高自身素质的源泉和增长才干的根本途径。

（三）紧密联系课堂，搞好教研工作

学校教研工作必须同学校教学工作紧密结合，超前进行，为教学工作服务，使二者相互促进、相得益彰。要做好学校的教研工作，提高教学质量，首要问题是必须对课程标准和学校各年级的教材有一个整体认识。只有认识上去了，整体把握住了，才能在具体教学工作中明确方向，做到纲举目张。

（四）积极学习借鉴，不断总结提高

古今中外，一些教育家的论著和特级教师的文章蕴含着他们对教育事业毕生的心血和智慧，凝结着他们成功与失败的经验，是他们奋斗几十年甚至毕生精力和生命铸就的理性思维成果，闪烁着教育理想和教育科学的光芒，应该成为我们学习的经典。作为教师，要学会博采众家、吸收借鉴，创造出属于自己的、适应现代化教育和符合中小学生心理发展规律的教学方法，来提高我们的教育教学能力和水平。

作为一名校长，我深知在教研这块沃土上还有许多同行做得更好，还有许多同行是学习的榜样，这块金土地有着无尽的教学财富与研究资源，深深地吸引着每位爱好它的人。今后，我将继续立足我校教学实际，不断转变教育理念，积极拓宽教育视野，为提高我校教育教学质量而不断前行。

第三节　丰富教学实践活动，助推学生成长

教学活动是学校日常最重要的工作，也是最主要的育人手段，为了更好地开展教学活动，学校推进了"互动共生"课堂建构。学生成长是目标，也是教育的初衷与终点，学生的成长应基于学校的培养目标，培养"幸福的人"，让学生变得更自信，使其具备学习能力并拥有优秀品质。

一、基于"课堂革命"推动"互动共生"课堂建构

课堂应该是师生之间、生生之间、学生与知识之间"互动共生"的有机体。"课堂革命"理念下，我们学校进行"互动共生"课堂的研究，就是要根除以教为中心的教学关系，建立以学为中心的新型教学关系，把课堂的学习权还给学生，把学生的发展权还给学生，让学生学会合作、学会分享、学会思考、学会交流、学会创新，努力让不同的学习对象、学习内容、学习目标、学习风格形成有代表性的特色教学。同时，每个教师在"互动共生"课堂里都能形成自己独特的教学风格，绽放自己的教育思想，激发自己在教育沃土里的生命价值！

课堂教学是实施素质教育，提高教学质量，提升学生综合素质的主阵地。按照教育生态观点，课堂应是学生学习、成长的地方，是学生作为主体人的精神交流场所，是激发其生命活力、启发其自由天性、展现其多彩自我的舞台，而不是千篇一律的知识加工厂。据此，学校近年来积极探索从"和谐有效"到"自为课堂"的课堂改革，积累了丰富的课堂研究经验，基于对课程改革的认识，对教育现状的分析，对教学理论的理解，沿着继承与发展的思路，在原有的课堂教学中提升一个层次，进一步加强落实以生为本的课堂而努力，着力开展"互动共生"课堂的探索和改革，力求课堂凸显出"尊重、互惠、和谐、个性化发展"的价值追求，致力于构建由师生共同完成、

具有生命价值和意义的师生共生、共长的课堂。

（一）时代背景

1. 课堂变革的时代需要

2014年，国家教育部颁布的《关于全面深化课程改革落实立德树人根本任务的意见》明确提出，课堂改革是教育改革进入全面深化阶段的实际要求，是顺势而为，符合国际教育改革的潮流。早些年的《基础教育课程改革纲要（试行）》也明确提出基础教育改革的六大具体目标，提到"改变课程过于注重知识传授的倾向，强调形成积极主动的学习态度""关注学生的学习兴趣和经验，精选终身学习必备的基础知识和技能""提倡学生主动参与、乐于探究、勤于动手，培养学生搜集和处理信息的能力、获取新知识的能力、分析和解决问题的能力以及交流合作的能力"等内容，都紧密地与课堂教学相结合，落到学生学习态度形成、兴趣培养、学习能力提升等方面。

2017年9月，教育部前党组书记、部长陈宝生在《人民日报》撰文中吹响了"课堂革命"的号角。他提出，坚持内涵发展，加快教育由量的增长向质的提升转变，要把质量作为教育的生命线，坚持回归常识、回归本分、回归初心、回归梦想。

2019年1月，区教育系统在"2018年工作总结暨2019年工作部署会"上提出，坚持落实"质量提升三年行动计划"，深入推进"课程改革和课堂革命"。提高课堂效率，改变授课形式，建设趣味课堂、高效课堂；鼓励学校开展跨学科融合式教育，促进学生项目式、体验式学习，培养学生的核心素养和关键能力。所以，要深化基础教育人才培养模式改革，只有掀起"课堂革命"，努力培养学生的创新精神和实践能力，办好人民满意的学校，才能为建设人才强国打下坚实的基础。

2. 学校发展的使命要求

（1）择优传承　力求创新

在"新课改"的热潮中，学校积极寻求教育的突破与创新。在学习先进经验的同时，我们认真探究自主式、启发式、参与式、体验式的教与学方式的研究。从最初的和谐有效教学到自为智慧课堂，再到现在的互动共生课堂，指导思想都是把课堂的学习权还给学生，把学生的发展权还给学生，让每个学生都成为学习的主人。从"和谐有效"到"自为智慧"，再到"互动共生"，我们的宗旨是要创新地传承！"互动共生"课堂就是在"自为智慧"课堂基础上的提升。

（2）精准定位　明确方向

我校的教育理念是以爱营造幸福生态，育人目标是培养幸福的人。办学目标是建设师生家校幸福联动、和谐共育、内涵丰富、特色鲜明的"生态型幸福学校"。我们致力于打造"幸福教育生态圈"，系统关键词为爱、幸福、生态。把生态引入我们的教育教学，这是教育生态学的一个视野。我校的教育生态三要素为生活化课程、生命力课堂、生长性评价。这正是"互动共生"课堂的核心内容。

3.师生幸福感的提升要求

学校的教育理念是以爱营造幸福生态，幸福包含教师幸福和学生幸福，而师生幸福感最为直接体现的地方就是课堂。课堂是师生以学习为纽带，共同见证学生生身成长、才智增进，教师履行社会角色、历经职业生活的场所。在这个场所中，好的教育将给学生留下丰富的体验和美好的回忆，也给教师带来职业历练的生命历程和情感体验。课堂是学生学校生活的一段段认知情感发展的剪影，视野的扩展，认知的深入，情感的波澜起伏，体格的健壮，都会在课堂和学校里形成和展开，所以有人称之为生命课堂。"互动共生"课堂就是生命课堂中应有之义，在这里课堂被视为师生生命过程的一部分，是师生共同构建完成的，是个体生命全然参与的生命意义映照下的课堂，因此，这个过程的幸福与否一定程度上都会在师生生命中烙下印痕。从哲学层面来看，"互动共生"课堂的建构具有生命的意义；从社会层次来看，它是完成社会意义上教与学的构建；从个体层面来看，它是在履行着知情意行的过程参与。好的课堂在不经意之间建构了和谐社会和幸福人生，因此，"互动共生"课堂被赋予了生命的价值和意义。

（二）核心概念界定

1.课堂革命

课堂革命目前并没有统一的定义，课堂革命主要包含以下要素：

（1）课堂更加注重教育教学质量

以生为本的全面质量，而不是片面的知识获得，是三维目标的全面实现，彰显了学生发展核心素养和关键能力。

（2）课堂更加注重学，要以学生和学习为中心

要求转变以教和教师为着力点、以学和学生为着力点，以学定教，在教与学之间更着力于学。

（3）教与学主导关系的改变

课堂并不一定要教师来主导，学生在很多环节也可以成为主角来主导课堂的推进。

（4）教学内容组织形式的改变

教师可以打破教材的限制，甚至时空的限制，比如形成多课时的大单元教学模块，使知识的呈现更加合理完整，更加符合学生的认知规律和知识间的内在联系。

（5）评价关系的改变

要改变过去课堂教学行为与效果的评价，学生处于缺失的状态，要赋予学生参与其中的权利和机会，学生可以评价同学，也可以评价教师的教学情况，进而直接推动教学的改进。

（6）课堂更讲究教育智慧

随着伴随式学习数据的有效采集，加上云计算的介入，教师有可能对学生学习状态的了解更加及时与全面并做出快速应对，推送合适的内容或者提出更切合的方法给学生，从而提高教育教学的针对性和效果。

2."互动共生"课堂

"互动共生"这一概念源于生物学领域，是指不同种属生活在一起的状态。我国研究者吴飞驰在《关于共生理念的思考》中指出："共生是人类之间、自然之间以及人与自然之间形成的一种相互依存、和谐统一的命运关系。"

把"互动共生"理念引入课堂教学，实则是把课堂视为一个生态系统和一段生命历程，这个系统里，它至少包含教师、学生、课程、教学环境等组成要素，并且把课堂这一事件展开的过程视为生命过程的一部分，并赋予生命的意义、社会的意义和个人发展的意义，在这三重意义交叠之下，师生展开认知交互、情感交互、人格交互，这些关系相互依存、相互促进，有利于学生的成长和教师的专业发展，并成就各自生命的意义。

（三）推进策略

进行课堂革命及如何建构符合学校实际的"互动共生"课堂模式，策略

如下：

1. 上下合力是关键

课堂变革的实施具有很强的基础性和广泛性，要想课堂变革取得根本性成功，需要一线校长、行政班子、教师的共同参与。在本课题研究上，学校应做好顶层设计，为教师营造适宜改革的政策氛围，鼓励教师在保证学校改革大方向的前提下，可以根据自身特点植入适宜本班学生发展的因素，并形成自己独特的教学风格和魅力。为了让课题研究更具科学性，我们学校允许课堂改革渐进式推进，让课题研究根植于教师心里。

2. 教师参与是核心

教师是课堂革命的直接参与者、推动者。教师的工作态度、育人理念、综合素质、育人方式直接影响着学生的成长、成才。所以，我们学校组织教师认真学习国家有关课堂革命、课改文件，树立教师正确的教育观、学生观、教师观、课堂观，让教师真正有效地参与课堂革命。

3. 课程实施是主体

课堂革命就是要对学生实施最好的教育，而最好的教育就是最适合的教育，只有设置适合每个学生发展需要的课程，才能让每个学生都有出彩的机会。所以，学校会关注课程的整合、开发、设置，让丰富的课程成为培养学生核心素养、实现育人目的的有效载体。

4. 制度建设是保障

课题研究必须有制度的保障，一项好的制度和机制可以成就课题研究的顺利开展。因此，学校高度重视制度建设，建立科学的运行机制，包括以下三大方面：一要制定好"互动共生"课堂的实施方案和路线图；二要完善好课题研究的一系列制度；三要把课题研究与校本研修有机结合，落实好校本研修课题，定期开展课题研究。

5. 家校共建是助力

学校教育离不开家庭教育，学校致力于"课堂革命"，打造"互动共生"课堂需要广泛争取家长的配合，充分利用和优化家庭教育资源，充分发挥家庭教育的优势，积极开展多种家校共建活动，从课堂走向课外。从教学走向教育，不断拓宽育人载体。

（四）学科"共生课堂"特色构建

学科不同，课堂形式就不同，各科组在"互动共生"课堂理念的指引下，积极探索具有学科特色的课堂方案，具有学科特色的课堂方案是"互动共生"课堂最大价值的体现。同时，根据学科组特色，服务学生发展，提高教师队伍能力。

1. 语文学科"互动共生"课堂样态：心随文动 情智共生

语文科组在课堂教学中进行大胆创新、深入研究，逐渐形成了具有语文科组特色的"互动共生"课堂新样态。

（1）走近文本，实现学与思的相长共生

语文学科以单元目标、课文导语、课后思考题为导向，结合语文教材内容及学科特点，构建了"互动共生"理念下的课堂七步曲：课前诵读古诗—激趣导入、存疑共思—明确目标、学习新知—研读重点、合作共学—当堂检测、探究共生—升华提炼、总结共享—拓展延伸、布置作业。在实践教学中，帮助学生打开课前、课中、课后的学习通道，引导学生走近文本，潜心读书、品析词句，大胆发表见解。联系生活、展开想象，读出课文的厚度。通过问题驱动激活学生的思维及情感，让他们在讨论交流中经历共生共长、学与思相长的全过程。

（2）走进文本，凸显言与意的融合共生

教师和学生通过言语实践活动走进文本深处，实现言与意的转换，进而让言与意融合共生。在这个过程中，教师和学生一起交流讨论，深入文本解读，感受文本中的丰富情感，让学生的综合素养得到提高。在语文教学的过程中，我们的教师注重引导学生心随文动，将"共生语文"的教学理念贯穿到课堂教学中，能够有效促进学生和教师、学生与文本之间的有效互动，让学生在交流探究过程中实现高效课堂的构建。

（3）跳出文本，体现情与理的和谐共育

结合文本特点及学生年龄特征，教师深入研读教材，带领学生感悟文字背后的情感、气韵、意味，悟出文本的内在真意，还语言以生命，形成由表及里、由浅入深的共生共长学习过程。在这个过程中，师生分享彼此的思考、经验和知识，交流彼此的情感、体验和观念，师生在互动中生成，在生成中发展。实践证明，巧用共生思想可以促进语文课堂学与教关系的和谐建构。

（4）超越文本，构建心与智的互动共生

阅读教学需要处理好立足文本、超越文本和回归文本之间的关系。拓展是实现超越的常用手段，但有效拓展来源于立足文本的深入细读，实施于超越文本的远见卓识，收效于回归文本的目标指向，其结果是为学生构筑心与智的互动共生，释放极大的可能空间。

"互动共生"教学理念下的语文课堂，教师更加注重学生综合素养的提升，让学生在课堂交流互动的过程中获得丰富的知识，提升自身的能力，拓宽知识面，获得全方位的长足发展。

2. 数学学科"互动共生"课堂样态：聚焦目标 教学相长

数学是思维的体操！作为学生思维体操训练的"领操人"，数学科组始终坚持激发学生用数学的眼光看世界的意识，凸显学生用数学的思维思考世界的能力。在教学实践中，数学科组秉承"以爱营造幸福生态"的教育理念，结合数学学科实际特色，秉持"聚焦目标，让思维的成长可见，让学生的获得感可感"的学科理念；在不断地实践、螺旋式的成长过程中，总结出了一套"互动共生"课堂形态下小学数学特色教学新样态。

（1）单元整合形成"大概念"，贯穿学段组成"思维网"

数学学科的内容呈现出"螺旋递增、分段设计"的特征，前后关联性较强的学习内容往往分布在不同的单元、年级，这样的安排能够很好地降低学生主动学习的难度，与此同时，也容易引发"只见树木，不见森林"的盲区；因此，各年级备课组团队在课前教研过程中，同时兼顾深度研修基于单元整体研读的"大概念"和贯穿同一知识领域、不同学段的知识网。

（2）一张蓝图坚持绘到底，深度研学联动老中青

数学科组秉承"在教学中研究，在研究中教学，在实践中成长"的理念，既专注于"互动共生"形态下课堂学生的成就感、获得感，又钟情于团队互助研修中教师"双赢"的稳步成长。之前的教研活动，尤其聚焦"互动共生"课堂的教研活动，多采取"单一教师授课、多人听课、反复磨课"的模式，这样的形式可以很好地帮助授课教师本人快速成长；在当下数学科组青年教师占比很高的情形下，学校采取"团队研修、互助共赢、同课同构"的研修模式，团队中成员选择同样的主题、同样的内容、同样的设计，不同

教师在不同的班级呈现不同的视角！团队成员都是授课人，也是评课者，同呼吸，共精进。在此基础上，各主题的团队成员一体化呈现"备课、说课、上课、评课和案例撰写"过程，一张蓝图绘到底！

（3）聚焦数学的眼光、语言和思维，凸显问题解决全过程

"互动共生"课堂形态下的数学课堂学习，注重学生"基础知识与基本技能""数学思考""问题解决"和"情感态度"。依托于贴近现实生活的情境，在师生互动、生生互动中激发学生学习的兴趣，引发学生数学观察的欲望，提炼符合学生认知水平的数学信息，组织、引导学生合作互助，经历发现问题、提出问题、分析问题和解决问题的完整过程。培养学生用数学的眼光看世界，用数学的思维分析推理世界的意识！形成了数学学科特色的"互动共生"课堂五部曲：

发现问题：（精彩）课前导学　存疑"共思"

研析问题：（精讲）新知呈现　合作"共学"

解决问题：（精练）聚焦释疑　探究"共生"

迁移问题：（精选）拓展延伸　达成"共识"

模型提炼：（精准）问题抽象　实现"共享"

3. 英语学科"互动共生"课堂样态：深度学习 多边联动

在英语学科实践教学中，秉持"让学习深度进行，让师生真正成长"的理念，让深度学习过程贯穿始终，在多次迭代实践中，英语科组逐渐摸索出了一套"互动共生"课堂形态下的小学英语特色教学新样态。

（1）让学习深度进行，让师生真正成长

结合英语学科特点，在英语"互动共生"课堂形态设计下，以英语学科核心素养为目标导向，将教学内容进行学科内或学科间统整，创设激发学生主动学习的情境，构建师生共同参与的合作学习，深度融合信息技术，在"互动共生"课堂五大环节的基础上，英语"互动共生"课堂呈现出以"创设情境，导入课题—师生互动，学习新知—联系生活，学生互助—搭建'支架'，语言输出—主题延伸，总结评价"为主的五步教学流程。将教学设计、思维导图、学习任务单、数字资源包等作为具体的物化要求，从"课程意识、交互教学、真实学习、工具运用、共生表征"五个维度清晰描绘了"互动共生"课堂的样态。

（2）变"外部输血"为"内部造血"

在现有教学条件下，难以迎合每位学生的学习特点，但我们学校极力探寻小学英语高效化、趣味性教学的有效路径：首先，从教学设计着手，建立"设计优先"的思想。在课堂教学之前，科组内共同学习和研讨课标，解构单元目标和课时目标，提升教学设计的站位。其次，让学习的时间顺序、梯度层次等更符合学科的知识逻辑和学生的思维发展，将单元话题中涉及的单词、句型和语法学习通过情境与时事关联，在培养孩子世界眼光的同时，引导他们体验大国情怀与责任担当；生命教育、科学教育等专题活动也一并有选择性地融入微课教学。再次，教师多次进行迭代研讨，分析每个教学环节的亮点，将教材内容进行"再阐释"，实现了由教材"外部输血"到教师自身"造血功能"再生的极大转变。

（3）变"单向度"为"多边联动"行动模式

"互动共生"课堂强调课堂生态。英语学科抓住学生、教师和教材这三个要素构建了互动的三维坐标体系，致力于实现教师、学生和教学内容之间的有效互动，并使之趋于最佳状态。在实践中，英语"互动共生"课堂教学追求的是师生、生生与教材、与家长，乃至与环境共存的"共生、共享、共进"的"多边联动"行动模式，而不是授课教师"单向度"的职能输出。因此，在教学设计中，教师将学习内容以核心话题为主整合相关内容，再通过在线图片、动画等创设学习情境，形成可视化场景，呈现立体化、虚拟化的仿真场景，以引起学生的探究欲望，进而实现课后的深入学习。

4. 音乐学科"互动共生"课堂：教师搭台 学生演奏

（1）兴趣引领，积极转型

兴趣是最好的教师，音乐教师在互动共生体系引领下，从引导学生课堂学习的兴趣入手，在考虑教学手段和教学方式的同时，教师积极转型，减少填鸭式讲解，深入落实以生为本，以学生为主体，师生互动，生生互动，小组合作，让课堂充满生命力。

（2）立足课堂，服务课堂

在课堂教学中，音乐学科经常是教师搭台，学生演奏，互动共生。通过近几年的尝试和实践，能更好地调动了学生参与课堂的积极性，同时让教师也充分认识到：台搭得好，演奏才会精彩。当然，如何搭好这个台，使用什么样的教学手段和方式,是音乐教师教学智慧的显现,也是教师科研的方向和内容,为此,在常规教研研讨中,音乐学科一直坚持这样的尝试和实践研讨,立足课堂,为学生搭台演奏,服务课堂教学。

(3)认真备课,融会贯通

实施"互动共生"课堂的前提是要对课型和学生充分熟悉,进行充分的课前备课。充分的准备是课堂教学成功的关键。教师能充分认识到,教给学生一滴水,教师要有一桶水。只有这样才能运筹帷幄,把握课堂,掌控课堂,都需要教师在有扎实学识的同时,做好充分的课前备课。

(4)立意创新,互动共生

音乐教师在常规的课堂教学中,不断立意创新,多为学生提供创造性的活动,把课堂还给学生,让学生成为主角,让学生多谈自己的感受和理解,切勿以教师的观点影响学生对音乐作品的理解。

5. 美术学科"互动共生"课堂样态:高效连堂 学科融合

为了落实立德树人、以美育人的根本任务,我校美术学科以"品质、特色"教育为工作重点,围绕"互动共生"中"审美素养"来开展各项教学工作,全面提升师生美术学科的核心素养,让每个学生学会发现美、欣赏美、创造美。

(1)"高效连堂"课堂实践

在"互动共生"的连堂课模式下,教师有更充足的时间关注每个学生,学生能进行深度的学习和创作,也有更充足的时间为学生带来诸如国画、油画、综合绘画等新型艺术学习内容。在这一模式下,培养了学生主动积极的学习态度和创作能力,养成了良好的美术学习习惯;激发了学生的好奇心和观察能力,善于从实际生活中发现美和主动探索关于美的问题;培养了与他人合作能力,形成团队精神。

(2)"学科融合"课堂探究

建立跨学科"艺术课堂"。学校先后实施了"美术+语文""美术+科学""美术+英语"等跨学科教学,形成了学科融合课堂教学新局面。遵循艺术多元性的理念,既让孩子感受美术创作之美,又感受用美术形式展现各学科的学习成果,学生都乐在其中。

（3）"优师优课"课堂研讨

坚持"一师一课"原则，利用"互动共生"课堂研讨课+现听现评+"互动共生"专题研讨模式，根据自己的教学风格，不同的教学对象，自己对教学理论、教学方法、教学内容的理解，在集体备课的基础上进行二次备课，使教案具有个性化特征，形成具有美术学科特色的课堂教学风格。每个教师在"互动共生"课堂里都能形成自己独特的教学风格，提高教师的教学科研能力，提升教师队伍的整体素质。

6. 体育学科"互动共生"课堂样态：启智乐练　悦动创生

体育学科以让学生体验运动乐趣为重要目标开展"互动共生"课堂研究，在"互动共生"课堂理念的指引下，按照人的生理规律、认知规律、运动规律及技能形成规律，形成具有体育学科特色的"互动共生"课堂。

（1）课堂环节精细科学化，启智乐练

"互动共生"课堂的价值追求，就是"尊重、互惠、和谐、个性化发展"。体育课堂环节将原来的三段式变得更加精细科学化，推进具有体育学科特色的"互动共生"课堂环节五部曲：激趣导学，快乐热身—认知设疑，技能学练—以导促学，改进完善—拓展延伸，提升技能—放松身心，小结评价。

（2）积极落实"每天一节体育课"，悦动创生

围绕教会、勤练、常赛的要求，完善"健康知识+基本运动技能+专项运动技能"的体育教学模式和多元化组织方式，引导学生树立正确的健康观，教会学生科学锻炼和健康知识，指导学生掌握基本运动技能、增强学生的体质。严格按照《国家学生体质健康标准》要求，做好学生体质健康的全面监测、评价。

7. 综合学科"互动共生"课堂样态：问题共振　智慧共生

学校以信息技术、科学、综合实践学科组合成立综合学科组，综合学科组以尊重学生的认知规律，抓住学生的情感体验点和智慧生成点，引导学生开展基于问题解决的整体性学习、项目式学习等，实现问题共振、智慧共生。

（1）问题促进互动式、动态生成式课堂的开展

综合学科组最明显的课堂操作形式就是让学生进行项目式学习，因此，基于"互动共生"课堂五大环节的指引，建构了"提出问题—自主学习—协

同探究—分享表达—总结评价"的课堂活动系统,对课堂的教学理念、教学结构、教学流程和学习方式进行了大胆改造。

（2）克服浅表学习,以项目式导向深度学习

在问题驱动下,针对课堂教学表面、表层等学习问题,从教学准备、教学实施、教学评价入手,开展了聚焦大单元的教学设计策略实践研究,引导学生深层、深刻、深度学习,真正体现"多元互动、共生共长"的幸福课堂文化。

（五）"互动共生"课堂综合认知梳理

经过两年多的课堂研究,我们梳理出了基于坑梓中心小学校情、学情的关于"课堂理念"下构建"互动共生"课堂的指导意见。具体如下:

1. "互动共生"课堂教学阐述

"互动共生"课堂顾名思义,抓住两个关键词,互动和共生。互动包括师生互动、生生互动,通过师生互动、生生互动促进教学中各种矛盾之间的协调和共生,尤其重视"师生共生""生生共生",从而促进智力因素和非智力因素互惠共生,最终实现师生"情智共生"。

2. "互动共生"课堂立意

构建学生与教师、学生与学生、学与教的学习共同体,优化学生的学习方式和教师发展方式,积极创设"多元互动、共生共长"的幸福课堂文化。

3. "互动共生"课堂核心

通过多形式的互动实现教师与学生的"共生共长"。"互动"是教学方式与手段,"生"是方式手段,"长"是最终目的。"生"即"生成",即体验、感悟及创新,有教师之"生"和学生之"生",教师之"生"是学生之"生"的基础；"长",即成长,即提高、提升及创造,有教师之"长"和学生之"长",教师之"长"是学生之"长"的保障。

4. "互动共生"课堂形态

凸显"尊重、互惠、和谐、个性化发展"的价值追求,由师生共同构建完成具有生命价值和意义的师生共生共长课堂。包括两个方面:学生层面和教师层面。

学生层面:引导学生在课堂上主动探究和建构知识,培育核心素养,让学生形成正确的人生价值观,学会合作,学会分享,学会思考,学会交流,

学会创新，具有高尚的道德情操、良好的思维品质及终身学习的能力。

教师层面：每个教师在"互动共生"课堂里都能形成自己独特的教学风格，拥有丰富的教育思想，在教育里追寻自己职业生涯的生命价值！

5．"互动共生"课堂构建细则

（1）回归本源，彰显特色

立足育人规律，回归教书育人本原；激活教育目的，彰显学科特色及育人价值。

（2）目标清晰，多维适度

全面促进学生的全面发展，有效落实学生核心素养的提升；有效掌握学科知识与能力、过程与方法、情感与态度等目标。

（3）方式多元，交流互动

师生之间、生生之间平等地进行交流与互动，倡导学生发挥学习的自主性，师生在教学中是合作的学习伙伴，师生之间互相分享、互相促进，并在交流互助中探索新知识，共同实现教学目标。

课堂有严明纪律、趣味性的教学活动且具有秩序性，学生是课堂的主人，其创造性能够被激发，教学过程充满了知识性与趣味性，个体生命及智慧在课堂上得以绽放与激扬。

（4）方法多样，特点鲜明

以师生互动为核心，以学生主动学习为行动，以素质养成为根本；按照学生的身心发展、情感心智等状态的周期性波动变化规律，灵活调整课堂学习活动。

6．"互动共生"课堂操作程序

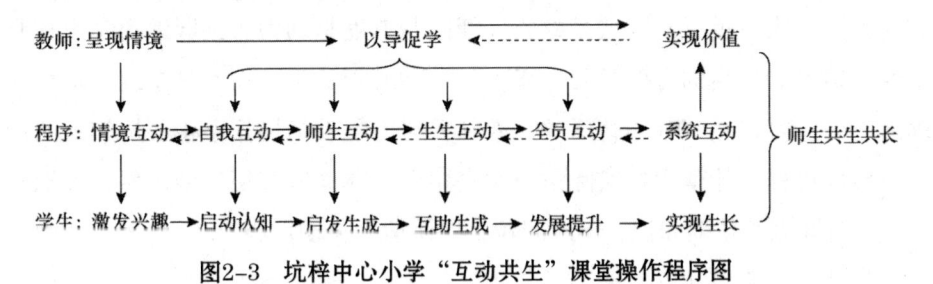

图2-3 坑梓中心小学"互动共生"课堂操作程序图

7．"互动共生"课堂实施指引

实施思路概括起来就是"一个核心、两个实际、三个要点、四个维度、五个环节、六个必须",具体如下：

（1）一个核心

以提升学生核心素养为核心。

（2）两个实际

从学生实际出发、从教材实际出发。

（3）三个要点

抓住重点、突破难点、解答疑点。

（4）四个维度

① 自主度

自主度主要衡量学生是否主动参与课堂学习。"互动共生"课堂不仅重视学生积累知识的量，更重视学生参与知识形成过程中思维的深度和广度，最主要的还要有多少知识是通过自己主动探究建构的。

② 创新度

"互动共生"课堂始终把创新意识和能力培养放在显著位置，要求教师搭建让学生主动探究的平台，设计探究问题，让学生自主发现、自主探究、自主生成。

③ 互动度

"互动共生"课堂的教学过程是认知建构，师生互动，情感体验，多向交流，共生共长的过程，教师在课堂上要始终保持与学生的有效及深层的互动交流。

④ 体验度

"互动共生"课堂追求三维目标及学生核心素养培养的有机整合，知识和能力是主线，过程与方法是核心，情感与态度是动力，共同助力学生核心素养的培养。学生的有效学习过程，是一种心智活动，而不是单纯的记忆或理解，而体验正是一种心智活动，教师要努力创设情境让学生经历知识的产生与形成过程，让学生在实际情境中去感受、体验、应用实践，从而发现知识、理解知识、掌握知识、解决问题，促使学生主动发展。

（5）五个环节（五"精"五"共"）

导入：（精彩）课前导学　存疑"共思"；

新授：（精讲）新知呈现　合作"共学"；

讲练：（精练）讲练释疑　探究"共生"；

延伸：（精选）拓展延伸　达成"共识"；

总结：（精准）总结提炼　实现"共享"。

（6）六个必须

① 必须有全面、准确、具体的学习目标

目标预设在课程标准、学生学情及通读教材的基础上进行，要关注到全体学生，尊重个体差异，强调学科素养形成的综合性。

② 必须有足够的学生自主、合作、探究学习活动时间及空间

课堂教学中，要给予学生更多自由支配的时间和空间，促使学生积极动手、动脑、动口，让生命处于最大限度的激活状态。

③ 必须有培养学生自主学习能力的指导策略

"互动共生"课堂，就是在"自为·智慧"课堂的基础上进行提升，建立以学为中心的教学关系，通过师生之间的认知交互、情感交互及人格交互，把课堂的学习权还给学生，把学生的发展权还给学生，这要求教学指导策略得当，引导学生主动参与，重视学生学习习惯、方法的培养。

④ 必须有指向学习目标的及时、真实、有效的学习反馈

"互动共生"课堂要关注学生的学习进展并及时给予反馈，反馈要及时、真实及有效，进而引导学生根据自己的学习状况调整学习策略，致力于学习目标的达成。

⑤ 必须有焕发师生双方生命活力的课堂生成

课堂教学要求教师不拘泥于预设的方案，根据教学实际灵活弹性地接纳、吸收、处理和激活课堂，在这一过程中，教师实现了自我提高、自我发展、自我完善，学生的个性得到发挥，形成自己特有的思维方式和科学视野，以及个性化的科学思想和科学价值观。

⑥ 必须有民主、平等、融洽、和谐的师生互动、生生互动

"互动共生"课堂注重教师与学生二者之间的均衡、协调、互惠互进、和谐共振。在这种均衡关系下，师生之间、生生之间平等地进行交流与互动，对学生而言，这意味着主体性的凸显及创造性的激发，上课不仅是知识的传授，更是师生之间的互相分享、互相促进的互教互学关系的彰显。课堂互动行为要多样化，包括提问、回答、讨论、合作、交流及展示。

8. 坑梓中心小学"互动共生"课堂流程总指引图

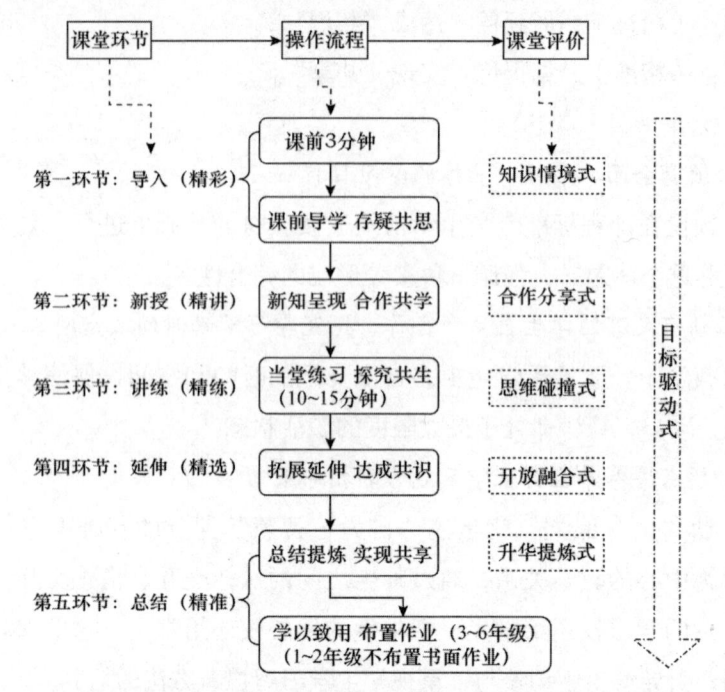

```
课堂环节 ──→ 操作流程      课堂评价

第一环节：导入（精彩）  ── 课前3分钟
                        课前导学 存疑共思    知识情境式

第二环节：新授（精讲）  ── 新知呈现 合作共学   合作分享式

第三环节：讲练（精练）  ── 当堂练习 探究共生   思维碰撞式
                        （10~15分钟）

第四环节：延伸（精选）  ── 拓展延伸 达成共识   开放融合式

第五环节：总结（精准）  ── 总结提炼 实现共享   升华提炼式
                        学以致用 布置作业（3~6年级）
                        （1~2年级不布置书面作业）

                                            目标驱动式
```

图2-4 坑梓中心小学"互动共生"课堂流程总指引图

9. 坑梓中心小学"互动共生"课堂教学评价表

表2-5 坑梓中心小学"互动共生"课堂教学评价表（初级版本）

项目	评价指标	评价内容			
		评价细则	优秀	良好	一般
教师导	教学目标	目标表述简洁清晰，能关注到全体学生，尊重个体差异，强调学科素养形成的综合性			
	教学设计	对教材内容有创造性地理解、处理和使用，坚持以学生自主学习为主，教师适时介入的教学思路组织学习活动			
		学习活动要紧扣学习目标，通过师生互动，生生互动引导学生自主检测、反馈、总结			
		课堂环节紧凑，过程流畅，教学重点、难点依据学情灵活处理			
	教学组织	讲解效果明显，时间合理，针对学生提出的共性问题或重要问题进行讲授，语言清晰，音量适中，精神饱满，仪态好			

续表

项目	评价指标	评价内容	评价结果		
		评价细则	优秀	良好	一般
		指导及时巧妙，及时发现并有效利用课堂生成资源，点拨引导，释疑到位			
		教学策略得当，引导学生主动参与，重视学生学习习惯、方法的培养			
		师生互动明显，师生之间互相分享，互相促进			
	教学评价	师生融洽，尊重个性，激励性评价多样准确			
学生学	学习氛围	课堂气氛民主、平等、融洽、和谐			
	学习方式	以自主、合作、探究学习方式为主，学习方式合理、高效			
	学习过程	学习态度积极、兴趣浓厚、精力集中，学习活动有序、高效，直接针对目标的达成			
	学习效果	目标达成度高，不同层次学生需求均得到满足			
四维度	自主度	学生主动参与课堂学习			
	创新度	凸显创新意识和能力培养			
	互动度	教学过程始终保持与学生的有效及深层的互动交流			
	体验度	学生在实际情境中感受体验及应用实践，促使主动发展			
总体评价					

表2-6 "双减"背景下坑梓中心小学"互动共生"课堂教学评价表（试行）
（升级版本）

项目	评价指标	评价内容	
		评价细则	
教师导	教学目标	具体、明确、可操作性强，指向学科核心素养	
	教学内容	从学情出发，准确把握教材，对教学内容有创造性地理解、处理和使用	
	教学方法	突出学科特色，启发式、探究式、互动式、合作式，充分调动学生兴趣	
	教学手段	深度融合信息技术辅助课堂教学，丰富课堂资源，提升课堂效益	
	教学过程	总流程	目标驱动式，紧扣学习目标，教学活动层层递进，符合学生的认知规律

项目	评价指标	评价内容	
		\-\-\- 评价细则 \-\-\-	
教学过程	五环节	导入	知识情境式，聚集学生的注意力，引发思考，激发学生求知欲
		新授	合作分享式，实现和谐高效的师生互动、生生互动，师生之间互相分享、互相促进
		讲练	思维碰撞式，指导及时巧妙，有效利用课堂生成资源，提升学生思维品质
		延伸	开放融合式，在知识整合的基础上向广度和深度延伸
		总结	升华提炼式，整理归纳知识点，并进行知识的延伸
教学评价	面向全体，尊重个体，激励性评价灵活多元		
教学效果	目标达成度高，不同层次学生需求均得到满足		
学生学	参与交往	以乐学为目标，合作探究，互助互学，富有主动性	
	思维发展	以活学为目标，思维敏捷，兴趣浓厚，富有创造性	
	习惯养成	以善学为目标，方法得当，习惯良好，富有自觉性	
	学习效果	以会学为目标，过程扎实，学以致用，富有成效性	
课堂练	练习内容	面向全体学生，内容围绕重点、难点和疑点设计，适中，适量，形式灵活	
	练习时间	时间充裕，保证大部分学生能完成，整个过程既紧凑又有条不紊	
	练习方式	体现层次性、梯度性，简单的问题让学生自主处理，重点问题课堂展示交流，重点讲评	
	练习效果	反馈及时，根据学生共性问题进行及时的引导及强化	
作业设计（3~6年级）	分类分层	基础性作业（必做）：立足基础，以巩固当天学习的基本知识、基本技能为主 拓展性作业（选做）：由学生根据自己的学习情况及巩固性作业完成情况自主选择，分知识强化、能力提升和综合探究三个层次	
	定量定时	全面压减作业总量和时长。确保小学一、二年级不布置家庭书面作业，可在校内适当安排巩固练习；小学三至六年级单科书面作业完成时间不超过20分钟	
四维度	自主度	学生主动参与课堂学习	
	创新度	凸显创新意识和能力培养	
	互动度	教学过程始终保持与学生的有效及深层的互动交流	
	体验度	学生在实际情境中感受体验及应用实践，促使主动发展	
总体评价			

（六）"互动共生"课堂建设价值

1. 促进学校优质发展

自从学校实施"互动共生"课堂教学改革以来，学校的课堂教学改革一直受到区领导的密切关注和支持，也取得了各方面教育专家不同程度的指导，在区内及兄弟学校均得到较好评价，教育质量稳步提升，无论是教师还是家长和学生都普遍认同我校教改进程及教改效益。课改成果也比较显著，收获颇丰。学校被评为全国青少年校园足球特色学校、教育部"好教师"公益行动基地学校、广东省安全文明校园、深圳市首批综合素养试点学校、首批四点半课堂试点学校、广东省和深圳市教师专业发展基地学校，课改促进了学校朝"质量优、特色明、品牌响"的深圳市有影响的优质学校目标前进。

2. 促进学科特色发展

课堂研究的最主要实施者是各学科组教师，各学科组在课改推进过程中，最大亮点就是形成了各具学科特色的"互动共生"课堂。

（1）特色课堂异彩纷呈

语文学科以阳光阅读品质课程与国家语文课程深度融合为推手，引领学生深度学习，阅读提升。结合学校"以爱营造幸福生态"的教育理念和"培养幸福的人"的育人目标，语文科组致力于"互动共生"课堂研究，提高学生的综合语文素养，形成"会倾听，乐展示，喜阅读，勤积累，善写作"的课堂特色。

英语学科围绕"互动共生"课堂的基本要求，积极采取各种措施，通过多元化的平台提升师生的综合能力，促进师生的共同成长。在"凝心聚力，共创佳绩"的氛围引领下，形成"提趣味，善模仿，敢表演，乐交际，阔视野"的课堂特色。

数学学科以提高学生的数学核心素养为导向，课堂焕发出新的生机与活力，形成"多动手，勤动脑，勇质疑，会学习，善反思"的课堂特色。

艺术学科（音乐、美术）以管乐、合唱、国画、小油画等特色项目为抓手，采取1+N+1的模式，即一项精品课程引领多项精品社团建设，再加一项普及课程开发，打造以特色课程引领、精品社团为依托、普及课程为补充的美学园课程体系，全面提升学生的素质，形成特色引领、全面发展的良好局面。音乐学科致力于"善聆听，爱演唱，抒情感，善表现，会合作"的学科目标达成和特色发展；美术科组形成"善发现，爱联想，勤创作，会鉴赏，懂合作"课堂特色。

体育学科围绕教会、勤练、常赛的要求，完善"健康知识+基本运动技能+专项运动技能"体育教学模式和多元化组织方式，形成"爱运动，勇拼搏，守规则，强意志，健体魄"的课堂特色。

综合学科教师在备课中做到"精雕细琢"，形成"细观察，勤动手，乐提问，勇质疑，善探究"的课堂特色。

（2）精品课例丰富多彩

"互动共生"课堂实施以来，各学科组勇于实践，不断打磨课堂，"互动共生"主题研讨课共计401节，其中精品课例70节，收录于《坑梓中心小学"互动共生"课堂优秀课例集》里。

3. 促进教师专业发展

（1）名师队伍

学校名师队伍不断壮大，目前，我校共有1名省特级教师，2名南粤优秀教师，2名市名教师，2名市名班主任，1名区年度教师，3名年度教师提名，20名区名师、骨干、新秀。学校共组建了10个名校长、名师、名班主任工作室，充分发挥名师工作室的辐射带动作用。在名师队伍的引领下，区内开展多校课堂研讨活动21场次，涉及研究课题30多个，为兄弟学校送课26节、讲座18场，大大促进了区内的课堂改革交流。

（2）课题研究

科研立校是学校的优良传统。课改与科研相辅相成，我校近三年立项省市级课题12项，区级课题35项，重大教研项目3项，数量和质量位居坪山区小学前列。分布在学校整体及中、英、数、艺术（图音）、科学五大学科，普及面比较广，参与研究人数约达80%，在课题研究的积极带动下，教师能紧密结合课题研究及教育教学当中遇到的实际问题进行实践与尝试，及时做好归纳总结。为进一步促进交流，学校组建专门的交流团队，加强与兄弟学校的科研合作，共享研究过程与成果。尤其将薄弱学校的教师纳入学校研究团队，参与我校的立项课题研究，帮助其培养科研人员。

（3）课程开发

学校被评为深圳市中小学教师专业发展基地。课改实施以来；共开发建设了9门市级继续教育课程供全市教师学习。借助市级继续教育课程开发平台，与全市教师分享我们的课堂改革经验。共开展讲座9场、公开课展示13次，前来参与的外校教师超1300人次。

（4）论文写作

近两年，学校教师在各级各类刊物上发表文章多达44篇。其中，以课堂实践为主题的论文33篇，以"互动共生"课堂为主题的论文发表共9篇。教师的课改意识显著增强，在教学实践中有所思、有所得。

（5）比赛获奖

"互动共生"课堂实施以来，教师获奖增多，其中，国家级7项、省级5项、市级19项、区级325项。教师参加区级及以上学科教学竞赛也获得很多奖项，其中，国家级奖项1项、获省级奖项4项、市级奖项9项、区级奖项279项。

4. 促进学生全面发展

两年多的课改实践有效地促进了学生的全面发展，自"互动共生"课堂实施以来，学生获奖国家级26项、省级3项、市级81项、区级453项；值得一提的是，课改促进了素质教育的进程，坪山区第一位小院士诞生了我校，目前，我校已有小院士7名。学校成立了市首批"校园创客实验室"，科技创新社团被评为"深圳市优秀社团"；学生舞蹈登上央视校园春晚的舞台。课改促进学生发展，具体还体现在：

（1）成功培养了学生的自信心

课改实践为学生提供了表现的机会，并尊重他们之间的差异。比如，小组合作学习，不仅有利于学生思考问题，更利于学生理解掌握教学，在合作学习中，学生的体验是快乐的、幸福的，而且在小组这种宽松氛围下，参与是积极的，思维是活跃的，使不同人获得不同发展。

（2）有效提高了学生的学习能力

"互动共生"课堂研究让我们看到了新的课堂景象，学生参与面更广，机会大大增加。在这种参与互动和体验中，学生容易找到学习的渐进区，互动交流体验的机会大大增多，使每个学生都有体验成功的快乐。

（3）优化学生的学习方式

有了课改理念的推进，教学方式不断创新，课堂中的自主学习、合作学习、展示学习的教学策略促使学生的学习方式改变，不断优化，学习更自主，课堂更有效。

二、学生的全面成长与发展——成为一个幸福的人

（一）培养学生的自信心

教育的一个很重要的目的就是培养人的自信心。自信心是一个人对自身价值和能力的充分认识和评价。对自己充满信心的人，容易形成积极乐观的情绪和百折不挠的意志，敢于面对新的问题和挑战，不轻易言败；而缺乏自信心的人容易沮丧、灰心，在困难面前犹豫不决，畏缩不前，甚至逃避。小学阶段是一个人自信心形成的重要阶段，因此从小培养少年儿童的自信心应成为每位小学教师义不容辞的责任。

1. 尊重学生的个性和思维方式，是培养学生自信心的基础

尊重是培养学生自信心的前提。一个受到别人尊重的人，才会对自己充满信心。因此，老师不要以为小学生年龄小就不需要被尊重，也不要因为小学生年龄小不懂得尊重而忽视对小学生的尊重。其实，小学生有一个和大人完全不同的心理世界和独立价值，他们以小学生特有的角度观察世界，以小学生的思维认识世界，以纯真的童心感受世界，也就是说，每个小学生都有自己的独特个性和思维方式，这是小学生最宝贵的东西。因此，教师在充分认识学生这些特点的基础上，应该充分尊重和理解小学生这种独特的价值和心理特点，平时的一言一行，也要对小学生表现出应有的尊重，既教给他们如何尊重别人，又使自己受到尊重。同时，不能对他们要求过多，不能像要求成人那样要求小学生，不要轻易否定小学生的个性和独特思维，要精心呵护。这些对养成小学生的自信有很大的帮助，更是培养小学生自信心的基础。

2. 表扬激励是树立学生自信心最重要和有效的方法

赏识是树立学生自信心最重要和最有效的方法，教师只有表达自己对学生的赏识才能使学生信心倍增。而小学生对教师的一言一行都很在意，他们很渴望经常得到教师的赏识。所以，教师要抓住小学生的这种心理特点，充分利用好表扬这一武器，更好地用于教书育人。如何表扬、何时表扬效果最佳呢？下面几点须把握好。

（1）表扬应真诚

教师要细心地观察和了解，准确、具体地说出孩子的表现与成就，然

后再热情地夸奖学生。这样，学生会对自己充满自信，而且会对教师心存感激，从而朝着正确的方向更加努力，成长为新时代具有自信心的优良品质小学生。

（2）表扬应形式多样

表达赏识的主要方法有口头表扬、赞许的眼光或微笑、恳切的鼓励、物质的奖励、手势（如竖大拇指）等。根据不同情况施以不同的方法。如在低年级，学生的思维和感受能力较弱，应多用口头表扬、手势、物品奖励等较为直接和强烈的方式表达赏识；高年级可多用目光或较含蓄的语言来进行鼓励。

（3）表扬要及时

如果表扬或鼓励是在第一时间提供的就会得到最令人满意的结果。因为学生的注意力转向是很快的，因此，教师要时刻关注学生细微的进步，每个小小的闪光点，并及时给予夸奖和鼓励，让学生产生成就感和自豪感，促使其不断进步，从而增强自信。

（4）赏识表扬要持之以恒

赏识表扬要持之以恒，教师就要坚持长时间地表达自己对学生的赏识，切忌急躁粗暴，大声呵斥。爱迪生母亲的宽容使这个世界多了一位发明家，同样，教师和家长的宽容也会使学生感受到一份真爱与抚慰，所以我们对学生要宽容、和善、耐心，赏识学生，给学生以希望。

（5）表扬不能过度

赏识教育主张对学生多肯定，多鼓励，少批评，但不等于学生犯了错误就不去批评。再者，过度赏识会导致学生自满自傲、任性，不能客观正确地评价自我，若稍遇坎坷便一蹶不振。教师要适当把握赏识力度，不同学生赏识的程度不同。如胆小呆板的学生多肯定鼓励，少批评指责；对调皮、好动、表现差的学生要善于捕捉其闪光点，及时肯定鼓励，扬长避短。

3. 善待学生的过失，是重树学生自信心的有效方法

"人非圣贤，孰能无过。"小学生年少不更事，对是非黑白不是很明确，犯点小错是经常的事。也可以这样理解，犯点小错是正常的，不犯点小错反而不正常。所以，当学生犯错时，教师要以包容的胸怀，善待学生的过失，诚恳地指出小学生的错误，让他们明白如何做人，如何做事，不应随意地责骂和讽刺，否则会打击学生尝试和创造的勇气，变得胆小而不敢有所作为和突破，会打击学生学习和探索的兴趣，对学生的自信更是重大打击。同时，学生犯点小错时，也正是对小学生进行教育的良机，在教师的教育下，学生会因此明白什么是对，什么是错，知道应该怎么做才是正确的，对学生自信心的重建是一个很好的方法。因此，对学生的过失，教师要多给学生鼓励和及时的引导，使学生在失败的基础上走向成功，在失败的挫折下重树自信。

4. 善于发掘学生潜在优势，牢固树立学生自信心

小学生拥有无限的人生发展潜力。每位教师都应该做一个优秀的伯乐，把每匹千里马挖掘出来，培养起来。如果学生仅仅得到家长、教师的表面的赏识和鼓励而形成自信，就像温室里的花朵，经受不住挑战，这种自信是不牢固的，只有真正挖掘出学生的优势和潜力，让他们真正感受到自己的能力和潜力，才能巩固他们的自信。所以，教师要有一双慧眼、一颗明心，善于从学生身上发现他们的优势，帮助每个学生找到适合自己发展的空间，最大限度地开发出每个学生的内在潜能，树立更加牢固的自信心，更好地促进小学生全面发展。

总之，小学教育阶段要充分认识到小学阶段对学生自信心建立的重要性，要积极探索并实践各种好方法，努力培养起小学生强有力的自信心，为培养更多优秀人才打下良好基础，为素质教育的健康发展做出我们应有的贡献。

（二）培养学生的感恩精神

小学生正处于身心发展的重要时期，必须让学生懂得自己的成长离不开社会的关爱、家庭成员的关心，以及教师的辛勤培育。通过丰富多彩的活动内容提高学生的感恩意识，强化学生的感恩体验，升华学生的感恩认知。感恩教育的重点是培养小学生的爱心、责任心。感恩的形式不是单一的，可以是物质的感恩，也可以是精神的感恩。

随着时代的发展和社会的进步，小学生感恩教育、感恩意识、感恩体验已发生了深刻变化。加强对孩子的感恩教育，培养孩子的感恩意识，已是学校德育的重中之重。作为学校少先大队辅导员，如何对学生进行感恩教育呢？

1. 提高学生的感恩意识

（1）营造感恩教育氛围

学校要充分利用各种宣传手段，发挥其在感恩教育活动中的积极作用。如电子屏、墙壁等，给学生创造一种耳濡目染、随时随地渗透感恩心理教育的文化氛围，激发学生了解感恩的心理欲望，促进学生感激心理的形成。

（2）召开主题队会

提高学生对感恩的认识，在学生的学习和生活过程中，常会遇到值得纪念的、有教育意义的节日，大多数节日都有明确的主题，教育内涵深刻，可作为对学生进行感恩教育的好时机。在特定日子，如教师节、重阳节、母亲节、父亲节、中秋节等传统节日来临之际，举行大型的感恩活动：教唱感恩主题的歌曲、组织感恩教育主题班会等。在母亲节那天，我校组织了"记住父母生日"的主题活动，在事先无布置的情况下，让全班学生逐一说出父母的生日，结果绝大多数学生都说不上来。然后，请能记住父母生日的学生谈对父母的感情，再请没记住父母生日的学生谈此时的心情。这个活动的亲情教育效果相当不错。

（3）分享感恩故事

加深学生对感恩教育的理解，很多故事中蕴含的哲理和寓意都很深刻，具有较强的教育意义。我校师生经常搜集一些富有感恩情节的寓言故事、童话和伟人故事，利用晨读时间进行交流。另外，我们还利用每周一升旗时间让学生自己讲述一些身边的感人故事，学生每天都要与周围的人和事接触，只有选择贴近学生生活的教育案例才能引起学生的共鸣，才能加深学生的情感体验。队会上，可以让学生就一些感恩教育的典型事例进行分析，升华其情感。学生讨论过后，更加深刻地理解了"谁言寸草心，报得三春晖"这个千年传诵佳句的深刻内涵，增强学生的感恩意识。

2. 强化学生的感恩体验

一是让学生在撰写感恩作文的过程中加深体验。教师要鼓励学生把每周或每月别人为自己做过的、自己受到感动的事情写成作文。为了加深学生的认识，还可以要求学生在班上宣读，或者放在教室、学校的展示板上展示。有的学生在文章中写道："爸爸妈妈那么爱我，我们却连他们的生日是哪天都不知道，还总是让他们操心。""亲爱的爸爸妈妈，你们为我付出得太多了。""爸爸妈妈下班回来有那么多的家务要做,多累呀!"通过这样的教育,使学生懂得对生活、对他人心存感激,学会理解、关爱他人。

二是让学生在完成"孝心作业"的过程中加深体验。学生不仅应该孝敬父母,尊敬师长,而且对曾经帮助过自己的人也应发自内心地感激。每周给学生布置一次"孝心作业",并引导学生学会对帮助过自己的人心存感激,培养学生健康的心态,塑造学生的健全人格。"孝心作业"可大可小,小到给父母端一杯水,洗一次脚,叠一次被子,主动帮助老师擦黑板,对同学有礼貌,给别人一个微笑,随手捡起地上的一片纸屑;大到回报社会,使他们不忘父母师长的养育教导之恩,永不忘记他人社会的帮助之恩。让学生从"孝心作业"中学会关心师长,体验生活,锻炼能力,培养感恩之心,这无疑是既切合实际又行之有效的做法。

3. 升华学生的感恩认知

感恩从说声"谢谢"开始,回报不仅是物质上的,还包括感情世界里的回报,有时只是一句简单的道谢,也能给施恩者带来特别愉快的心情。针对我校学生实际情况,每学期举行一次礼仪大赛,从学生敬队礼、走路、回答问题到自编自演礼仪情景剧等。我们要求学生:接受教师递送的物品、奖状、奖品或得到教师的帮助和教育,以及得到同学、朋友的帮助时,要说声"谢谢";听报告、看演出时,要热情鼓掌致谢;接受父母、兄弟姐妹及其他长辈递送的物品或父母、兄弟姐妹及其他长辈提供的帮助时,要说声"谢谢";得到朋友和他人的帮助或他人给予方便时,也要真诚道谢;等等。当学生接受了"道谢也是感恩"这一理念的时候,他们便会做出更多的感恩行为。

在实践锻炼中培养感恩教育的实践锻炼有多种表现形式。可以学唱一些感恩的歌曲,为你的感恩对象做一件事情,如教学生亲自做一些感恩卡片,学会唱一些感恩的歌曲,在特定的时间献给特定的人,或是在特定日子为特定的人做一些令其感动的小事情。可以指导学生亲自去做、去体会,与家长、教师进行换位后做一做家长与教师常做的事情,从而感知父母、教师对自己的恩情。另外,可以让学生讲述他自己对感恩的认识,讲述让他非常感动的事情,讲述他得到恩情时的感受及其自己报恩行为的体会和感想。

感恩于心,报恩于行。生活在感恩环境里的人是幸福的,感恩之心是一种美好的感情,没有一颗感恩的心,孩子永远不能真正懂得孝敬父母,理解帮助他的人，更不会主动帮助别人。学会感恩，不仅是一种礼仪，更是一种健康的心态，是社会进步、现代文明的体现，让学生学会感恩，是我们的教育必须承担的责任。让感恩文化的温馨之风吹遍校园的每个角落！让感恩文化真正成为一种时尚。

（三）培养学生的礼仪习惯

对学生而言，好习惯、好品质一旦形成，将会受益终身。同时，由于小学生处于身体和心理的快速发展期，其世界观、人生观、价值观还不稳定，也未定型，因此也是养成良好行为习惯的好时机。在日常的生活中，"礼仪"是一个人内在素质的外显，中国又是礼仪之邦，全社会都应养成讲究"礼仪"的良好风气。可是目前，小学生言行不文明、仪表不端庄的现象比较突出，所以重视礼仪规范教育，培养学生讲文明、懂礼貌的习惯就显得十分重要。

1. 教育学生学会尊重

礼仪教育的核心是人与人之间的相互尊重。教育学生尊重人、关心人，是礼仪教育最基本的内容。

尊重人，首先要尊重他人的人格、尊重他人的情感、尊重他人的劳动。作为学生，应尊敬师长，礼貌待人，不欺负弱小，不取笑他人，不以自己所长讥笑他人之短，不讽刺挖苦他人，不伤害他人的自尊心，不给他人起绰号，尊重他人的生活习惯。

例如，早晨见到教师说声："老师早上好。"见到同学问声好；课间见到教师要行队礼；保护周围环境的清洁，爱护学校的一草一木；同学之间互相谦让；等等，这些都是尊重别人的表现。

同学之间要互相关心、互相爱护，在生活上、学习上遇到困难，要互相帮助。作为教师，要给学生以亲人的关怀。例如，有次某班的张同学腿骨折，不能走路，我便把她背下楼去，等待家长来接。学生们看在眼里，记在心上，使得同学之间互相关心帮助的现象多了。例如，一同学吐了，班里同学有的给他倒水，有的拿出手巾纸，有的则去处理污物；谁的作业本用完了，其他同学主动递上一本作业本；等等。同学之间的感情加深了，也相互尊重和理解了。

在尊重他人的同时，还应学会尊重自己，发展自己。要教育学生从尊重自己的人格、爱惜自己的名誉和身体做起。

2. 教会学生正确使用"礼仪"用语

教师应该教会学生正确使用礼貌用语，让学生在进行言语交往时做到：和气、文雅、谦逊。对老年人，可称呼"老爷爷""老奶奶""老大娘""老师傅"等；对中年人可称呼"伯伯""叔叔""阿姨"等；比自己稍长些，可称呼"大哥""大姐"等；在与外国人交往时要不卑不亢，可称呼"小姐""先生""夫人"等。说话语气要和蔼，可以运用一些委婉的语气词，如"吧、呢、吗"；当请求别人帮忙时，应使用表示客气的词语，如"请""麻烦""劳驾"等；当得到别人帮助时，要说声"谢谢""非常感谢"；当妨碍了别人，给别人添麻烦时，应主动说声"对不起""请原谅"；当别人向你道歉时，应说声"没关系"。比如，利用平时的班会，让学生通过表演小品、短剧等，让学生体会到"礼仪"用语的好处，平时在和学生交往时，老师自己要注意"礼仪"用语，给学生以潜移默化的影响，经过训练，同学之间的"礼仪"用语丰富了，互相争吵、打闹的现象减少了。

3. 培养学生符合规范的"礼仪"举止

教师应要求学生行为举止符合礼仪规范，并在动作姿势上提出具体要求。如怎样正确运用微笑、鞠躬、握手、鼓掌、右行礼让、立正敬礼等礼貌体态。要求学生行为举止符合礼仪标准，应主要体现在待人接物上。比如，拜访他人要预约，并选择合适的时间，一般应避开他人休息和吃饭的时间，例如：有特殊情况急于办理，也要做出相应的解释，并请求谅解；进入别人的房间或办公室应事先敲门，待主人允许后方可进入；在别人家做客，不应乱翻、乱动人家的抽屉和书籍玩具；平时要注意衣着，夏天在公共场所不穿拖鞋，不赤膊，不穿小裤衩；等等。

"人无礼则不生，事无礼则不成，国家无礼则不宁。"（荀子语）礼仪教育的作用之大由此可见。因此，从教育学生学礼、懂礼、有礼入手，把学生培养成讲文明、懂礼貌的人。

（四）培养学生生活责任感

培养小学生适应社会生活的能力，不是告诉学生应该做什么，或者应该如何做，而是要通过鼓励学生的思考，来影响他们适应社会生活的能力，进而在潜移默化中培养他们的社会责任感，实现自觉融入社会生活的目标。

1. 依据生活设计教育内容，丰富生活经验

儿童的生活是课程的基础，也是我们教育学生健康成长的主旋律，所以教育内容应该贴近儿童的生活，满足儿童的需要。展现在学生面前的应该是学生能够用眼看到、用心感受到的现实生活中实实在在的人、事、物，教育的过程应该着眼于学生所思、所想。教育是促进学生品德养成的过程，所以在以学生生活为源泉的基础上，是需要提升的，并非原汁原味地照搬，而要在增强学生判断能力、鉴别能力的基础上做出适当调整，使学生在探究、体验过程中不断丰富和发展自己的生活经验。例如，在安全教育活动中，设计思辨活动：既然家庭中用电存在着危险，那么我们是否就应该远离电源，或凡是用到电的地方都等待父母来操作呢？从低年级开始，学生就已经懂得了应该为父母做些力所能及的家务事，自己的事情要自己做，可是实际中有很多独生子女由于被娇宠，仍然是饭来张口、衣来伸手，甚至油瓶倒了都不扶，为了渗透学生的责任意识，我们将这个问题抛给学生，让他们在思辨中懂得要体谅父母，并认识到生活中的危险是时时存在的，但只要我们安全操作，加强防范就可以避免。

现实生活中，各种问题都不是非黑即白的，我们要呈现给学生一个真实的社会，所以设计教育内容时应该寻找学生生活中遭遇的、体验的社会性、道德性问题，以之作为教学的切入点，让学生在道德判断两难中理解社会，形成辨别是非的能力，发展自己的情感。

带领学生走向生活实践，丰富他们的实践体验，也有利于学生适应社会生活能力的提升。适应社会生活教育的空间不局限于学校和课堂，应创设条件尽可能地向社会延伸。良好行为习惯的养成，绝不是在课堂上听听、动动、学学，在学校中管管、查查就能够实现的。习惯的养成，除了校内的指导训练外，还必须把学校与家庭、社会相结合起来，形成持之以恒、一以贯之的态势，才能有效。前些年流行一个"5<2"的奇怪不等式，就是说学生在校5天所受的教育，不如双休日2天的腐蚀。我们教育学生要尊老爱幼，要遵守交规，要帮助家长做力所能及的家务活，这些行为就需要家长的配合，更需要社会的检验，来巩固课上的教学效果。

课堂的知识是静止的，生活的点点滴滴却是动态的。如何体验农民伯伯的辛苦，单纯的课上表演他们可能只当作游戏；保护环境有多么重要，简单的图片展示，苦口婆心的讲述，他们可能只当作听故事。只有让他们真正走入社会，参与实践，才能得到真实的感受。虽然他们天天和父母生活在一起，却未必能够体会到父母的辛苦。一旦让学生也随父母走入田间劳作，在烈日下耕地，在寒风中为果树剪枝，这种对生活的理解和感受胜似课堂上的千言万语。在讲授《只有一个地球》中"地球变脏了"这一话题时，教师带领学生来到距学校不远的一个棉纺厂的污水排放沟附近，还没有到那里，一些学生就捂住了鼻子，还有的做呕吐状，更有些擤起了鼻涕……随后大家你一言我一语诉说破坏环境的种种现象，他们保护地球的意识才真正形成。可见真正地融入生活，在理解和感悟中受到的教育，获得的经验才是真实的，对认识社会、参与社会才具有真正的指导意义。

2. 强化责任意识，增强学生的责任感

适应社会生活的能力，是指面对社会生活的方方面面和种种问题能够自我调整，自我解决，无论是面对生活的压力还是成功的喜悦，都能够采取合理的方式处置。其实，当我们面对社会问题时，只要少一些自我，多从他人的角度考虑问题，理解他人的感受并考虑问题的后果，就能够逐步提高自己适应社会生活的能力。

（1）理解他人的感受，设身处地为他人着想

相互理解是沟通和交往的基石，遇到问题要学会从他人角度换位思考，体会对方的感受，做到将心比心，这样就能够很好地处理社会生活中的诸多问题。理解别人，就要善于站在别人的立场看问题，否则就会走向自私、偏执、狭隘。"己所不欲勿施于人""推己及人"的思考方法都强调要重视他人的感受。孟子曾说："爱人者，人恒爱之；敬人者，人恒敬之。"这句名言说明两个问题：一是尊重和理解是双向的，只有你尊重理解了别人，别人才会尊重理解你。对于小学生来说，他们之间经常会因为一些琐事而发生矛盾，越是到高年级越明显，其实大部分纠纷的原因就是太过强调以自我为中心，忽略了对方的感受。比如，因为在走路的过程中不小心碰撞而引发口角；因为误听误信而引发的争端；等等。一旦养成理解他人感受的思考方式，很多矛盾就会化解于无形，那么，久而久之，适应社会生活的能力就能大幅度提升。

（2）做事情要考虑后果

负荆请罪的故事大家都非常熟悉，蔺相如因为"完璧归赵"有功，而被封为上卿，官职在廉颇之上，因而引起了廉颇的忌妒。所以，他千方百计地羞辱廉颇，而蔺相如却尽量回避、忍让。蔺相如为什么会这样呢？就是因为他考虑到了后果。一旦蔺相如与廉颇针锋相对，势必造成将相不和，这样就给了秦国机会，带给国家危难。所以，蔺相如才说："秦国不敢侵略我们赵国，是因为有我和廉将军。我对廉将军容忍、退让，是把国家的危难放在前面，把个人的私仇放在后面啊！"考虑事情的后果，有利于我们在面对问题时做出正确的选择。当然，考虑后果也不能因为会出现这样那样的问题就畏首畏尾，遇到事情犹豫不决，踟蹰不前。首先，做事情要大胆去做，但前提是你做这个事情的后果不会影响到现有生活，不会在未来一段时间内让自己陷入很大的困境。其次，做这个事情，不会给他人和社会带来伤害。

（五）培养小学生的诚信品质

1. 重视品德教育，强化学生诚信理念

学校应该重视品德教育，加强学生诚信教育，不断提高学生综合素质教育，让学生的身心全面发展。以素质教育为前提，运用多种形式对学生进行诚信教育。小学生从小就要懂得诚信就是做人的基本，在校园内要高度重视学生的诚信教育，让学生在优质的成长环境下做一个诚实守信的人。校园内要树立良好的校园诚信风范，让每个学生都感受到诚信对自己本身的重要性，把学生培养成真正诚实守信的人。

在学校内让学生受到良好的诚信文化感染。例如，学校每学期开展校园诚信研讨会，让学生感受到诚信的重要作用，知道学校对诚信非常重视。首先可以找出几个学生代表讲出自己对诚信的了解，再找出教师代表讲出诚信的重要性，然后可以让学生讲出自己平时身边出现关于诚信的例子，通过此种方式提高学生的诚信意识。

2. 教师树立良好的行为典范

教师是学生学习的榜样，教师在学生今后的成长中有很大影响，教师要懂得为人师表，不仅自己讲诚信，更要督促学生做一个讲诚信的好孩子，让学生感受到诚信的重要意义。学生相互督促，让身边的学生也做到诚实守信，让学生知道不能只在校园内讲诚信，班级内也要有良好的诚信氛围。例

如，某班有一个刘学生，平时比较懒，作业经常不做。有一次，她为了不被教师批评，想花5元钱让一个同学帮她做。因为在品德课上刚刚学了有关诚信的教育，大多数同学心里已经种下了诚实守信的种子。很快，已经有同学到老师那揭发了刘同学的行为。从此，班级里诚信的氛围越来越浓了。班级平时还可以举办一些诚实守信的活动，让学生做到言行一致，表里如一，在日常生活中也做诚实守信的好学生。班级内可以设立一个诚信档案，学生之间相互督促，共同进步，如果学生有不诚实的行为可以记录在档案上，这样能使学生诚实守信的意识不断增强。

在班级内建立讨论小组，形成诚信的导向性，在班级内成立几个小组，开展讨论会，以"怎么才算是诚实守信的人"为主题教师可以讲"一诺千金"的故事，让学生明白在古代诚实守信就很重要。古人写了很多关于诚实守信的名言警句：轻诺必寡信；民无信不立；不精不诚，不能动人；等等，让学生熟读成诵。可以讲"狼来了"的故事，让学生明白：你说谎，别人可能会信你一次、两次，可是次数多了，你即使说的是真的，别人也不会信了。让学生通过实践活动做一个诚实守信的好学生，在无形中接受诚信教育。

3. 建设良好的家庭诚信环境

家长在教育学生的时候要秉承着言行一致的理念，学生从小都十分相信父母，如果父母答应自己的事情没有做到，会严重影响到学生信任感，所以父母要做个好榜样，让学生在良好的诚信环境中成长。诚信教育不仅是学校教师的教育，也是对家长的要求，家长的言行举止对学生的诚信意识形成重要影响。

家长要跟孩子多沟通，可以多给孩子讲一些关于诚实守信的故事，让孩子对诚实守信有简单的了解，家长要作为孩子的楷模，在未来的生活中积极指导学生，让孩子对诚实守信看得非常重要，如家长可以经常带着孩子参加一些关于诚实守信的活动，通过各种实践活动培养他们诚实守信的品格。

4. 家长跟学校共同营造诚信环境

学校可以举办家长会，促进学校与家长的交流，举行一些诚信实践活动，向家长宣传诚信的重要性，让家长明白诚信要从自身做起，在日常生活中，在学生面前要注意自己的言行举止，不要轻易答应孩子，一旦答应了孩子的事情就要做到。家长和学校要积极地联合在起来，家长要以身作则，在日常生活中要培养学生诚实守信的品质。

在平时学习生活中，教师跟家长要对学生的言行举止进行观察，如果发现学生在生活中有违反诚信的行为，要及时跟学生沟通，让学生及时改正这个行为，让学生知道这个行为是不好的。另外，找到学生出现这种行为的原因，及时找到解决方法，给予学生正确的教育指导，帮助学生养成诚实守信的好习惯。

（六）学生自主学习能力培养

小学阶段是学生夯实基础，提升能力的关键性时期，也是小学生在学习中总结相应技巧与方法，顺利进入初中学习的主要阶段。在小学教育阶段，教师应对学生进行基础知识教育，引导学生掌握教材中所出现的重点知识内容；还应该根据小学教学的实际目标，有效设计教学计划与内容，引导学生通过不断的学习，有效地培养小学生的自主学习能力；引导小学生养成正确的学习观念，能够在日常生活中积极主动地对知识进行探索与研究。

1. 教师应该树立正确的教育意识

在小学教育阶段，为了有效培养小学生的自主学习能力，教师应该树立正确的教育意识，积极地转变传统的思维模式。传统背景下，教师往往认为小学教育阶段只需要简单地带领小学生对教材基础知识进行学习与研究，能够熟练掌握一些基础的教材知识，并取得优异的成绩即可。其实不然，教师应该根据学生的基本发展特点，结合小学学科教育的基本目标，积极渗透现代教育元素，设计科学合理的教学计划与内容，能够使学生在课堂上紧随教师的教学思路，一步步地对知识进行探索与认知，教师还应该采用相应的教学方法，使学生能够深入地剖析问题，发现问题出现的根源所在，并积极向教师发问，寻求答案的真实性。从小学教育阶段就养成寻根问底的优良习惯，为进一步自主学习能力的提升奠定一定的基础。

教师还可以引导学生善于借助外力，当在学习过程中遇到难题时，可以与其他同学或教师进行充分的交流与分析，剖析问题，最终顺利解决问题。另外，教师在教学过程中还应该适当地为学生留出课余时间，引导学生具有自主性，对知识进行研究与升华，长时间的自主性学习会使学生不断地对知识进行内化，最终不断提升自身的综合素质能力。

2. 提升学生的课堂参与度

部分学生在课堂上并没有较高的参与度，只是被动式地接受教师的提问，有的学生由于听课不能够集中注意力，导致不能够准确、及时地回答教师的问题。小学生自制能力较弱，只能在课堂上跟随教师的教学思路，课后没有较多的时间进行自我消化与吸收，导致许多知识并不能够熟练地掌握与运用。另外，有的教师会布置大量课堂作业，没有留出充足的时间供学生进行自主性学习与研究。长此以往，学生会过度依赖教师，难以养成正确的学习意识，不愿主动思考，在课堂上不能有效地发表自己的意见。

在当今的小学教育中，教师应该充分考虑学生的思维特征，善于从学生的角度剖析问题，对教学问题进行适当的挖掘与研究。在课堂上，教师应该带领学生对问题进行集体分析与探讨，调动学生的学习积极性，使班级内的学生都能够主动地参与课堂，让学生发现问题，并进行自主性学习。唯有如此，才可以有效培养学生的自主学习能力，促进学习成长。

（七）防止学生产生逆反心理

时代改变人，环境改变人，生活在新时代的小学生也会受到环境影响。由于各种复杂的因素，部分学生产生了一种比较明显的逆反心理，表现在不愿接受教师、家长的教育，有时还故意顶撞。防止学生产生这种逆反心理，已成为我们教育者研究的重要课题之一。

1. 出现逆反心理的原因

逆反心理，是指人在接受教育过程中产生的一种拒绝接受的反向力量，这种不接受教育或"反教育"心理叫作逆反心理。

逆反心理产生的原因，除了与学生的身心发育有关外，还与德育工作有没有抓到实处也有很大的联系。这两种原因可以概括为主观因素和客观因素两方面。

（1）主观因素

逆反心理的产生首先由于部分学生自我优越感极强，这种心理状态直接导致他们面对教育时流露出不在乎或不爱听的状态。同时，由于多种社会媒体信息的传播，如健康与不健康的信息，同时进入学生视野，使缺乏是非判断力的学生受到不良观念影响，造成逆反心理形成，具体表现在面对教师和家长的教育时，会有意无意地回避、反感甚至背离。例如，学生的思维虽然具有独立性、批判性，但他们认知事物和看问题时的偏差太大，从而出现认识上的片面、偏激、固执和极端化，甚至把自己放在施教者的对立面上。

（2）客观因素

主要有几个方面：一是某些不良观念会给小学生认识活动造成困难，也会对他们同其他人的人际关系造成不良影响。二是个别老师由于过度重视文化成绩，对德育重视不够，有时采取了强制的或触犯学生个性的方式。可能引起学生逆反心理的形成，特别是10岁以上的学生，已形成了一定的自我意识，他们强烈要求受到社会的承认和尊重，教育工作者强制要求他们完成某些行为，当学生不认可的时候，就容易产生逆反心理。

此外，家庭和社会不良因素的影响也是产生逆反心理的一个很重要的因素。例如：家庭的破裂会给子女造成心理创伤和失落感；学生在家庭中得不到应有的温暖和鼓励，容易形成孤僻的性格、自卑的逆反心理；有的家长对学生要求过高，教育方法简单粗暴，会导致学生过大的心理压力，也容易出现逆反心理。社会影响因素更加广泛复杂，从不同内容、不同形态、不同渠道多方面地影响到学生，但影响较普遍的是社会舆论、社会风气等方面的因素，可能会导致学生产生逆反心理。

2. 防止儿童逆反心理的方法

要防止学生逆反心理，首先需要对逆反心理的表现情况、产生原因，及其影响做出客观的分析。逆反心理表现的类型，大致可以分为主动型和被动型两种。主动型逆反心理的表现方式，一般是被教育者因为对某些现象有片面的看法，而有意识地与教育者的意志相对抗，比如，有的学生为发泄对教师的不满，便公开寻事挑衅，存心与教师作对，这种情况往往还以小团伙的形式公开出现。由此可见，主动型逆反心理，带有一定的目的性，也带有较强的攻击性，影响较大。被动型逆反心理，一般是在教育者言行的直接刺激下或其他外界条件的影响下，反映出来的违背教育者意志的心理状态，如与教师唱"对台戏"。解决逆反心理问题要因人而异，因情而变。经过实践，具体的"治法"可以归纳为三种，即心治、理治和律治，配合这三种治法要动之以情、晓之以理，走一条情理结合的道路。

（1）心治

所谓"心治"，就是在理解的前提下与学生做思想沟通。学生逆反心理,往往是由于师生之间缺乏理解引起的。因此,学生产生逆反心理,教师必须真诚相待,沟通思想,赢得学生的信任。这时候,教师就要更新观念,改革教育方法,摒弃传统教育方式中的弊端,创造符合学生身心发展规律,符合时代要求的新方法,特别要注意对学生的尊重、理解、关心和爱护。教师应该积极主动地去了解学生的内心世界,尊重学生的合理要求,不能把自己的意见强加给学生。教师要站在学生的立场,设身处地想一想:"假如我是学生,我希望教师对某个问题如何处理?"学生与教师的隔阂往往是因为互不理解造成的,如果教师能够经常做到"心理换位",就能理解学生,就能永远保持一颗"童心",一颗理解学生的心,就能体会学生的苦恼,更深刻地了解学生的需要。教师只有与学生同乐、同忧、同悲、同喜,学生才会感到教师是"自己人",乐意与其亲近,乐意听从教导,这样,教育效果就会倍增。因此,教师应该随时掌握学生思想状态,根据学生的实际心理情况设计合理的引导方式,让学生消除逆反心理。

(2)理治

所谓"理治",就是"疏导",就是当学生出现逆反心理时,跟学生心平气和地讲道理,做到晓之以理,以理服人。在理治过程中,最忌正面冲突,而应避其"锋芒",从侧面进行疏导。有一次,我在一个班级上道德与法治课时,要用多媒体教学,由于投影效果不是很好,所以只能把教室里的窗帘拉上,效果才会好些。刚好有个男同学坐在窗帘旁边,我叫他帮忙拉窗帘,他不屑一顾,没有把窗帘拉上,这时,我特别气愤,我了解他的"底细",如果和他正面冲突,其结果会适得其反。于是,我没有正面批评他,而是自己动手把窗帘拉上。过后,请他到办公室谈这件事,我耐心劝导,针对这件事,心平气和地给他讲道理,告诉他应该如何看待事物。最后,他心悦诚服地接受了我的意见。通过好几次的疏导和这样的"理疗",慢慢地矫正了他的逆反心理。我们的教育应该是培养有主见、有个性、有创新意识的学生。所以,当出现某些逆反心理学生时,不应该一味地责备,而应该"理治",不能急,应该针对每个人要有一套方法,因人而异,积极正面疏导。

(3)律治

"律治"是指必要的纪律约束,即对因逆反心理产生严重破坏的行为采取纪律措施,以律制人。这样,给犯错误的学生以教训,抑制逆反心理的扩散与蔓延，并使这种心理在教育中淡化。这种治法要看对象，其目的在于"治病救人"，否则教育效果也会适得其反。有逆反心理的学生经常会受到教师的斥责、惩罚，一般都比较心虚、敏感。对教师怀有戒心和敌意，但他们又需要教师的谅解和信任。为了使他们能更好地接受教育，必须使他们解除顾虑、摆脱消极的态度定势。纪律约束对很多学生还是很有必要的，这样，能够让他知道遵守学校纪律的重要性，而不是一味地"尊重"而没有禁忌。

不难理解，学生的心理状态会随着社会的发展变化而不断变化。因此，我们教师对矫正学生逆反心理的方法要有科学态度。过去有效的教育内容与教育方式，今天未必可行。从某种意义上说，教育是播种火种，火种是爱心，是知识，是道理。古人云：精诚所至，金石为开。即使是"金石"的学生，教师也要用热爱去温暖他、感化他，让希望变成现实，达到教书育人的最终目的。

（八）宽容与疏导——基于班主任角度

班级是学校教育工作的基本单位，班主任是全班学生的组织者、教育者和指导者，是学生全面健康成长的导师和引路人，而班主任的工作又是一项综合性很强的工作，一个班集体的好坏，与班主任各项素质的高低、工作的艺术性强弱有很大关系。作为小学班主任，在工作中对学生要宽容与疏导。

1. 宽容是班主任做好工作的必备条件

宽容是教育的环境要求，亦是导向教育的手段。没有宽容，教育就不可能促进个性发展；没有导向，学生的个性发展就会误入歧途。素质教育强调学生的个性发展，强调主体必须关注主体，伸展个性必须尊重个性，这就要求为主体和个性提供发展的空间，这个空间就是宽容的教育气氛。宽容的教育包括尊重学生的个性，宽容学生的差异和不同，尊重主体的选择，宽容学生的偏见，甚至错误和不足。任何一所学校，任何一个班级都会出现一些学生，他们总是犯这样、那样的错误，俗话说："人非圣贤，孰能无过。"班主任如果没有宽容的心态，将会束缚学生的身心发展，给他们的健康成长带来不同程度的伤害。班主任采用宽容的教育，才能使学生自觉地改正错误。班主任应把自己放在和学生同样的位置，像朋友似的关心他们的理想、生活，虽然学生的某些行为在大人看起来似乎十分可笑，但他们有他们的原则，有被人重视的成就感，所以班主任应宽容他们，关注他们的幻想，赞扬他们的个性。

采用宽容教育，要求班主任有一定的职业道德素质，当学生出现问题时，不匆匆忙忙主观臆断定下结论，不采取简单粗暴的压服方法，而是抱着宽容的态度，抱着教育的目的去打动学生的心灵，让学生自觉地认识自己的错误，从而改正。例如，班里一位调皮学生在上课时分心，在桌位上画教师的图像，当班主任发现后，悄悄走到他面前，拿起他画的那幅画，微笑地对同学们说："这位同学画得真好，你们说是不是？他有画画的天分，我们应该表扬他，支持他画画。"然后班主任问他："如果课堂上把课上好后再画画是不是更好一些？"他也很快接受了班主任的意见，在这件事上，班主任没有因为学生在课堂上画自己的肖像而大发雷霆地责问他、批评他，而采用宽容的态度，肯定他的才能，提出建议，从此以后，这位学生在画画上更有信心，同时，在课堂上也非常认真听课，达到了教育的目的。

2. 疏导是班主任工作的重要过程

素质教育理论指出，思想品德素质在人的素质发展中起着定向和调节作用，是一个动力系统。因此，应把学生的思想工作应放在首位，古人认为，成才先成人，而做思想工作，须以理服人，讲究方法，要用疏导原则，对学生"讲明道理，疏通思想""循循善诱"，表扬为主，坚持正面教育，等等。

（1）疏导小事，让学生明理

小学阶段，学生年龄小，其个人意识倾向正处于发育与形成阶段，思想不够成熟，部分学生表现出不懂事，那么，班主任就应该帮助学生树立崇高的理想、高尚的情操、良好的习惯。要完成这些重任，班主任对学生的教育就必须从小事着手，从小事中疏导，使学生有良好的习惯，为其成才打基础，比如，对学生随意在地上丢一片碎纸进行引导，引导学生养成良好的卫生习惯；在测试前，教育学生克服侥幸心理，树立正确的学习目标；在学生遇到困难时，教育学生正确对待事情，吸取教训，鼓励进取；发现学生犯错，要摆事实，讲道理，使学生心服口服地接受教育；发现优等生不自觉地养成毛病时，帮助克服品质缺点；等等。根据不同对象，采用不同时机从小事着手，不断进行疏导教育，使学生在小学中明白为人处世的道理。

（2）疏导是帮助后进生的良方

后进生教育是班主任的重要工作，也是最繁重的工作，而对后进生的教育更需要疏导，对他们动之以情、晓之以理、导之以行。

　　后进生有共同特点，那就是自尊心特别强，他们非常在乎别人对自己的评价。但是由于各方面表现较差，常受到教师、家长的批评与处罚，受到同学的歧视与冷眼，因而长期处于一种痛苦之中，他们非常希望得到班主任和同学的重视，非常渴望得到温暖，渴望得到表扬与鼓励。这种心理使他们容易被教师和同学的爱心、关心所感动，进而愿意接受教师和同学的正面引导，采用"尊重、理解、民主"等方法去疏导，可以让学生学会"照镜子"，敢于面对现实，真正了解自己的长处和短处，帮助他们全面、正确地认识自己。

　　班主任对后进生的教育应避免粗暴的压服、驯服，而要让他们意识到自己的错误，应坚持给他们讲道理，和他们推心置腹，促膝交流，耐心说理，用心的接触撞出灵魂的共鸣，这当然是一个较漫长的过程，但所起的效果是十分显著的，只有这样，学生才能真正地认识到自己的缺点并加以改正。俗话说"尺有所短，寸有所长"，再差的学生都有闪光点，只要班主任善于发现后进生的"闪光点"，顺着这闪光点，因势利导地转化，就会达到教育的目的。一位班主任曾介绍，他班有一位叫小明的学生，顽皮好动，经常有学生"投诉"，不是打同学，就是损坏公物，类似的事情不断在他身上发生，为了让小明改变，他长时间去挖掘小明的闪光点，让学生看他的长处。他发现，小明虽然调皮，但他的字写得不错，在班会上，这位班主任向同学们说，谁能代表班里去参加学校的写字比赛，后来，有几个同学举手，他也举手，于是班主任就派他去参加，结果，他真的得了奖。班上，班主任把他的字给全班同学看，同学们都说"写得好"，班主任也大力表扬他，从他的脸上可看出心理乐滋滋的，事后，班主任进一步启发他"同学们为什么要表扬你"，他说"我写得好，又得了奖"，班主任又问"如果你写得不好，班上会派你去，同学们会表扬你吗"，他说"不会"，班主任说"对了，只要你好，同学们就会去表扬"。经过耐心教育，他终于改变了。

　　（3）在课堂中、活动中疏导，培养学生整体素质

　　首先，在课堂中，班主任要力求学生在增长知识、发展智能的同时，思想品德也能受到陶冶，比如在思想品德课中，教师引导学生结合实际，敢讲真话，教师密切联系社会改革开放的现实，对学生进行引导，使学生感到

教师讲的道理可信等，达到提高学生思想觉悟的目的。如果是语文教师做班主任，可结合课文知识教学，引导学生晓"理"，结合朗读训练，引导学生动"情"，结合思维训练，强化学生"道"的信念，结合人物评价，对学生进行导"行"，结合观察训练和课文赏析，给学生以"美"的陶冶。如果是数学教师当班主任，也可以寓思想教育于学生的练习活动中，使学生在学习数学基础知识的同时，了解改革开放以来取得的伟大成就，由此把"智"与"德"结合在教学的全过程，使学生能健康发展。

其次，课外活动也是对学生进行教育的过程，班级可设计符合学生年龄心理特征的德育活动系列，并抓住时机对学生疏通思想，提高认识，比如组织学生外出春、秋游等社会实践活动，对学生进行正确、及时的点拨，引导学生互相谈感受、写心理体会，启发学生要热爱生活，热爱家乡，由此给学生的思想教育以丰富的内涵，因此，要在课堂上、活动中不断对学生进行疏导，提高学生的整体素质，班级的管理就会取得实效。

总之，把疏导教育贯穿于班级管理的过程，同时在疏导过程中又能入情、入理、得法，班级的管理就会取得令人意想不到的效果。班主任的工作责任重，关系到学生的发展前途，只有把汗水与爱心交融，既要付出心血，又要讲究一定的工作艺术，才能真正做好班主任工作，培养出社会需要的人才。

三、让学生幸福成长

我校一直崇尚"爱的教育""幸福的教育"，主张教育的过程与本质要回归生活，回归本真，坚持开展适合学生发展的学习与生活课堂，让学生体验成功，充满自信，享受学习的快乐，期盼给学生一个幸福的未来。

（一）让学生在多彩的课堂中充满快乐

学生的快乐，应该是快乐地迎接清晨，自信地进入课堂，轻松地完成作业，平等地与人交往，主动地表达自己，幸福地感受进步等，而学生的快乐应该是在与教师交流中获得的自尊感、勤奋学习的快乐感、通过努力取得好成绩的愉悦感、学习环境的舒适感等。

在教师的帮助下，学生获得知识，增长智慧，丰富心灵。教师要帮助学生快乐度过每天的学习生活，让其保持心灵的自由，体会学习的快乐。因此，教师除了对学生充满爱心和责任感外，课堂教学还要符合现代特色，要善于创设民主、和谐的课堂氛围。我们学校教师的课堂要多维，走向灵动，对话、质疑、合作、探究等多样综合的学习，让每个学生参与课堂，要让课堂教学活起来，让学生动起"手"来，动手查资料，动手写板书；要让学生动起"嘴"来，敢说，大声说，说得漂亮；要让学生转换角色，自己来当教师，让学生忘记自己是在学习，忘记自己是在课堂上。这样，学生在课堂上充满快乐，就会快乐地学习。

（二）让学生在多彩的校本课程中自信成长

校本课程为学生的个性发展、潜能开发提供了空间与舞台，因此，在校本课程开发的过程中要始终坚持以学生为中心，把学生的发展作为灵魂和宗旨，在校本课程编制中要以学生为主，在课程实施中要让学生唱主角，在课程评价中要让学生体验到成功，开发的校本课程要能满足学生的选择。

因此，学校通过开发独具特色的"韵律操""碧蓝书画""民间乐器""阳光体育""棋类""手工""国学""习字"等20多门校本特色课程，促进学生的个性特长发展，增强自信。

同时，学校开发"大爱"德育校本课程：通过自编"永恒的感恩""弟子规""环保教育"等教材，对学生进行熏陶、激励、内化、实践，并形成良好的道德品质；并通过"感恩大讲堂""心心点灯心理社""碧蓝书画社""经典诵读社""小晶报记者社""文明礼仪社""国旗训练社"等德育社团活动的开展，丰富学生的课余生活，促进学生的个性发展与良好习惯的养成，形成健康向上、快乐学习的和谐氛围，开展"班级升旗制""班级值周制"，让学生参与学校管理，发挥他们的自主管理能力，让学生在体验中更加自信。

（三）让学生在多彩的情感相融中滋生幸福

教育是人与人之间的教育，也是情与情相融的教育过程，是唤起学生丰富情感的过程，我们对学生的教育很大程度上是情感感化的过程，教师只要做到以情导情，以情激情，以情入情，就能培养学生丰富的、美好的情感，让学生对学习和未来充满信心。因此，学校在一、二年级开展知礼教育（培养学生的礼仪、礼貌、礼让、礼节的习惯）和体验学习（培养学生观察、感受、善行、实践的行为）；三、四年级开展沟通教育（培养学生坦诚、交谈、善意、表达的能力）和自控学习（培养学生专注、忍耐、知足、坚定的意念）；五、六年级开展感恩教育（培养学生关心、责任、角色、回馈的情怀）和合作学习（培养学生大局、组织、创新、价值的观念），把情感的内涵扩展到学生行为的各个方面，真正把情感教育渗透到生活各个细节，真正做到让学生能够心中有情、行动有爱，让学生滋生幸福。

伟大的教育家陶行知先生说："千教万教教人求真，千学万学学做真人。"学校要为每个学生提供最适合的成长环境，校本课程要追求多样性，教学方式要呈现灵活性，评价手段要表现出多元性，让学生的潜能得到更好地发挥；教师要有尊重、信任、赏识、宽容、等待自己学生的情怀，使不同的学生都能在原有的基础上得到不同的发展，要让学生在多彩的阳光下幸福成长。

（四）尊重个体差异，让学生得到发展和幸福

百年大计，教育为本；国家兴盛，教育为先。深圳市的教育事业大投入、大改革、大发展、大跨越，正在向优质教育中追求卓越的更高目标迈进，百姓对教育的期望值越来越高，社会对教师的要求也越来越高，这就要求我们追求实践素质教育，不断探索培养创新人才的路径。

"教是为了不教，让学生童年快乐、终身学习、一生幸福。"教育部部长袁贵仁如是说。学校教育要以人为本，坚持爱的教育、发展的教育、幸福的教育，要走以课堂内外为基础，以校园活动为平台，以多元输出为渠道，为学生终身发展和终身幸福奠基全新道路，因此，在我们学校提出了"以爱育爱，为学生的终身发展和幸福奠基"的办学理念。强调在教育过程中尊重个体差异，给每个学生创造成长的机会和条件，精心培育"人格健全、素质全面、终身发展"的学生，只有给学生以坚实的素质基础、充满智慧的头脑，方能给学生一个幸福的未来。

1. 以爱育爱是尊重个体差异的前提

"世界上没有两片完全相同的树叶"，正是因为如此，世界才变得如此精彩。学生群体由于先天素质和后天文化环境、家庭背景等不同而存在差异，主要体现在智力类型差异、学习风格差异和个性特征差异上，作为教师，要承认学生的差异，更重要的是尊重差异，适应学生的差异，使不同的学生都能在原有基础上得到不同的发展。

教师的爱是尊重个体差异的前提，因为有爱的教师才不会放弃任何一个学生，因为爱是源自心灵的、至真至善至美的情感，是人情绪最自然的流露方式。因为师爱是教师之灵魂，教育的大根大本是教师的大爱大德。因为有爱的教师会尊重、信任、赏识、宽容、等待自己的学生。一个心中充满爱的教师，会用真爱去唤醒每个学生的良知，会用真情去温暖每个学生的心灵。只有培养学生的爱心，让学生学会爱的传递，学会负责，让学生在负责、奉献中找到幸福的真谛，这才是教育的主要目的。

当今教育是"以人为本"的现代教育，师爱显得尤为重要。新课程标准认为：教育的基本作用比以往任何时候都更加注重保证人享有为充分发挥自己才能和尽可能牢牢掌握自己的命运而需要的思维、判断、感情和想象方面的主动权。因此，我们的教育尊重个体差异，应该是为个体生命的自主发展创造所需条件，这些所需条件之一是教师对每个学生要充满关爱之情，这种关爱之情让学生产生信赖之情，从而调动学生自我探索之理，营造和谐、向上的校园氛围，使学生先成人后成才。

在我们学校，教师有共同的认识，就是要树立"五心"教师观：童心母爱——是碧小教师的"爱心"，相信人人成才——是教师的"真心"，对学校负责——是教师的"忠心"，对学生负责——是教师的"良心"，激励学生、赏识学生——是教师的"诚心"。为了践行爱的教育，我们学校积极构建了以"感恩教育"为主线的校园主体文化，设立了《构建校园感恩教育主体文化的实践研究》课题，把感恩教育渗透到学生的各项日常行为规范中去，营造以感恩教育为主题的文化氛围。通过开展"学校十类星级学生"评选活动，让每个学生在每学期都能拿到一份奖状，尝试成功，得到发展的信心等方式让每个有差异的学生得到应有的发展。

"有了爱，就有了一切。"作家冰心如是说，因此，我们学校提出的"以爱育爱"的办学理念是实实在在地践行"以人为本"的教育方针，扎扎实实地为学生的终身发展和幸福奠基。

2. 让学生选择适合自己的发展方向

"为学生终身发展奠基"是素质教育理念，是以人为本的教育理念，是新课程改革的教育理念。小学阶段，每个学生都应该获得持续发展自我个性与创造才干的能力，都应该奠定"道德品质、智慧品质和个性品质发展的基础"。小学教育属于基础教育，六年的教育应当为学生一生的可持续发展奠定基础，为学生的终身幸福奠定基础。

伟大的教育家陶行知先生说："千教万教教人求真，千学万学学做真人。"一个人的终身发展就是不断追求真理，不断完善自我的过程。学生要获得终身发展，必须先打好发展基础，即要有强健的体魄、健全的人格（包括自信、乐观、仁爱、包容、感恩）、高尚的品质（包括自尊自爱、自律守纪、诚实守信），还应该具备基本的科学文化知识及对知识的好奇心和创造能力。教师则肩负着促进其全面发展的艰巨使命，须用爱为学生的终身发展奠基。

在我们学校，以"体艺教育"促个性发展，营造"感恩·艺术"的人文乐园。先后成立了独具特色的"韵律体操队""碧蓝书画社团""民间乐器队""阳光体育"，并每年举办"四大节"（科技节、艺术节、文学节、体育节），促进学生的个性特长发展。我们通过开发"感恩教育""弟子规""环保教育"等德育校本课程，发挥德育主阵地的作用。通过国旗下讲话、红领巾广播站、心理咨询室、社会实践基地活动等方式，对学生进行熏陶、激励、内化、实践，并形成良好的道德品质。发挥德育社团活动的育人功能，通过"感恩大讲堂""心心点灯心理社""碧蓝书画社""经典诵读社""小晶报记者社""文明礼仪社""国旗训练社"等德育社团活动的开展，丰富学生的课余生活，促进学生的个性发展与良好习惯的养成，形成健康向上、快乐学习的和谐校风。开展阳光体育活动，培养学生的集体荣誉感和阳光的精神面貌，教育了学生爱护集体荣誉，学生也养成了健康、活泼的性格和习惯，并通过落实"班级升旗制度""班级值周制度"，让学生在值周工作中能充分发挥他们的自主管理能力，协助学校值周行政、值日教师共同管理学校，学生在参与学校管理过程中更懂得怎样约束自己的行为规范，有更强的责任意识，自信、快乐地成长。由此，让有差异的学生得到不同程度的进步、发展。

3. 让学生拥有健康、快乐、幸福的校园生活

人的发展是教育的出发点和归宿点。义务教育要为学生的幸福人生和终身发展奠定基础。最好的教育是什么？就是最适合学生个性发展的教育。学校应为每个学生提供最适合的成长环境，让其潜能得到更好的发挥，让其个性得到充分的发展，让学生拥有健康、快乐、幸福的校园生活。

苏霍姆林斯基指出："为了使孩子成为有教养的人，第一要有欢乐、幸福及对世界的乐观感受。"每个学生都是具有生命意识的、具有发展潜能的、具有独立个性的、具有社会意义的、活生生存在的人，教育要适应学生的根本需要，尊重个体差异，就要关注他们的学习过程与情感体验，关注他们的生活与生存状况，关注他们的尊严。教育的过程应充满人文关怀，教育生活应是快乐与幸福的，从而促进每个学生健康和谐、快乐地成长。

学生是学校发展的根本，也是社会发展的根本。学生能否健康成长，关系到每个家庭的希望，更重要的是关系到学生一生的幸福。在教育教学中，我们注意到，学生的幸福建立在不断成功之中，是在不断成功的过程中来品味幸福滋味的，感受和体验在追求真、善、美过程中的幸福；引导学生适应环境，建立良好的人际关系，保持身心健康；引导学生学会体验幸福，学会表达幸福感受，学会分享他人的幸福，学会创造幸福。

"为学生的幸福人生奠基"还要求学校管理体现开放性，校本课程追求多样性，教学方式呈现灵活性，评价手段表现出多元性。从观念文化、组织文化、制度文化和环境文化的视角实施幸福教育的途径，使不同的学生获得各自生理和心理健康的基础，获得有价值观念支撑的道德认识，发展学生旺盛的求知欲和强大的学习力，为学生未来拥有丰富的人生经历打下基础。

教育是大计，也是民生；教育是今天，更是明天，我们要以创新的姿态实现学校发展与教育民主化、教育现代化、教育国际化的对接，教育要关注人的个性发展和全面发展是未来社会的必然，而这也应当是今天教育所关注的内容，我们的教育要尊重个体差异，要带给学生希望、力量，带给学生内心的光明、人格的挺拔与伟岸，带给学生对自我、对生活、对未来、对人类的自信，让每个学生都能成为社会的建设者和幸福人生的创造者。

第三章

以爱之名义，创造学生发展环境

第一节　塑造多元开放的校园文化环境

现代学校的一个重要功能就是将上一代的文化内容经过价值取舍，去粗取精，去伪存真，传承给下一代。学校文化是社会文化的有机组成部分，它以学校群体成员为主体，是他们在教育教学和管理实践中逐渐共同创造生成的，体现时代特征和社会进步的价值观念、思维方式、行为规范及其活动结果。学校文化以具有学校特色的精神形式、制度形式和物质形态为外部表现，并影响和制约着学校群体成员的活动方式、精神面貌与文化素养。

一、校园文化的功能

（一）导向功能

学校的文化建设对学生具有导向功能，优秀的校园文化有利于引导学校里的师生树立正确的人生观与价值观。对教师来说，教师在日常教学过程中可以做好"为人师表"的表率作用，做学生的榜样；对学生来说，学校里好的文化有助于学生规范自己的相关行为，使其身心得以健康发展。所以，学校应高度重视文化建设，为全校师生营造一个良好的学习、生活与工作环境。

（二）凝聚功能

学校的文化建设对学生具有凝聚功能。任何一个机构都有其核心的文化价值取向，学校加强文化建设，不仅可以增加师生之间的凝聚力与向心力，而且有利于学校开展各项目标教学与校园活动，使师生做任何事情时都有集体意识与团队荣誉感。

（三）陶冶功能

学校的文化建设对学生具有陶冶功能。学校的文化建设可以陶冶学生的文化情操，在文化建设中促进学生的健康成长，培养学生良好的心理素质，使小学生在校期间可以养成良好的行为规范，有利于以后的学习与工作。学校的文化建设也可以陶冶教师的职业情操，使其在日常教学活动中能够按照规范的职业准则来进行各项教学活动，使教师可以更好地开展其工作。

（四）约束功能

学校的文化建设对学生具有约束功能。学校的文化建设实质上也是一种对师生之间的制度约束，因为文化建设蕴含着学校对师生的要求，使师生在学习与工作的过程中可以不违反校纪校规，帮助师生建立正确的价值取向。同时，学校文化建设中的约束功能也可以加快学校的发展，使其在正常教学过程中形成良好的校风与学风，使学校可以更好地凸显其办学理念。

二、校园文化的建设类型

（一）物质文化

校园物质文化是学校在发展过程中不断创造和积累的外在的、以物化形式存在的文化，也叫载体文化，是和谐校园文化的前提和条件，是和谐校园文化水平的外在标志，主要包括教学设施、科研设备、后勤装备、生活资料、校园环境、活动设施等。物质文化是实现精神文化建设的途径和载体，是推进学校文化建设的必要前提；物质文化建设是校园文化建设的重要组成部分和重要支撑。校园物质文化，属于校园文化的硬件，是看得见摸得着的东西。校园物质文化的每个实体，以及各实体之间结构的关系，都反映着某种教育价值观。

（二）精神文化

在学校文化建设的过程中，不论是制定的过程，还是实施、落实的过程，都不能脱离学校精神文化的大方向。在校园文化建设中，校园精神文化建设是重点工程，很多学校为此花费了很多精力，采取了很多方式，如宣传教育、领导垂范、榜样示范、实践锤炼、教改提升、活动培养、制度规范、环境熏染、目标激励、典礼仪式的巩固和升华等，使学校特有的、优良的精神内涵渗透到师生的思想里，通过师生的言行举止树立美好的教师形象和学生形象，进而打造良好的学校形象。

校园精神文化，有如下几种常见形态：

1. 教师文化

学校文化建设有利于提升教师的文化层次。教师的工作性质需要专业的精神素养，才能使其更有耐心、更有奉献精神地去教育小学生。教师的文化层次是学校文化建设的前提。教师有着教书育人的职业任务，是传达学校文化精神的主要载体与传播者，所以，在学校文化建设中注重对教师文化层次的建设，可以促进学校文化建设中各项工作的顺利开展。

2. 学生文化

一个学校办学的主要目的就在于可以为社会提供有用的人才。学校文化建设的最主要目的就是可以让学生身心得以正常、健康地发展，所以，学校文化建设的重中之重就是做好学生的文化建设工作，使学生可以受到好的文化熏陶，为学生的学习环境创造一个良好的文化氛围，有利于学生更好地学习。

3. 课程文化

课程文化是学校文化建设的主要载体，当学校文化建设的相关制度制定完毕后，学校文化建设的具体落实大多是在课堂中，教师将学校的文化建设融入正常的教学内容，或是利用班会课将学校文化建设中的相关精神与要求传达给学生，使学生对学校的文化建设也有一定的了解，使其可以在良好的文化环境中进行学习。

4. 行为文化

根据学校行为文化的行为内容，将行为文化分为职业行为规范和文明礼仪行为规范两大类。文明礼仪行为包括教师礼仪、学生礼仪、办公室礼仪、沟通礼仪、会议礼仪、公共场所礼仪，并制定了详细的行为规范。

（三）制度文化

学校文化建设后期的落实主要依靠的就是相关制度，同时学校文化建设的目的在于约束学生在校期间学习与生活的行为习惯，其目的显示出的约束性就是通过制度约束来实现的。所以，加强学校的文化建设是进一步加强学校制度建设的主要手段，只有当学校的制度文化完善且科学合理，学校才能更好地开展各项教育活动与教学任务。

三、校园文化建设的追求

学校文化包括物质文化、行为文化、制度文化、精神文化，是学校办学理念、办学目标、学校传统、校风校貌的综合体现。只有优秀的学校文化才能孕育出优秀的学校教育。文化是一片土壤，学校一旦形成了自己的文化，它的每个成员就会从这片土壤中吮吸营养、发展成长。

（一）丰富、优美、励志的校园文化

创设良好的校园生态环境，尽量做到教学区、活动区、生活区相对独立、互不影响，规划科学合理、井然有序。围墙、校门要古朴、沉稳、厚重；教学楼要整齐对称，有绿化园，树种尽量繁多；教学楼前要设报刊栏，因为这是学生了解世界窗口、丰富知识、开阔视野、健康成长的沃土；宣传栏、格言展示牌、楼厅牌匾、园林刻石、校园音响系统等能展示学生才华，向学生输送精神营养的设施尽量设置；现代化的运动设施也要齐全，如塑胶跑道、足球场、篮球架、设施完备的体育馆，给学生进行体育锻炼提供空间；餐厅服务要周到，膳食科学，提供优质服务。

（二）激励、服务、规范的管理文化

长期规范的制度和管理，可以使习惯成自然；优良的制度，可以成就优秀的学校文化品位。学校制度体现着学校管理的价值观，不仅规范着人们的工作方法、工作作风、工作效率、工作习惯，还激励着人们的斗志，控制着学校内部活动。学校的规章制度应具有两种职能：一是保障功能，即为了保障学校协调、有序、健康地发展，保障师生更好地学习、工作和生活；二是激励功能，即激发和调动师生为实现办学目标，实现学校、教师、学生共同发展的积极性、创造性。构建学校文化，必须制定能保障学校协调发展的规章制度。

要重视教师的终身学习，教师只有不断更新自己的知识结构，不断优化和创新自己的教学方式，改善自己的心智模式，提高自己的综合素质和能力，才能跟上时代的步伐。要把教育教学的过程变为不断反思、不断学习、

不断改进、不断创造的过程，规定教师每年的学习"量"、读书"量"；规定教师必须开展教育科研，进行课题研究，写教育案例、论文，争做"学者型""科研型"教师；规定有经验的教师要与青年教师通过"导师制"建立"结对帮扶"关系；规定聘任、评优、晋级、评选学科带头人等必须拥有相应的教育科研成果。

学校要逐步形成"实践反思、同伴互助、专业引领"的校本教研模式，在理论指导下进行实践，发现问题，把问题当作课题，在反思中提高，在反思中创新，在反思中发展。学校每周开展的教研活动要固定时间、固定人员、固定地点，教研内容要有理论学习、优秀教师样板课、各种形式的大赛、教学能手和优质课的评选等，真正通过专业引领、合作交流实现自我发展，不断转变教育教学观念，树立先进的教育教学理念，提高自身的理论水平和专业素质。

学校要紧紧抓住新课程改革的契机，大力推进新课程改革，建立以学生发展为本的综合评价制度，探索"自主合作、问题解决"的教学模式，开展研究性学习课程，真正促进学生全面而有个性的发展，为学生的终身发展奠基，让学生学会选择、学会规划自己的人生。

要重视德育，大力推进诚信教育，开展文明自律教育活动，把道德目标要求分为合格、良好、创优三个层次。在一般考试中，要推行无人监考，在学生纠偏上明确告知学生"允许犯错误，但不允许撒谎"。

在学生中推行"自主学习"的教学管理模式，在教师的引导下，学会提出问题，学会合作研究问题，学会解决问题，让学生学会学习。

要注重素质教育，倡导创新精神，培养学生的创造能力，健全学生的意志品质，提高学生的综合素质。

（三）科学、关怀、奋进的精神文化

精神文化，指办学宗旨、培养目标、校风校貌等，是学校群体的世界观、价值观、人伦观的总体表现。

学校的精神文化发挥着潜移默化的作用，影响着学校成员的思想品德、行为习惯、价值观念等，是一种潜在的教育力量和无形的精神力量。学校精神文化的优劣是衡量学校德育成败的重要标志，是检验学校素质教育的重要指标。我们应着力在教育理念、公共关怀、心性教育等方面建设学校精神文

化。我们肩负着"对社会负责，对家长负责，对学生负责"的使命感，在教学中要面对一切学生，通过改革教学方式、学习方式，实施差异教学，尊重、关爱学生，注意学生的心理变化。着眼于学生精神文化的建设，我们应特别注重心性教育，通过爱心教育、信心教育、赏识教育、礼仪教育、心理教育、文体活动，大力抓好学生思想品德和行为习惯的养成教育。要注重培养学生的爱心与孝心，从爱父母、爱同学、爱教师开始，从爱家庭、爱学校、爱家乡开始，从爱心出发到热爱生活、珍爱生命、爱护环境、爱护自然，进而懂得平等、友爱、尊重。高扬学生自信的风帆，我们把培养和维护学生的自信作为重要工作，以挖掘学生内蕴的巨大潜力，让学生高扬自信的风帆，达到成功的彼岸。要培养学生的责任心，让学生今后承担起对家庭和集体、国家和社会的责任。要从生活中的细节做起，从待人接物、言谈举止、衣食住行做起，使学生养成良好的生活习惯。

四、校园幸福文化建设

学校文化建设是学校可持续发展的不竭动力，是师生健康成长的重要途径。学校在学校文化建设方面，坚持以社会主义核心价值观为根本导向，以打造高格调、高品位、高质量的"幸福文化"为核心目标，着力于"理念文化""环境文化""制度文化""课程文化""课堂文化""特色文化""人文文化"七个方面建设，牢牢抓住提升学校文化品位的突破口，立足实际，着眼长远，统筹规划，分步实施，逐步树立起完整的学校文化形象，赋予校园更加丰富的生命力。

（一）幸福文化体系建设追求与成果

1. 重构办学思想体系，打造幸福理念文化

根据社会主义核心价值观的具体要求，结合学校既有的生态教育理念，重新确立了"以爱营造幸福生态"的办学理念，将"培养幸福的人"作为学校育人目标，建设"健康乐园""美丽家园""书香校园""智慧校园""成功学园"五园一体化的"幸福学校"。

（1）"健康乐园"建设目标

以完善体育设施，开展体育运动推进师生身体健康；以心理健康教育和辅导推进师生心理健康；以大爱德育和养成教育促进师生品行健康；以校本课程和"四点半项目"促进师生爱好健康。

（2）"美丽家园"建设目标

以系统的景观设计和生态布局营造环境美；以课堂改革营造课堂美；以丰富的师德建设活动营造师生美。

（3）"书香校园"建设目标

以读书节、文化节等活动培养师生的阅读习惯；以"书吧"建设为手段提升读书氛围；以"亲子活动"为载体扩充读书群体；以"百书推荐、学段主题阅读教学"提升阅读层次。

（4）"智慧校园"建设目标

以"共同体""工作室"为单位加强团队协作共荣共生；以"走出去请进来"加强与外部智慧融会贯通；以应用信息技术产品加强现代教育技术的发展。

（5）"成功学园"建设目标

以"质量提升"为根本，促进学生的全面发展；以"1+N"团队帮扶为载体，加速教师成长；以内涵发展、特色发展为道路，提高小学声誉。

2. 优化校园环境，打造幸福环境文化

（1）营造高雅和谐的校园景观环境

我校是广东省"绿色校园"，根据校园绿化面积大、动植物种类丰富的特点，结合学校"以爱营造幸福生态"的教育理念以及"美丽家园"的建设目标，对校园环境进行了局部改造，先后在学校走廊、楼梯间、架空层等显眼位置布置张贴学生的各类作品，既鼓励了学生，又增加了美观度；在班级外墙统一安装了形式多样的墙报设计栏，结合不同班级的班级文化对教室内部文化装饰进行更新；开展"幸福染我校，童心绘我梦"的主题校园设计，对全校所有井盖和适宜地面、墙面进行美化，把坚硬的井盖、墙面变成了活泼可爱的动植物，仿佛让师生置身于动植物王国。

（2）营造方便阅读、多样阅读的书香环境

我校是"广东省书香校园"，学校持续开展"书香校园"建设活动，一方面，对班级书吧、走廊书吧、架空层书吧进行优化，更新书吧的各项设备，以年为单位有计划地补充书籍，让学生随时随地想阅读、能阅读、愿阅读；另一方面，坚持每年举办1次校级读书节、1次文化节，设计形式多样的阅读活动供全校学生参与。鼓励班级开展读书知识竞赛、读书征文、课本剧等班级阅读活动。

（3）建立先进完备的校园网络环境

学校高度重视校园网络建设，高标准、高起点开展设计。近几年来，先后完成了校园无线网络铺设，优化升级了校园信息交互平台，校园资源传输速率显著提升，资源使用得到进一步优化。

3. 完善教学、管理制度，打造幸福制度文化

（1）强化安全管理

学校常规安全制度包括保安执勤制度、后勤人员巡视制度、食堂管理制度、内宿安全管理制度等，在此基础上，学校还建立安全演练制度，定期开展类别不同的校园安全演练；建立校园安全宣传制度，根据设定的不同主题，在校园安全宣传栏和班级安全宣传栏张贴安全宣传海报；建立安全网络信息收集制度，优化升级校园安全设备，建立校园安全数据库，收集典型校园安全素材。2017年，我校被评为"广东省安全文明校园"。

（2）严格常规教学管理

进一步规范了学校的请假制度，强化了部门职责，完善"早、中、晚"行政值日制度，大大增强课堂的巡查力度；调整质量检测制度，确立"学科主管行政—学科组—备课组"三级联动监测体系，监测内容涵盖到备课、上课、考试、阅卷、考试分析等细节之处，全年累计开展全校性教学检测8次，学科组教学质量分析会达35场次。

4. 构建校本课程体系，打造幸福课程文化

（1）构建"幸福百花园"课程体系

我校融合国家课程、地方课程，发挥课程之间的互补作用，构建具有学校特色的"百花园"课程体系，形成了5个系列、100门课程，获得区教改成果评比一等奖、广东省二等奖。学校相继举办了课程发布会和展示活动，全区兄弟学校、师生家长、媒体记者等近3000人次到校观摩，极大地提升了学校的知名度，也让课程意识得到了加强。"百花园课程"已经成为学校一张亮丽的名片。

（2）构建"四点半"课程体系

根据学校对"四点半"课程的调研，为进一步提升"四点半"课程效率，加强"四点半"课程与"百花园"课程的融合，学校对"四点半"课程进行优化精简，改变"四点半"课程的实施策略，确立以"社团"为单位、以"实操"为形式的授课模式，突出"四点半"课程的趣味性、实践性、应用性。经过改革，目前，学校组建了篮球队、合唱队、国画队、油画队等11支队伍，大大促进了学生的全面发展。

5. 实施"项目式品牌发展"，打造幸福特色文化

（1）创客教育特色品牌项目

我校创客氛围浓厚，学校的恒星创客实践室是深圳市首批100所创客实践室之一，也是"中国少年科学院科普实验基地"。学校通过创客课程的建设与校外科技企业合作等方式推广、普及创客教育，培育优秀创客团队。仅2018—2019学年，就开展科技节活动2次、信息节活动1次、科技成果展1次；邀请专家进行科普讲座4次，学生覆盖率达85%以上，"两节"学生参与率100%；为学校贡献了国家级和市级集体荣誉各1项；辅导学生获国家级奖项5个、省级奖项1个、市级奖项20个、区级奖项99个；中心组教师获区级以上奖项16人次。

（2）艺术教育特色品牌项目

我校的艺术教育内容丰富，涵盖国画、油画、水彩、合唱、管乐、打击乐6大品种。艺术科组在开展自身常规教学教研活动的同时，通过承办大型活动（如深圳市舞蹈美育专家培训活动、坪山区器乐名师名家进校园活动）等来推进科组文化建设。艺术科组的《艺术特色》项目获坪山区教科研素质教育特色项目评审一等奖第一名；学校的小风范管乐团是全国优秀社团，近年来斩获了全国、省、市各级比赛的金奖，在刚刚结束的广东省第三届打击行进乐比赛中获得全省第二名；印象小油画社团多次代表学校到区各校参加展览活动，在坪山区2018年中小学艺术展演选拔活动中获得集体一等奖的好成绩。

（3）足球教育特色品牌项目

作为"全国足球特色学校"，学校已将足球课纳入课堂教学，目前，足球教学从三年级开始推广，今年学校已着手试验了足球低年段教学，学校足球教学实现了每年级都有足球课，每年级都有足球队；班级联赛组织的力度和高度也进一步提高。每年举办全校性足球比赛2次、年级"小甲A"比赛2

次、交互性足球比赛2次。

（4）阅读教育特色品牌项目

我校是广东省书香校园，亲子阅读是"深圳市十大阅读推广项目"之一。每年开展校级集体性阅读两次、教师集体性阅读4次；班级阅读写进课表；以月为单位，每月开展亲子阅读一次，活动的举办让阅读风气更盛。

（5）仪式教育特色品牌项目

为了发挥仪式活动的教育功能，让学生在仪式中获得体验与感悟，产生情感和共鸣，我校以《小学仪式教育实践与研究》省级课题为契机，将学校仪式活动梳理分类，统筹安排，形成了系列化的仪式活动：常规仪式、节日仪式、成长仪式、多彩班级仪式。常规仪式有升旗仪式、开学仪式、颁奖典礼仪式、散学仪式等；节日仪式有清明节扫墓仪式、教师节尊师感恩仪式、家长义工队成立纪念日仪式、读书节仪式、体育节仪式等；成长仪式有入学仪式、入队仪式、毕业仪式。

6. 推进课堂改革，打造幸福课堂文化

（1）课堂改革——指引教师成长的灯塔

紧紧围绕"以爱营造幸福生态"的教育理念，坚持以"上下合力，教师参与，课程实施，示范引领，家校共建"为总体思路，深入推进课程改革，加强课堂教学研究，目前，我校实施的"自为·智慧"课堂已经非常成熟，并得到有效推广。在此基础上，近三年来相继走出了深圳市市级名师名班主任3名、深圳市教育先进工作者1名、区年度教师1名、提名年度教师2名、坪山区百姓学习之星2名。

（2）课题带动——引入课堂创新的"活水"

以课题促进课堂文化建设是学校一直坚持的课堂改革路径之一。我们要求各课题实验人员要把课题研究融入课堂教学，做实过程，积累典型案例，发表有价值的论文，要求做好平时撰写研究简报等总结材料，使课题研究问题化、常规化，让教师在课题研究的过程中慢慢提升研究水平，保证高质量结题，有效促进教师专业发展，有效为教育教学服务。目前，我校拥有区级重大教育教学改革项目2项，分别是跨学科项目式、互动共生课堂；在研省级课题2项、市级课题6项、区级课题9项，涵盖了各个学科。

7. 营造良好人际关系，打造幸福人文文化

（1）定期谈心谈话

以学校领导班子为主体，每学期会开展谈心谈话活动，了解每个科组、级组的工作情况，关注每个教师的成长情况，让每个教师都有存在感、被尊重感、价值感。

（2）设立意见收集处理

一方面建立意见收集箱和意见收集网络渠道，鼓励教师利用校园意见箱和学校网络办公平台、移动终端工作平台为学校发展建言献策；另一方面设立专门人员定期处理意见，做好教师的意见反馈。

（3）开展教师素质拓展活动

一是鼓励各学科组和年级组定期开展趣味丰富的集体性活动，加强级组、科组人员之间的工作和生活交流；二是每学期开展两次全校教师的素质拓展活动，以团队活动的形式打通教师之间的隔膜，形成良好的互动关系。

（4）实施1+N成长模式

实施1+N成长模式不仅是学校推动教师专业成长的重要措施，更是学校构建人文文化的重要途径，通过教师结对帮带，组建若干个教师共同体，可以培养教师们的大局意识、集体意识、合作意识，增强教师的交流对话，让每位教师在和谐中成长。

（二）校园幸福文化未来创新发展探索

1. 文化建设指导思想

以社会主义核心价值观为根本导向，围绕区教育局关于学校文化建设工作的基本思路，结合学校"以爱营造幸福生态"的教育理念，以优化环境文化为重点，以扎实推进课堂文化、课程文化、特色文化为抓手，不断探索提升学校文化内涵的新路子，努力实现"建设高格调、高品位、高质量的'幸福文化'"的学校文化建设总目标。

2. 文化建设原则

（1）整体性原则

从整体出发，统筹全局，分步实施，以点带面，以面促点，突出学校"幸福"文化建设的特色。

（2）开放性原则

结合学校的区域文化特点，采取开放性的态度，主动选择、吸纳区域文化、兄弟学校文化中的优秀成分，让文化在交流碰撞中发展。

（3）继承与创新性原则

文化具有传递和创造的双重功能，打造学校文化特色要尊重学校，既要有历史传统，又要与时俱进，大胆创新，弘扬时代主旋律，紧扣时代发展主题，培育时代精神。

3. 文化建设工作重点

（1）围绕"四化"，升级校园环境文化内涵

①净化方面

改造校园垃圾堆放点，消除现有垃圾堆放空间不足、易产生气味的问题；推进厕所革命，改变当前厕所设计不合理、设施陈旧老化的现状。

②绿化方面

对校园布局进行整体规划，宜花则花，宜草则草，使校园"四季有花，四季常青"；鼓励开展班级花卉养护，组织人员给学生传授养花知识，将花卉养护工作责任到人；尝试开展"五个一"活动，即每班出一期以"美化环境"为主题的黑板报，每班共种一棵树，每人制作一句护绿标语，每班制作一块护绿标牌，每班做一项护绿行动，切实落实环境保护，人人有责。

③美化方面

增加校园文化雕塑，更换路灯上的文化标语牌，对文化长廊、校园各宣传栏、办公室基本功展示版面、学生基本功展示版面进行更换和统一布置，使文化设施内容更加贴近学生；改造升级架空层，对架空层重新进行"悦读""科技""足球""艺术"等主题布置；对合唱室、音乐室、体育室进行重新设计更新，力求让建筑布局、造型颜色搭配得当、和谐美观。

④亮化方面

学校目前很多墙壁或出现严重脱落或受潮霉变，下一步要对此类墙体进行改造；升级校园和教室、办公室的照明设备、通风设备，力争房屋在保证节能的同时通风透光，整洁明亮，满足师生工作和生活的正常需要。

（2）实施多样的课堂形式，丰富课堂文化内涵

① 构建"互动共生"课堂

以我校申请的区重大教改项目《课堂革命理念下小学"互动共生"课堂形态的研究与实践》为纽带，加大课堂研究实验推广力度，着力构建互动共生的课堂；建立奖励制度，鼓励教师们投身课堂改革实践。

② 构建"共享课堂"

"共享文化"是当代重要的文化形式，将"共享文化"引入课堂，符合时代潮流。学校计划设立"共享课室"，购置先进的教学设备，为教师和学生共享学习创造物质条件，一方面鼓励教师之间进行课堂共享，相互听课，交叉上课；另一方面鼓励学生"共享学习"，打造班级内部、班级与班级之间的"共享"氛围。

③ 构建"亲子"课堂

我校历来重视亲子教育，根据已有经验，下一步学校将设立专项经费，引导和鼓励家长走入课堂走上讲台，为学生开展主题课堂教学；引导家长和教师共同开展"户外"课堂，把学生从书本中解放出来，让课堂学习与课外实践真正结合起来。

（3）加大校本课程研发力度，提升课程文化内涵

① 夯实"百花园"课程实施的物质基础

目前，我校实施的"百花园"课程体系面临着教学师资不强、教学器材不足的困难，下一步我们要加大课程研发的投入力度，从顶层设计出发，努力匹配好教学资源，包括场地的建设、器材的购置、专家的引入等，全力为"百花园"课程的高效实施夯实物质基础。

② 构建班级特色课程

作为学校顶层课程体系的有效补充，班级课程的开发和实施对学生的发展意义重大。学校将动员一切力量，寻求一切资源，鼓励教师们加入班级课程的建设中，力争在一年内实现"一班一课程"的局面。

③ 加强教师课程学习、培训的力度

教师的课程开发水平是学校课程文化建设的关键。由于学校经费有限，纵然学校动员教师全面参与，但由于部分教师缺乏课程开发的经验和理论知识，尚不能有效参与其中。针对这一现状，学校将努力为教师搭建学习平台，

坚持"引进来，走出去"，争取为教师们创造更多学习机会，在一年内实现教师参与培训率100%的目标，以此来开阔视野，提升学校课程研发的整体水平。

④ 创新课程的实施方式

创新是课程文化发展的动力。我校在课程实施过程中先后形成了"X+1"模式教学、连堂课实施方式、大小课实施方式、项目选学实施方式、跨学科整合实施方式、综合实践模式、走班制社团课程实施方式、活动课程模式、家校联动课程实施方式九大实施方式，但由于新的课程实施方式需要强大的人力、物力、财力支撑，具体实施过程中遭遇重重困难。下一步，学校将针对此问题努力寻求解决之道，争取让学生早日感受到新的教学方式方法。

（4）加大"项目式教育"发展力度，形成特色文化品牌

① 创客教育

扩大创客实验室的规模，升级学校现有的创客设备，让学生能有机会接触到3D打印、智能穿戴等前沿创客产品；加强学校创客师资力量，加大信息技术、科学等相关科目教师的培训力度；加大活动参与频度，为学生搭建广阔的展示平台，让学生从小就形成创客意识并且可以实现创客梦；加强创客课程建设和校企合作，全力推广创客教育，提升学生的科技创新素养。

② 艺术教育

学校计划设立艺术教育专区，购置一批先进的教育教学设备和学生学习工具，满足教师和学生的更高层次艺术追求；实施开放式的艺术教育理念，主动承办大型活动，让师生在更大的舞台上锻炼；深入学校围墙之外，挖掘社区、文化中心等资源，争取能在外部为师生建立艺术学习、培训、展示、比赛的中心或活动场地，把学生的艺术教育切实延伸到校外。

③ 足球教育

作为"全国校园足球特色学校"，学校却在场地、器材、教练等方面面临巨大困难。下一步，学校将尽快改造校园足球场，新购置一批校园装备，争取引入更加专业且技术专长更加明显的教练，对学生实施技术分类指导；加大校级、班级联赛组织的力度和高度，同时加大校级联赛的参与力度；尝试开发小学各阶段足球教学的相关教材，让学校足球从理论到实践双向同步发展。

④ 阅读教育

为进一步推进阅读教育，学校计划将阅读教育分为"校级阅读""班级

阅读""亲子阅读""教师阅读"四个子板块，聘请校外专家和团队亲临指导，高校开展。与此同时，学校还必须升级各类书吧，新增"亲子阅读"书吧，购置相关图书，使其与子板块教育匹配；另外要通过组织教师学习培训的方式着手组建学校的阅读专业指导团队。

⑤ 仪式教育

我校仪式教育得到了社会及家长的广泛肯定，尤其在成长仪式方面深受好评。为进一步发挥仪式的作用，学校计划对开展仪式教育的场地，包括国旗台、广场、报告厅、图书馆等进行优化升级，使场地空间布置更加契合仪式主题，增强仪式教育的神圣感、庄严感。

学校文化建设是一项周期较长的系统性工程。学校在以往文化建设中逐渐探索出一条适合自己发展的道路，取得了一定的成绩。然而文化建设没有止境，需要思考和反思的地方还有很多，更面临着建设资金不足，建设任务众多的现实情况，相信在区教育局的正确领导下，在全校教职工的努力下，定能攻坚克难，打造出高格调、高品位、高质量的"幸福文化"，实现上级领导、家长、师生对学校文化建设工作的期许。

第二节　家校共育，让教育产生共振效应

家校共育是指家庭与学校协同教育，为学生创造更好的成长环境。学生主要生活在学校和家庭，教师和家长对学生成长的影响最深刻。在现代教育中，要想让学生成为幸福的人，则需要家庭与学校共同努力，协同育人。

一、家庭教育与学校教育

（一）家庭教育

子女是家庭的重要成员，关注子女的教育就是关注社会，关注祖国的未来。家庭是孩子的第一所学校，父母是孩子的第一任教师，家庭的环境、父

母的责任心在一定程度上影响着孩子的成长。

1. 家庭教育要因材施教，有的放矢

家庭教育应因材施教、循序渐进地进行。有的父母不根据孩子兴趣爱好，一味地根据自己的主观意愿，无原则地培养孩子的兴趣和喜好，孩子本来就不喜欢弹琴，可是家长每天逼着孩子练上两小时；有的孩子不适合跳舞，也不喜欢跳舞，但是个别家长偏要把孩子送去学拉丁舞，结果扭曲了孩子的天性。所以，家庭教育一定要尊重个性和差异，尊重孩子成长、成才规律，因材施教，否则只能南辕北辙、弄巧成拙，影响孩子的健康成长和发展。

2. 家庭教育要循序渐进，期望值不要过高

望子成龙，望女成凤之心人皆有之，但对孩子在不同年龄段提出不同的要求，切不可拔苗助长。让孩子参加文体活动，学琴，练球，目的是培养孩子的兴趣爱好，不要指望孩子将来一定是钢琴演奏家或者是世界冠军；让孩子参加课外辅导、请家教，目的是让孩子的文化课基础打得扎实，不能非逼着孩子考上名牌大学，成才之路千万条，不能只过独木桥。期望值过高会给孩子心理上造成过大的压力，因此我们要循序渐进地根据孩子的实际情况开展家庭教育。

3. 家庭教育让孩子正确面对挫折

为了使我们的下一代成为优秀的独立的人，能自立于人世间，家长不能事事包办代替。在提倡孩子学习的同时，还要让孩子正确面对困难与挫折，这一点是非常重要的。我们都知道，世界上没有哪一对父母怕孩子摔跤而不让他们学走路的，因此让孩子吃一点苦受点挫折，才能从根本上消除孩子身上的"娇气"，孩子才能增长才干。只有让孩子在生活或者工作中经风雨，见世面，碰碰钉子，尝尝苦头，才能增长孩子的才能，培养孩子独立勇敢的精神，这对教育好子女是非常必要的。

4. 家庭教育培养孩子健康的心理品质

健康心理是指智力正常，情绪稳定，有一定的意志，具有一定的适应能力和与人交际的能力。由于父母的溺爱，部分学生一定程度地存在着自私自利，与周围环境、社会不相适应等问题，针对这些问题，父母要有的放矢，进行纠正。子女的家庭教育是一个应引起全社会关注的问题，我们应以高度的社会责任感继续探讨和关注，充分发挥家庭教育的优势，为社会培养德、智、体、美全面发展，身心健康的一代新人而努力。

（二）学校教育

1. 用好家校联系本

家校联系本实际牵动着三方面的心，一方的心血将注入两方的心灵，一旦产生某一方面的效果，就会温暖三方面的心。在书写家校联系本时应做到：首先，抓住一点写具体。孩子在家里的表现很多，不必都写在家校联系本上，关键要有针对性地写具体。不能应付，不能三言两语，不能潦草马虎，一定要讲实效。其次，抓住一点反复写。孩子在家里或学校里出现的一个毛病，应抓住不放，与教师密切配合，反复教育，方见成效。再次，决不偏袒。孩子有了毛病，教师已经指出，家长就不能偏袒，偏袒只会使毛病蒙混过关。通过家长和教师的讨论，把孩子的病根找准，治疗得当效果才好。最后，多提一些建议。家长应该在家校联系本上多给教师提些建议，尤其是孩子表现好的家长，说明家教较成功，多提一些建议，更能使教师获益，别的家长也受启发。

2. 开展家校合作

开办家长学校是一种很好的、提高学校教育水平的方式。开办家长学校的宗旨在于转变家长陈旧的家庭教育观念，提高家庭教育的水平，学校与家庭统一教育思想，真正了解孩子，帮助孩子，有效促进孩子的健康成长。家长学校采取团体教育形式，可以通过教师给家长上课并做讲座，帮助家长认识家庭教育的地位和作用；了解家庭中日常行为指导的基本方法，做到知与行统一，培养与矫正相结合，言传与身教相结合。认识到作为父母要提高自身的素质，重视对孩子综合素质的培养，努力为孩子的健康成长营造良好的家庭环境。学校也借此机会向家长传达自己的培养目标，以便让家长能更好地理解学校，同时使二者在教育思想上做到统一。

未来社会，孩子是社会的主体，是构成社会的基本元素。因此，子女的教育问题将是一个长期问题，我们对子女教育的研究也将是一个长期的工作，随着教育机制的逐步完善，人们的教育观念会一天天成熟起来，我们深信，通过全社会的一致努力，子女一定会成为中国最有希望的一代。

二、家校协同育人

"协同"一词在《说文》中的解释为："协，众之同和也。同，合会也。"协同即协调两个或者两个以上的不同资源或者个体，协同一致地完成某一目标的过程或能力。协同教育不仅强调学校、家庭、社会教育力量的相互结合，还强调协调、同步，对教育内容与教育形式提出了更高的要求。著名教育家苏霍姆林斯基说"只有学校教育而没有家庭教育，或者只有家庭教育而无学校教育，都不能完成培养人这一极其艰巨而复杂的任务"。教育，从来都不是单方的，只有家庭与学校结合，才是最完备的教育！

（一）家校协同育人的价值与意义

个别家长由于知识储备、实践经验等不足，不知道如何专业地爱孩子。一些没有普遍必然性的个体经验和所谓的"成功秘诀"，可能会影响家长的正确价值判断。个别自媒体放大了家长的焦虑，让家长无所适从。家长对自己的家庭教育现状不清晰，自我觉察不够，直接影响了家庭教育的效果。学校教师是除家长之外与孩子接触最多的人之一，并且教师看待学生和家长看孩子的视角是不一样的，教师能基于自己的专业认知和对学生的了解，对学生的教育发表比较权威的见解。

家校关系，就一个班级而言，首先当然是教师与家长之间，以学生成长为纽带建立起来的关系。这种关系分为几个不同的层面，一是教师基于班级建设和管理理念的落实，与家长在集体规约层面达成共识，从而建立起来的一般关系；二是教师针对具体学生的成长状况和需求，与学生家长之间建立起来的常态沟通合作关系；三是当学生在班级生活中出现需要及时关注的临时状况时，为了更好地陪伴、帮助学生解决当下的具体问题，教师与家长之间建立的关系。

（二）家校协同的策略

1. 家校关系需要"合适距离"

有的教师为了和家长保持良好的沟通，事无巨细，凡事都要联系家长。家长都是成年人，谁也接受不了自己的孩子总是被教师否定，久而久之，从原本的感激变成了抱怨，对班主任而言，也觉得委屈。有的教师觉得自己的学校教育做得很好，平常很少联系家长，或者认为学生出了问题，一定是家庭教育的问题，就事不关已高高挂起。上述教师和家长关系都不是很好的协同关系，所以在和家长相处时，要保持最佳距离。教师和家长相处时要保持合理的边界，不要因为家长找你麻烦就总想着避开家长，不要因为家长赞美你的做法就觉得家长和你永远站在同一战线，教师要有颗强大的内心，相信自己是专业的教育从业者，遇事不急不躁，用专业来化解一切。

2. 家校互动需要"沟通协调"

在家校关系中，教师是处于优势的引导者一方，当发现自己的意见和家长产生分歧时，要主动联系家长沟通。教师在处理学生问题与家长出现分歧时，最好不要选择微信或QQ文字沟通，尽量打电话或者面谈，文字交流容易产生误解，不如声音或真人有温度，家长能在语言交流中感受到教师的诚意和尊重。

主动沟通是第一步策略，第二步就应该是充分交流，在化解分歧的交流中，教师要坦诚，也要引导、鼓励家长坦诚，双方才能达到充分交流。教育学首先是关系学，人与人之间最怕的就是猜来猜去，容易将双方引入歧途。教师在和家长交流时要将自己为什么这样做的理由讲述给家长听，无论是从大局考虑，又或是从原则、政策等客观条件方面考虑，只要合理地去表达，家长都能够表示理解。理解是第一步，但是家长同样也有自己的见解，教师可以适时地将自己切换到家长这个位置，换位思考，在交流的过程中能够"知己知彼"。

3. 家校协同需要"儿童立场"

家校关系的建构，最终的落脚点并不是班级，而是在这个班集体中的每个个体，促进儿童个体的发展和成长。班主任在家长会上，提出面向家校关系建设的一些统一要求，提醒每位家长要为了班集体、为了孩子的集体意识和进步，按统一要求行动。但是儿童之间具有差异性，而且家庭成长环境也不一样，一旦被忽视，这种统一要求就有可能给儿童和家长带来困惑。为了儿童个体的成长，在共性要求和目标的基础上，一定要兼顾个性需求，让个体儿童及家长拥有安全感、信任感和自信心，这样家长才会积极呼应班级生态建设的共同愿景——"虽不能至，但心向往之"的积极态度，这是极其宝贵的生态资源。

很多教师担忧，在班级各项活动中，过于侧重"儿童立场"容易导致纪律的"松散无序",比如在每次期末庆典中,有的班级总有学生请假,教师会给这种请假设计各种障碍,让学生被迫冒着"极大的风险"去请假,但其实教师可以巧妙地设计,让每个学生在期末庆典中都能得到一个自我展现的机会,这样的期末庆典就变成了一个展示自我的平台,学生因为有了任务就会在最初规划时避开这个时间安排的冲突。所以,真正的"儿童立场",体现在激发学生自愿参与的愿望。

4. 家校合作需要"家长课堂"

教师在指导家庭教育时有三种常见形式:个别指导、集体指导和传媒指导。个别指导主要是对单个个体的指导;集体指导是像家长会或家长沙龙等形式的指导;传媒指导是借助媒体平台,让家长来指导家长,又或者是专家指导,解决一些常见问题。

我们学校是一所非常重视课程改革的学校,所以我们学校有专业的家校课程,每位刚入学的学生家长都会收到一份家长手册,而手册的内容能够帮助家长解决学生常见的问题。班级有班级的家长指导课程,根据本班学生的情况,形成家庭教育指导的系列内容,系统化实施。课程是班主任在家长面前呈现的权威形象代表,有了这样的权威就能产生晕轮效应,班主任的工作效率会大大提升。

我们学校开设家长课堂,由家长自己报名,根据自己擅长的专业,给学生带来体验式的课堂,这也受到了众多家长和学生的欢迎。每位报名的家长可以直接感受到自己孩子在班级上课的一种状态,上完课后,还可以和教师们进行深入交流,同时也能够在家长圈里面形成一种正向的舆论导向,形成正能量。

三、家校共育要求志同道合

教师在开发家庭教育资源、指导家庭教育方面承担着重要的责任。但是在具体的操作过程中却存在很多问题,最根本的问题是部分家庭教育和学校教育不同步,缺乏志同道合的特点。为了挖掘家庭教育资源,引导家校共育,促进学生更好地发展,家校共育的根本点就在于要"志同道合"。

(一)增进家校互通是志同道合的前提

教师可以率先打出一张"感情牌",主动与家长进行交流沟通,因为是刚刚开学，不建议在还没有彻底了解学生的基础上就进行家访。可以采用以下几种方式：

（1）以"写给××班家长的一封信"的方式，把自己的带班方式、对学生的期望、班级发展的愿景告知家长，并真诚地期盼得到他们的支持与帮助。

（2）开放自己的博客或者QQ空间（前提是博客和空间都是记录之前所带班级的活动或班级建设情况），让家长和学生在第一时间客观公正地了解新班主任和老师。

（3）精心准备好一次期初家长会，要求是提前做好课件，撰写好发言稿（正式家长会要脱稿演讲），打扮得体，言辞恳切，要让家长感觉班主任非常重视这一次见面会。

（4）提前建立班级QQ群，利用开学前的时间，预先跟家长和学生进行交流沟通，了解家长和学生期望的班级生活、学生发展愿景，然后在此基础上策划班级建设方案，这样，家长和学生都不会再出现抵触心理。

（二）构建家委制度是志同道合的基础

班主任经过一段时间的交流互动，肯定会发现有一部分家长对教师的教育教学、对班级的文化建设、对学生的班级生活充满憧憬，言辞之间不乏肯定与支持，可以在制订班级发展计划的过程中，把"家长资源"也纳入其中，成立"班级家长委员会"。

确定了家委会人选之后，班主任就可以组织召开第一次班级家委会会议，在第一次会议上，可以有以下几个流程：

（1）邀请"学校名班级家委会成员"现场进行互动交流。

（2）新任家委会成员用3分钟简单介绍自己（主要是职业特长、空余时间段，以及愿意为班级做出哪些服务等）。

（3）班主任根据家长的特长和意愿进行简单分工：善于与人交流沟通并且工作时间比较弹性的家长担任"家委会会长"；从事会计一类职业的家长担任"家委会出纳"；对于网购比较热衷并善于货比三家的家长担任"家委会采购"；善于策划活动并有自己独特想法的家长担任"家委会策划"；善于处理各类大小事务的家长担任"家委会总务"……剩余的家委会成员则组成"家委会智囊团"。

（4）明确分工后，以书面形式，制定出"××班级家委会活动制度"，内容包含家委会成员名单、具体分工、家委会活动周期、组建家委会的目的与原则等。

（5）班主任正式宣布：××班级家委会正式成立。

（6）与家委会成员商议近阶段的班级工作或者班级活动，务必趁热打铁敲定一次班级活动（这样做既可以激发家委会成员的参与热情，同时也是对他们工作能力的一次试炼）。

（三）融入班级活动是志同道合的保障

有了"班级家委会"这支先锋部队，学生的班级生活就可以全面打开了！在家委会正式参与班级管理的前期，班主任和科任教师可以用"协商"和"引导"的方式打开家委会成员们的工作思路：根据教育教学的需求，班级可以开展哪些活动？根据学生的年龄特点、性别特点可以开展哪些活动？

根据实践经验，这个时期其实还处于"教师、家长、学生"三者之间的"磨合期"，处于这个时期的家长，可能更侧重于学生的学业水平，而学生则希望能有一些符合他们年龄特点的活动，给他们的学习生活增添乐趣。所以，这个时期的教师必须谨慎选择活动形式和活动内容，我们学校的建议是可以分两条线同时进行：

一是可以进行最经典有效又符合家长意愿的活动：亲子阅读，即由教师根据年段推荐阅读书目，家委会负责购买和发放书籍，家长陪伴学生一起阅读。在这个过程中，教师可以根据阅读情况，结合学生的年龄特点，延伸出与亲子阅读相关的活动，形成系列，如亲子共读、精彩书评、特色书签、故事分享、短剧表演……

二是在校利用午间20分钟的休息时间，组织学生开展有趣的"午间微课程"。围绕一个主题，开展系列活动，如围绕"我与春天有个约会"这个主题，周一"唱响春天"、周二"吟诵春天"、周三"描绘春天"、周四"找寻春天"、周五"播种春天"，一天一个内容，让学生眼中、心中、口中、手中都有春天。

这两条线活动如能扎扎实实开展，必定起到相辅相成的效果，既可以让家长感受到学生在阅读中不断成长，又能让学生在学习之余享受生活中的乐趣。同时，又能让家长感受到，学习不仅来源于课本，还来源于生活，来源于实践！这样，一步步吸引着家长们的目光，让他们的脚步不知不觉向你靠拢……

（四）介入成长策划是志同道合的标志

家长能积极参与班级组织的各项活动，就代表家长对学校教育的认可。在此基础上，教师（班主任）可以利用节点事件，引导家长主动参与活动的组织和策划，如一年级的入队仪式、三年级的十岁成长礼、六年级的毕业典礼……除了这些，还有各种传统节日、学校特色课程活动……这些都可以成为"共育"的平台，一个人的智慧是有限的，众人的智慧才是无敌的。有了家长们的介入，这些活动变得更加立体多元，学生会从更多维度获得成长！

以一年级的入队仪式为例，因为有家长参与了策划，活动就比以往更加丰富了，比如在入队仪式前的队知识学习中增加了为学生制作"入队证书"这一板块，就是由家长搜集学生学习队知识的相关活动内容，如了解队史、学唱队歌，行标准队礼，佩戴红领巾，做一件好事等，整理成册。在入队那天赠予学生，记录他们入队的点滴。再比如，在入队仪式当天，把高年级学生帮一年级学生佩戴红领巾这个活动改成了"亲子互戴红领巾，重温队员梦"这个环节。在亲子互戴红领巾、互敬队礼的那一刻，全场2000多人，鸦雀无声！这一刻的自豪与神圣将永远定格在学生童年的记忆里！

教育之路想要走得更宽、更远，需要家庭教育和学校教育的融合，需要家长和教师携手共育，共育绝不是简单的一加一等于二，家校共育的结果，也许一加一还是一，但最后的这个"一"必定更加精致；也许一加一成了三，这个"三"也必定拓宽了学生成长的视野。

家校共育，唯有家校志同，方能合教育之道！

第四章

构建新课堂，和教师一起做研究

第一节 以"小学语文教学"为例探索情感教学

《爱的教育》提出"教育没有情感，没有爱，如同池塘里的水一样。没有水，就不能称其为池塘。没有情感，没有爱，也就没有教育"。尤其是小学语文学科，语言文字中散发着无限的情感，传递着各种各样的情思。因此，小学语文教师必须重视情感教育，要用情感元素来滋润学生的心灵，在教学实践中以情动人、以情感人、以情育人，这样，语文课堂才会因情感教育而充满爱的色彩，语文课堂教学的有效性才会大大提升。

一、以朗读欣赏为依托

"书读百遍，其情亦见。"有效地朗读是学生感知情感，自悟情感的重要方式。在朗读过程中，学生能够品析语言文字、字里行间的美。能够在脑海中建构与文字相对应的、充满艺术感的画面，学生以朗读为媒介，仿佛进入了文本之中，对文本的情感把控自然到位。

如在学习《桂花雨》时，学生大声地诵读课文，仿佛伴随作者的角度，"闻到"了桂花香。学生能感受到的不仅是文章的美与趣，更品味到了作者在写作时对桂花儿的情深，以及当时的童真与童趣。这便是学生以朗读为媒介对文本的情感理解，是情感教育的重要方法。

为深化学生的诵读，更好地辅助学生在朗读中对接情感。教师可以适当地根据本篇的朗读文,进行配乐。把握音乐与文字之间的联系,以音乐铺垫情感。

如在学习《富饶的西沙群岛》时,教师可以配乐《海边静思》(*Sea side Retreat*),或《跳舞的海浪》(*Dancing Surf*),都能够让学生更深层次地在朗读中把握情感,理解文章。

二、以情境参与为手段

小学阶段的学生以形象思维为主,对语言文字的感悟能力较弱。因此,教师应当化语言文字这一抽象表现为形象动画,给学生视觉、听觉以冲击,为学生创设与语文情境相对应的动画画面。这样的教学方式能够让整个语文课堂活过来,也能够让学生在直接参与、直接感受中加深对语言文字的理解,能够让语文教学更绘声绘色、更有效。

情境创设方法多样,可以是动画情境,也可以是实物情境。教师可以结合具体的语文课堂教学内容,进行选择搭配。

如在学习《秋天的雨》时,为让学生感受"秋天的雨,有如一盒五彩缤纷的颜料"。教师就可以用动画配合作者的描述,直观展示秋天情境。让学生看到黄色的银杏树、红色的枫叶、金黄色的田野、橙红色的果树……这一幅又一幅的画面,吸引学生探析,吸引学生感受。学生自然能够在色与图、影与音的融合下深刻感受到秋天之景,情感理解更深刻,情感教育的实施也更顺利。

三、以问题理解为方式

学习是一个不断思考、不断提问的过程,要想加深学生对语文知识的理解,教师就要改变过去的"重教轻思"的现象。要基于本节课的语文教学终点,适当地提出带有启发性色彩的问题。提问的提出,实际上是本节课课文内容的重难点。学生思考问题的过程是整合语文知识的过程,同样也是加深对课文情感理解的过程。

如在学习《落花生》时,教师可以提出如下问题:
父亲认为花生的好处是什么?
父亲认为花生最可贵的是什么?

父亲仅仅说的是花生吗？希望我们学习花生的什么？

文章中提到"人要做有用的人，不要做只讲体面，而对别人没有好处的人"。其中"体面"是什么意思，什么又是"有用的人"？

问题的提出层层深入，为学生思考与学习课文指明了方向。学生能够从浅层的情感理解转向深层理解，情感理解更深入，语文教学更深入。

四、以实践探究为延伸

为加强学生的情感交流，丰富学生的情感组成，增进学生的情感体悟。小学语文教学要创新语文课堂的教学途径和场所，要开展丰富多彩的语文实践活动，实现语文课堂教学延伸和情感教育教学延伸。

首先，小学语文教学可以借助传统节日，如中秋节、端午节等，开展"诗歌朗诵""话说节日"等活动。一方面丰富学生的知识认知，另一方面巩固学生情感。

其次，小学语文教学可以开展丰富多彩的活动。例如，进行"国学经典诵读""讲故事比赛""主题写作大赛"等活动。这些活动能够给学生展示自我、互相学习、沟通交流的机会，也是对语文课堂教学的补充，具有情感教育色彩。

五、关注生活情感

在教学活动中，教师应该有意识地将教学内容与日常生活进行紧密融合。采用这种方法，可以将一些比较抽象的文本引向现实生活中，使学生从生活的启示中寻找情感的源头。这样一来，可以将情感体验内容转化为学生熟悉的情感范畴内，从而使教学内容落实在学生的最近发展区，这样一来，不但可以有效促进学生的情感体验，而且能够促进学生的全面发展与提升。

以《慈母情深》为例，这篇课文主要讲述了母亲在生活极为艰难的条件下仍然省吃俭用，鼓励和支持"我"读课外书的生活往事。从文本主题来看，课文主要通过这样一件生活往事表现慈母对子女的深情，以及孩子对母亲的敬爱之情。从具体内容来看，文中描写的事情有比较特殊的生活背景，当时正值国家困难时期，老百姓的生活都比较困难。而这种情况与现在的生活情况差距比较大，所以很多学生难以理解，为什么买课外书这样一件小事就能够表现出母亲与孩子之间深切的感情。于是，在讲授这篇课文时，教师要求学生认真回忆自己的生活，并从日常生活中选择一件自己印象最深刻的事情，说一说自己从这些事中感受到了母亲或者父亲怎样的感情。最终，通过这种紧密联系学生实际生活的教学引导方式，使学生获得了比较深刻的情感体验。

六、重视文本对话

在语文学习中，学生的情感体验主要是通过文本获得的。对文本的理解过程，实际上就是情感生成的过程。尽管新课标强调阅读活动是学生的个性化行为，不应利用教师的分析代替学生的阅读。但是，阅读活动仍然不能偏离文本的"一元化"，即正确的价值取向。因此，教师应该利用恰当的方式对学生的阅读过程进行一定的引导，以此来启发学生进行更深层次的文本解读，从而使学生产生更加正确的价值观念。

通常来讲，教师会通过以下流程引导学生进行文本阅读：首先，让学生进行整体阅读，以此来归纳文本的主要内容，并梳理文本的结构；其次，学生需要进行文本细读，在文本细读中，通过引导和启发的方式对学生进行点拨，以此促进学生进行更加深入的文本理解。最后，提供一点时间，让学生进行相互讨论与交流，从而进一步促进学生的思维发散。通过这种方式，有效完成了学生与文本之间的对话，从而指导学生对文本的情感内涵进行更加深入的挖掘。

在《散步》一文中，作者写了两处非常精彩的景色描写，教师可引导学生进行文本对话，了解其中蕴含的感情。

一处是"我（作者）"眼中的：这南方初春的田野，大块小块的新绿随意地铺着，有的浓，有的淡；树上的嫩芽也密了；田里的冬水也咕咕地起着水泡。这一切都使人想着一样东西——生命。

文本对话：冬去春又来，那随处可见的绿意，那密密的、嫩绿的新芽，那咕咕作响的水泡，洋溢着浓浓春意，充满着诗情画意。它们充分显示着生命气息的浓郁，生机的盎然，生命力的旺盛。这"是对生命的高歌，是对生命力的礼赞"。面对如此美好的自然生命，作者触景生情，自然而然地想到了人类的生命，想到了母亲的生命。自然会轮回，生命有代谢，正是在经历了一个又一个冬天的严寒之后，我们才更能体会到春天的灿烂；春天在招手，生命在呼唤，正是因为母亲已步入老年，所以做儿子的才更加希望母亲像春天的万物一样充满生机与活力！

另一处是母亲眼中的：她的眼睛随小路望去，那里有金色的菜花，两行整齐的桑树，尽头一口水波粼粼的鱼塘。

文本对话解读：人是自然之子，和自然交融，享受大自然，享受阳光、空气，这是满足生命本身的需要，给人以莫大的快乐。母亲眼里的春色是这样美好，春天在召唤，生命在呼唤。这字里行间流露的正是一种对生活的酷爱，对生命的彻悟。

七、情感体验，情理相融

要让学生在学习中获得丰富的情感体验，那么教师本身就要富有情感。德国著名的教育学家说过"要是自己还没有发展和培养自己的情感，他就不能发展和培养好别人的情感"，这句话在当前教育中也同样适用，我们在培养一个人的同时，也是在完成一个自我认证的过程，我们想要培养一个什么样的人，那么我们就需要建立一个模范，并且在日常的行为举止和言行中去学习，想要学生做到，首先是教师要做到。这就要求教师要注重师表，要具备丰富纯洁的情感，才能在日常教学中影响学生，让学生的情感按照心理的情感去转移。在教学的开展中，教师要学会控制、把握自己的情感，将情感教学进行分解，让学生的情感从入情到动情再到析情，最后完成移情；在教学的组织中，注重激发学生的情感。我们的教材中，有很多具备作者主观情感的文章，在实施中要适度放大作者的情感世界，让学生体验情感的丰富多彩，但是每个人都有自身的独特理解，所以在具体的实施过程中，要敢于尝试，并不断地总结经验，能够让学生产生情感共鸣，逐步地提升教学层次和效率。例如：我们国家有很深厚的社会主义思想根基，也具有五千年的文化内涵，教师要从这些容易与学生产生共鸣的作品抓起，让学生感受革命先辈的不屈意志，让学生感受祖国的壮美河山，从情感深处去厚植基础，让学生感受情感的伟大和其赋予的强大生命力。此外，教师要注重肢体动作的运用，因为眼睛是心灵的窗口。教师的情感首先通过行为举止给予学生第一感受，因此教师要注重情感交流的外显，进而让学生掌握思想感情的动人之处。

《狼牙山五壮士》展示了中国人的爱国情感与英勇的革命主义，因此，在其中渗透爱国主义与革命文化教育的情感教育是可行的。具体课例设计如下：

教师导入：抗日战争时期，易水之畔，狼牙山顶，传诵着一个感天动地的故事。这个故事，曾经深深地震撼着当时的中国人，而这个故事的主角却只有五个人。这五人被后人称为"狼牙山五壮士"。

过渡：你们想不想知道狼牙山五壮士经历了怎样感人的故事呢？

点评：听过典故抓住学生的好奇心，使学生想知道更多，激发学生的求知欲，为情感融入奠定基础。

1. 初读课文，整体感知，小组合作学习（13分钟）

自由朗读课文，说出课文主要讲了一件什么事？课文按怎样的顺序描写的。

学生分小组画狼牙山简图，给各段标上小标题，培养学生合作学习意识，同时教师版图，简笔画狼牙山，在画上标出五个标题。

2. 精读课文，体会英雄们的献身精神（25分钟）

学习课文第一部分——接受任务（第1自然段）

思考：五壮士是在什么情况下接受任务的？接受了什么任务？这样的形势下，接受这么艰巨任务，体现了五壮士什么精神？

学习课文第二部分——诱敌上山（第2自然段）

"五壮士"是哪五个人？分析具体描写壮士们痛击敌人的部分。

作者抓住人物的哪些特点来写的？画出关键词理解。战士们的战绩如何。

点评：学了这一段，看出作者在语言、心情、动作、神态等方面描写得具体生动，把五人的形象完整地展现在读者面前。应注意学习概括描写与具体描写相结合的方法。

过渡：经过战士们的浴血奋战，沉重地打击了敌人，顺利地完成了掩护任务，正当战士们准备转移的时候，有两条路摆在战士们的眼前。他们做出了什么选择呢？

学习第三部分——引上绝路（第3自然段）

摆在战士们面前的是两条什么路？他们为什么要这样做？你体会到了什么？班长在面对生死选择时，是什么态度，从哪个词可以看出？"斩钉截铁"是什么意思？用这样的语气读一读。班长当时是怎么想的？战士们与班

长的想法一致吗？从哪里可以看出来？"绝路"在文中指什么？找到相关语句读一读。（课件展示）

点评：课件显示出战士们崇高的牺牲精神，增强学生对战士敬佩之情。

过渡：战士们一步步把敌人引上了顶峰，接下来的战斗同样惨烈。

学习第四部分——英勇歼敌（第4、5自然段）

请你默读文章第4、5自然段，哪些语句表现出了他们的壮举？请把相关语句画出来，用四字词语在旁边写出对五位壮士的评价。读这部分你又体会到战士们是怎样的人？找出描写班长的语句读一读，画出描写班长动作的词。你是怎么理解的？

理解：顿时，石头像雹子一样，带着五位壮士的决心，带着中国人民的仇恨，向敌人头上砸去。这个句子使用了什么修辞手法？

点评：用挂图看出战士们用尽全力把石头砸向敌人，体会战士对敌人的仇恨。

学习第五部分——跳下悬崖（第6—9自然段）

"五位壮士屹立在狼牙山顶峰，眺望着群众和部队主力远去的方向。他们回头望望还在向上爬的敌人，脸上露出胜利的喜悦。"五壮士知道自己将要牺牲，为什么脸上还露出胜利的喜悦？谈谈自己的感受。五壮士喊出了什么口号？

自由学习，五壮士跳崖片段学生从他们动作、神态、语言中学习课文，并谈出自己心得体会。

点评：通过看录像学生举起拳头，共同呼喊："打倒日本帝国主义！中国共产党万岁！"这声音气壮山河。这时学生的情感已经和战士融为一体，他们真正懂得作为中国人就要守卫自己国家的领土，随时有为国捐躯的精神。这声音代表为国捐躯的所有人，真正达到了教育学生的爱国精神。

情感具有显著的特性，那就是情感的感染性，它能够让人用情感去感动别人。基于此，在教学中，要尝试使用以情育情的措施，在一定的环境下，人们的感情可以影响到别人，这就是情感的美妙之处，在不经意间就拨动了人的心弦。因此，教师在语文教学中，要明确每篇课文的思想、情感的内涵，其中或是褒扬，或是赞颂，抑或是批评与鞭策，内涵如果吃透了，再合理地运用起来是可以让学生去感受的。教师在备课的时候要深挖课文的内涵，剖析文中的语境和情感意境，然后在教学中充分展示出文中的美感和深情，不断培养学生的情感，也能够让学生学会情感的表达方式，让学生在培育中学会抒发情感。

第二节　基于核心素养培养的小学语文课

在核心素养的培育理念下，小学语文教学工作的开展不能仅依靠传统的课本说教的方式开展，而需要结合多元化的模式和途径实施教学。因为除了既定的语文知识与技能外，核心素养更多的是强调小学生的审美、文化、语言和思维等几个方面能力的培养。我们结合语文教学经验，针对小学语文核心素养教学进行深入的分析和总结，认为做好小学语文核心素养培养工作可以从以下几个方面着手：

一、设定核心素养教学目标

教学目标的设计是小学语文教学工作开展的风向标，其对于小学语文教师的教学工作具有强烈而明确的指导性。因此，小学语文教师在进行教学设计之初，就应当将培养学生的核心素养纳入整体教学。"核心素养"是指学生应具备的适应终身发展和社会发展需要的必备品格和关键能力，突出强调个人修养、社会关系、家国情怀，更加注重自身发展、创新实践。与传统的小学语文学习相比，小学语文核心素养包含的内容更多，其不仅要求学生必须掌握听、说、读、写能力，还要求提升学生的整体素养。小学语文教学不仅要培养学生的语文基础能力，还要对学生加强优秀文化的熏陶，提升学生的道德修养和审美情趣，从而使学生的个性和人格得到完善。例如，语文教师在开展小学生识字和写字教学时，不仅要培养他们的语文读写能力，还要使优秀文化得以传承。因此，教师要培养学生认同祖国宝贵的文化，热爱自己民族的语言文字，从而提升学生的语文核心素养。

二、教学导入渗透核心素养

教学导入渗透核心素养,指的是在课程教学开始之前的导入环节,教师通过导入哲理故事的方式针对学生进行核心素养教育。首先,教学导入的故事要具有趣味性,因为只有趣味性的故事才能够激发学生的学习兴趣,而且便于学生识记,否则很有可能会激发学生的逆反心理,难以发挥其渗透核心素养的作用。其次,在导入进行教学时,教师要注意所选故事的针对性,即故事的选择要与课本知识相衔接,紧扣教学内容和教学目标,不能为了活跃课堂教学氛围随意选择故事进行教学,这就违背了基于语文核心素养的小学高年级阅读教学的初衷。最后,由于小学生的思想相对比较单纯,所以教师在选择故事作为教学导入时,一定要确保导入故事的真实性,避免因引起学生质疑而影响最终核心素养的渗透效果。

三、设置教学情境培养核心素养

设置教学情境培养小学生核心素养的方法主要分为两种:一种是表演教学,另一种是借助多媒体教学。表演教学指的是引导学生塑造文章角色的方式开展教学,其不仅有利于加强学生对文章及塑造人物的理解,并且还能培养学生的语言文字应用能力,达到寓教于乐的教学目的。但是表演教学受文章内容、体裁等方面的限制,其主要针对具有人物对话的文章内容而言,不能广泛应用于所有语文篇目的教学。多媒体教学则不受文章内容及体裁的限制,而且还具有在短时间内将教学内容以文本形式呈现在学生眼前,减少传统的讲授法教学带来的不足等多项优点。此外,多媒体教学可以将课本中没有的材料通过互联网的形式展现在学生面前,从而达到拓宽学生知识面的作用。比如,在教学《草船借箭》一课时,教师可以通过多媒体设备将《三国演义》中诸葛亮草船借箭的片段予以播放,帮助学生更好地理解课文,感受诸葛亮的神机妙算。

四、基于核心素养构建教学评价体系

教学评价要紧扣语文核心素养。教学评价不仅是为了考查学生通过阅读教学掌握了语文核心素养所要求的具体知识内容,更是为了检验和改进学生的语文学习和教师的教学工作。教学评价是语文课程中不可或缺的一部分，语文教师要联系教学实际，树立正确的评价理念。阅读教学评价不能仅围绕学生认不认识生字，会不会朗读，能不能做题等基础性知识掌握环节，而且还应该围绕语言文字书写是否规范，思考能力是否得到拓展提升，审美鉴赏能力是否得到培养与塑造，传统文化是否得到理解与传承等四个维度对学生的语文核心素养教学结果进行评价。当然，小学生尚处于成长阶段，其自身的发展还未完全定型，因此，教学评价应该着重发挥诊断、反馈和激励功能，评价的目的只有一个，那就是为了更好地激励和指导学生学习语文知识，同时也为了帮助教师改进教学方法。

五、建立语言框架，发展语言能力

语言是语文学习的基础内容，只有当学生掌握丰富的语言知识，并且具备较强的语言技能，才能够确保教学质量，推动其他语文素质的发展。语言能力是语文核心素养的重要组成部分，也是当前小学语文教学的重点。因此，基于核心素养导向的小学语文教学，首先需要把侧重点放在引导学生构建语言框架方面，指导学生语言学习的方法与技巧，并鼓励学生有效应用辅助学习工具，扩充语言知识，发展语言能力，完善核心素养。例如，在教学《草原的早晨》时，为了帮助学生把握文章的主题思想，感受草原的辽阔和牧民的纯朴，并进一步发展学生语言能力，教师可以指导学生用字典查阅文章的重点字词，将掌握字词作为语言学习的基础内容。同时，引导学生流利准确和带有感情地朗诵课文，在朗诵实践中积累语言知识，帮助学生建立起语言框架，培养其语言能力，为学生语文核心素养的完善打下基础。

例如《乡下人家》，其语言优美，情感真切，因此对于学生的语言应用核心素养培养有比较突出的价值。

一上课，教师就安排学生大声地朗读课文一遍，希望学生能用自己的声音读出乡下人家的美；读完课文后再把自己喜欢的段落好好地读一遍，读出喜爱之情。接着，笔者就在黑板上出示："你从课文哪些语句体会到了'乡下人家无论何时何地都散发着的独特、迷人的美'？能把你体会到的用朗读的方式体现出来吗？"语文教师的目的是提示学生，在交流过程中要抓住重点词句来体会乡下人家独特、迷人的美，并借机指导学生有感情地朗读课文。

首先，让喜欢课文第一部分的学生举手。出乎意料的是居然有好几个学生举手了。八天前的第一课时，这个部分没有一个学生喜欢。由此可见，通过读书，学生喜欢上了这个部分。

教师点了吴同学起来读，她读得很不错。

"说说你喜欢这段的理由？"教师问。

"因为它写出了乡下人家独特、迷人的美！"

教师追问："哪一点儿独特？"

她沉思了一下："有特别的装饰味道。"

教师就引导学生在书中将"装饰"一词做个标记，并查查字典或资料理解词义。很快，学生就明白了"装饰"的意思，并用找近义词的方法，说了两个近义词："装点""装扮"。笔者引导学生看教室的窗花、女孩子头上的发饰，回想逢年过节家门前的灯笼、春联等，这些都是"装饰"。这样，学生就理解了"装饰"的含义了。

接着，让大家齐读："青、红的瓜，碧绿的藤和叶，构成了一道别有风趣的装饰，比那高楼门前蹲着一对石狮子或是竖着两根大旗杆，可爱多了。"让学生去理解这句话中"别有风趣"一词的含义。学生一下蒙住了。语文教师自己范读这个段落，让大家边听边思考。当教师声情并茂地读完，马上就有学生举手，他说："房前的瓜架就是一种独特的装饰，这就是别有风趣。"其他学生报以热烈的掌声。

语文教师让大家读第二句："当花儿落了的时候，藤上便结出了青的、红的瓜，它们一个个挂在房前，衬着那长长的藤，绿绿的叶。"第一遍读得很平淡，笔者就示范读，要求学生重点读出"花儿落了""青的、红的""长长的""绿绿的"这几个词，特别是"长长的"要读得缓慢，读出藤的细长，读出那种缠绕。"绿绿的"要读得稍重、稍快一点儿，表现出一种惊喜。学生试读，效果不错。练过几次，让大家闭上眼睛，有感情地背诵，想象画面。

照这个方法，再读第三句话："青、红的瓜，碧绿的藤和叶，构成了一道别有风趣的装饰，比高楼门前蹲着一对石狮子或是竖着两根大旗杆，可爱多了。"请一位学生读一读，其他学生评一评，读得怎么样，好在哪里，不足在哪里。

之后教师点拨，家乡可爱的地方很多，作者通过比较，让人们感受到乡下人家的纯朴、可爱。接着，让学生闭上眼睛，听教师读一读课文中对乡下人家屋前景色的描写，想象"高楼门前蹲着一对石狮子或是竖着两根大旗杆"城市的景象，说说感受。

六、加强阅读教学，培养思维能力

阅读教学是小学语文教学的核心内容，为学生语文思维能力的发展提供了有效渠道，所以要提高对语文阅读教学的重视度，通过指导学生阅读理解文章来锻炼学生的语文思维。思维能力是语文核心素养中的一个重要组成要素，要将学生核心素养的培养作为根本导向来开展。对于学生在阅读学习当中存在的问题，教师要指导学生大胆提问，勇于提出不同的见解，提升学生的思维能力，达成培养学生核心素养的目标。

例如，在《荷花》教学中，有这样一段心理描写："我忽然觉得自己仿佛就是一朵荷花……"作者陶醉于荷花美景之中，把自己也想象成"一朵荷花"。此时，为了让学生感受荷花之美，培养学生的创新能力，教师设计趣味性作业、如果你就是一池荷花中最美丽的一朵，你会和身边的蝴蝶、蜜蜂说什么？你会怎么做呢？这样开放性的引导激发了学生的兴趣，不仅点燃了学生写作的欲望，还为学生开辟了创新空间，学生的想象力发挥得淋漓尽致。

阅读是小学语文学习中的基础板块，只有培养学生良好的阅读能力，才能为后期的写作和学生的课后实践提供更多依据，语文教师需要抓住阅读这一基础板块，坚持学生的中心地位，给予学生更多自由阅读和自主阅读的机会和空间，让学生在与文本进行交流、沟通的过程中产生更多的情感共鸣和收获。学生语文核心素养的培养对教师和学生都是一个较大的挑战，在开展教学实践过程，教师需要借此机会激发学生的学习兴趣，关注学生语文素养培养的实施条件，分析学生的阅读能力和阅读基础，让学生在自主阅读过程中学会利用所学习的理论知识实现高效阅读，掌握阅读技巧。另外，教师还需要注重课外阅读教学活动的开展，提高课外阅读教学质量和效率，给予学生更多阅读方向上的指导，鼓励学生自主阅读中外经典名著，如四大名著，这些名著是我国优秀古典文化、历史文化的浓缩和精髓所在，学生在自主阅读过程中能够接受优秀文化的心灵洗礼，进而意识到语文学习的乐趣和精髓，在知识的海洋中提升个人的核心素养，从而主动与教师进行交流，实现个人的良性成长。

语文的学习，是一个不断和生活联系的过程，教师可以倡导学生养成课外阅读的习惯。只有养成了课外阅读的习惯，才能够将学生与语文的学习连接起来。

具体来说，语文综合能力的提高注定离不开学生在课外的大量阅读。除了课堂学习语文外，学生还要在课下养成自主学习语文的习惯，毕竟学生的课余时间是相对富余的。小学生最好的自主学习语文途径莫过于养成课外大量阅读的习惯。中国有句古话，读书百遍其义自见。学生在大量的阅读后，他们的语文能力自然就提高了，而且学生的精神视野也得到了极大的拓宽，况且这和语文核心素养的教学理念也一脉相承，可见，教师在平时要引导学生养成课外阅读的好习惯。

七、培养学生的学习习惯

学习行为习惯的培养对学生的个性化成长和教学质量的提升意义重大。为了培养学生良好的语文核心素养，教师需要注重细节要素的解读，关注学生在语文学习过程中的真实状态。在教学实践中，有一部分小学生在语文学习时出现了一些错误行为，如个人的学习态度不够端正，课堂中极易出现开小差的现象，无法集中注意力与教师进行互动和沟通，学习质量和学习效率持续下降等。对此，教师需要以培养学生的学习行为习惯为目的，关注对学生的方向指导，坚持以人为本的教育教学理念，尽量避免简单直白的知识灌输，其中，课前预习行为习惯的培养尤为关键。语文知识的逻辑性比较明显，同时，不同知识之间的联系较为复杂，为了降低学生的理解难度，教师需要鼓励学生自主预习，让学生养成课前预习的行为习惯，只有这样才能够保障课堂教学效率和质量。比如，在学习古诗词时，许多学生感觉困难重重，再加上小学生的人生阅历不足，理解能力还有待提升，因此出现了许多消极应对情绪。为了培养学生良好的学习自信心，教师需要适当降低教学难度，采取播放视频、音频及展示图片的形式来调动学生的各种感官，保障学生在自主领悟和学习时产生更多的学习意愿和学习收获，进而实现个人核心素养的综合提升。

在我曾经任教的班里，有个学生的语文学习习惯比较差，作业基本不做，上课也不回答问题，但是也不惹事，问他就是"听不懂"或"学不会"。对于这样的学生，他更多是一个学习态度与学习能力问题。于是，我引导他一步步开始，从坚持完成简单的作业入手，然后在课堂上偶尔回答一个简单问题，初步建立信心，然后教他养成预习习惯，不需要花很多时间，就是花十几分钟提前读一下课文，了解一下文章的基本意思。就这样，一步步促进其学习习惯养成，慢慢地他就感觉语文学起来很轻松，而且由于提前预习，能够回答出别人回答不出的问题，他产生了一种学习成就感，语文成绩有了很大的提升。

八、开展实践活动，提高学生的综合能力

基于小学语文学科的核心素养理念，对学生语文能力的培养，不能够仅依赖课堂教学。因为课堂的时间毕竟是有限的，利用有限的时间培养学生的语文综合能力，显然是不尽如人意的。教师可利用每周的活动课开展语文实践活动，通过丰富多彩的语文活动，提高学生的语文综合能力。

例如，在学习完《只有一个地球》后，教师可以组织学生进行演讲教学实践活动，本次演讲的主题就是保护环境，面对日益恶化的地球环境，你们有机会面见本市的市长，故你们需要准备一篇关于保护环境的演讲稿，以此打动市长。根据教师创建的活动情境和学生具有的学习《只有一个地球》课文的感性认知，相信本次教学活动将提高学生撰写演讲稿的质量和锻炼他们讲话的胆量，培养了学生的语文核心素养，提升了学生的语文综合能力。

第三节　小学语文教学中的文化传承

文化传承是小学语文文化育人的追求，小学语文教学中应渗透传统文化、本土文化，更好地引导学生成长，为他们未来幸福成长奠定基础。

一、语文教学中传统文化传承

（一）在文字教学中渗透文化传承

语言文字是人类文化传承的重要载体，中国文化博大精深，语言文字文化更是其中的瑰宝，是中国传统文化的重要部分。统编版小学语文教材对语言文字的展示也做得淋漓尽致，能够满足小学生的接受能力。

从文字和语言两个方面表现。文字包括象形字、形声字、会意字。象形字是古人根据实物本身的形状演化过来的文字，是现代汉字的起源，也是中国传统文化的体现。在《日月水火》一课中，将需要学习的八个汉字搭配象形字的图片，帮助学生识别，利用甲骨文上的象形字引发学生的兴趣，使学生了解我国文字的起源，文字的发展历程；形声字是由两个文或字复合成体，多数是带有偏旁部首的文字，这也是我们生活中最为常见的文字。统编版语文教材对学生文字的认识相当注重。在语文园地中，其中一个栏目展示八个形声字，让学生可以明白形声字的构成，教师可以根据情况对文字进行拆分，讲解其中的含义，使学生能够更加容易接受；会意字是指用两个及两个以上的独体汉字，根据各自的含义所组合成的一个新汉字。会意字的组字方法在于利用两个或两个以上的形体合成，表达它的抽象意义。例如，双木成林、三木成森。由合体的几个汉字创造出新的含义。统编版教材当中包含很多中国汉语言文化。中国汉语言文化也是中国传统文化的一大特色，形式多种多样，包括童谣、成语、古诗词等，这些形式无不体现了中华传统文化的博大精深，为学生学习中国传统文化打下良好的基础。

（二）借助童谣、古诗词渗透文化传承

童谣由来已久，这种文体形式主要是为了给年纪较小的孩童阅读，其篇幅短小，朗朗上口，内容通俗易懂，传唱广泛。统编版教材收录一些脍炙人口的童谣，极大地吸引了学生的兴趣，使学生在快乐学习过程中收获知识。语文园地中的《春节童谣》，利用轻松的语言对春节的传统风俗进行了简单的描述，读起来朗朗上口，适合亲子之间的阅读。古诗词是中国传统文化最有魅力的瑰宝，是无数古人集体智慧的结晶，通过古诗我们可以了解古代当时的景象，了解诗人的心情。古诗词的出现极其久远，在唐代古诗发展到顶峰，词产生在初盛唐，在宋代发展到顶峰。

统编版小学语文教材收录的古诗词较丰富。每首古诗词的选择都是根据学生的理解能力合理搭配，让不同年龄段的学生能够理解诗词的内容。如在《江雪》一诗中，短短几句诗，就把冬季雪后的凄美景象表现得极为生动，万物空灵。让学生读后，可以身临其境，感受到冬雪过后的寒冷和幽静。教师引导学生结合古诗学习，让学生明白其中的意境，感受诗人当时想要抒发的思想感情。

（三）通过成语教学渗透文化传承

成语是词语的重要组成部分，是中华传统文化的一大瑰宝。成语可以通过简单的几个字表达出复杂的意思，其形式也是多种多样的，有三字、四字、五字、七字等。其中，以四字占大多数。学好成语，不但可以提升学生的阅读能力，也可以锻炼学生的写作能力，提升学生的文化素质。在统编版教材当中存在很多成语的训练。学生在学习课文时，可以根据其所处语境来理解成语的真正含义，学习成语的用法，经过教师的点拨，学生能够更快地掌握成语的用法。

其中，不少的成语包含了一个又一个典故，如揠苗助长、掩耳盗铃，通过一个又一个小故事，让学生更加容易接受、明白其中的深刻含义。经过不断总结和课后练习，让学生能够更快地积累，做到知其意，用其道。

二、小学语文教学中本土文化传承

本土文化对小学语文教学具有重要意义。学生可以在教师的帮助下深刻理解当地文化的内涵，有效提高学生的学习积极性，同时使学生的学习更具

文化意义，使汉语学习更具实用意义。教师充分利用当地文化，不仅对促进中国优秀文化发挥了重要作用，而且有助于学生进一步增强他们的认同感和归属感，使其在小学语文教学中更加活跃。

（一）针对教材内容，进行及时、有效的拓展

当代学生一定要认识到中华文化厚重、丰富的精神内涵，有效吸收我国优秀的民族文化智慧。学生要做到关心当代文化生活，尊重历史文化所呈现出来的多样性，充分吸取人类优秀文化的丰富养分。新课程改革政策提出后，在进行教材编制的过程中，不仅更加注重人文精神，而且将传统文化的教育教学放到了相当重要的位置。在教学过程中，需要教师根据教学任务对相关知识点进行讲解和指导，并且将课堂内容最大限度地实现课外拓展。

在对小学低年级进行教育时，小学语文教师要引导小学生多听、多看、多感受；到三、四级时，就要教育学生学会充分表达自身的想法，并与其他人进行高效的沟通、交流；高年级的语文教育则要求学生富有创造性和批判性的思想，进行组织和表达。小学生在逐步深入学习的过程中，除了具备了与他人交流、沟通的能力，提高了收集信息，记录信息，处理信息的能力以外，同时还有效地锻炼了把握知识、体悟思想的基本学习能力。比如，讲解关于谚语的内容时，教师可以为学生布置收集谚语的课后作业，至于范围可以稍微宽泛一些，可以是关于农业的，也可以是有关做人道理的，等等，通过这样的课后实践，小学生不仅充分复习了课堂知识，而且在很大程度上拓宽了课外知识。

（二）因地制宜开发校本课程

对于小学生来说，在语文教学课堂上，教师所教授的知识通常情况下都类属于"通识知识"，只有学生自己深入知识获得真实的体验，并且产生深刻的理解和感悟，才在真正意义上成为学生的"个人知识"。"个人知识"的深度与广度、质量与结构，对学生正确思想的形成具有重要影响。为了充分适应快速发展的社会，小学语文教育一定要为小学生建立全新的教学方式。综合实践活动的主要内容要从小学生的兴趣点出发，并与小学生的实际生活进行有机结合。

另外，小学语文教师还要引导小学生探究那些具有地域特色，符合小学生实际学习能力，适合小学生开展探究的话题，最好是在生活中经常遇见、容易被忽视却具有教育性的事物或现象。比如，将身边的各种现象或者问题作为活动主题，充分尊重学生的个性化差异，鼓励学生以自身特长作为活动主题。与此同时，教师还要引导小学生自主查找相关学习资料，对活动主题进行良好的修改和完善。小学语文教师可以将学生分成若干学习讨论小组，学生根据自己的实际意愿组成活动小组，在充分讨论的基础上，再民主决定小组活动的主题。在学生自报研究主题环节，要以内容详尽的主题作为小组的讨论主题。另外，教师还可组织主题论证会，小组内进行具体分工，让每个成员都进行具体的发言。在开展活动过程中，能够较好地完成预期的教学任务，使小学生的思维更加活跃，真正实现了积极动脑思考，高质量地完成了主题的选择、计划的制订等教学环节。这种方式改变了传统单一的维持性学习方式，充分调动了小学生参与活动的积极性和探索本土文化的愿望。

（三）与时俱进拓展文化内涵

教师应该充分结合生活实际，引导学生认真钻研村风、民俗，深入历史事件，体会独特的本土文化氛围，最大限度地突出教学资源的整合性。另外，各级电台、电视台、报刊等媒体也要结合当地的主要特点和重要民俗节日，开设富有特色的专题性栏目。小学语文教师还可以以此为主要教育切入点，引导学生了解当地本土文化。对传统文化的理解运用，可以更好地贴近学生的思想实际，把握思想教育切入点，用略带夸张的本土文化形象，给学生以深刻的教育。

（四）立足课堂，在教学中渗透本土文化

课堂是学生学习的主要方式。传统小学语文课堂教学中，学生的学习内容往往与生活环境分离，这个缺点直接影响了学生对语言学习的兴趣。因此，必须改变课程的知识结构，缩小学生与生活的距离，根据当地情况建立小学语文课堂，注重当地的本土文化，有机融入课堂教学。例如，培养学生的口语交际能力是小学语文教学的一个重要目标，这也是学生必须具备的语文能力之一，从学生对本土文化的熟悉感和亲切感入手，引导学生观察生活，是让学生想要说、愿意说的一个很好的切入点。

在《口语交际：我来当导游》的教学设计中，教师可设计"家乡解说员"主题，重要的是让学生根据课前搜集的关于家乡的风味特产、地理环境、风土人情、节日风俗等来介绍一下自己家乡所独有的本土风情，因为这

些都是学生亲耳所闻、亲身所感的，所以可以很快、很好地保存在学生的头脑中，在搜集整理这些内容时也能调动学生的参与热情，并且在交流过程中也可以让学生更加乐意去说。但如果学生在说的过程中感觉有困难，可以先指导学生写出一段或是一篇解说词，然后让学生先进行朗读，如此，既能培养学生读的能力，又能锻炼学生写的能力，更能让学生在互相交流中加深对家乡本土文化的了解，激发学生对家乡的热爱之情。

（五）明确本土文化特点，改变教学模式

新课标明确指出："语文课程资源包括课堂教学资源和课外学习资源。"每个地区都有自己独特的风俗，教师必须善于挖掘这些资源，利用这些资源对学生开展语文教学，促使学生语文综合能力的不断提升。

教师明确本土文化资源的有效作用，对我们弘扬地区优秀文化也有着重要的推动作用，学生是文化继承和发展的接班人，教师重视对学生本土文化的教学，可以让学生从小养成关注传统优秀文化的习惯，并且在未来实践中不断贯彻执行。语文教学不应当局限在对语言的传授，应该更多地关注对学生的文化传承及实践应用的培养。通过这种教学方式，改变传统应试教育的禁锢，解放学生的思想，让学生的文化底蕴更加浓厚，从而促使学生能够增强对本地区和本国文化的认知。

（六）应用本土文化素材，转变教学观念

小学语文教师应及时更新教学观念，有效地将本土文化和中国理论知识融入教学实践。教师应充分认识到本土文化教学的有效性，本土文化不仅可以有效提高学生的写作能力，还可以调动学生参与实践和互动的积极性。

利用当地文化进行教学可以帮助学生塑造良好的人文情怀，比如在教授古诗词《回乡偶书二首》时，学生对于"少小离家老大回"一句的理解可以利用本土文化，帮助学生加深理解，对家的归属感和对故乡的思念都贯穿在诗的始终，学生通过自身对家的认同感，从而产生对作者创作意图的深刻理解，有助于学生提升学习质量。另外，在学生写作过程中，教师利用本土文化为学生布置写作素材，让学生能够从生活中取材，这样创作出的作文也更加贴合实际。

（七）丰富写作素材，融本土文化于写作中

民间本土文化历来是书面语言重获生机的活水之源，可以说本土是文化的精神故乡。在当地文化中，学生拥有最熟悉和亲密的氛围，它深受学生喜爱，尤其是学生的丰富性。当地材料是小学生写作生活的绝佳素材。在本土文化作文教学中，应引导学生做生活的有心人，在自然风光中，在家庭、社会、学校的生活中成为积累素材的有心人，走进本土生活，不断丰富自身的素材库。

广东深圳地区有丰富的人文资源和众多文物景观。应带领学生体验本土生活，尽可能地拓展学生的生活空间，让学生接触自然，深入社会，丰富学生的感性经验，让学生在平凡中发现不平凡，在平淡中寻找新奇，让学生能够有事可写，有感可发，如此写出的文章也更灵动。

总而言之，本土文化是传统文化的重要组成部分，它内容丰富，包罗万象，作为人文教育的重要阵地，语文学科如果能够及时、适当地渗透地方文化，将丰富教学内容，优化教学结构，提高教学兴趣，拓宽学生视野，激活学生的情绪和触动学生的生活。在具体的组合过程中，有必要整合思想教育和扩大教学，使小学生体验到深刻的语文学习。在小学语文教育教学过程中，一定要充分渗透本土文化的相关教育，这不仅是为了顺应时代发展的需要，更是唤醒和提升学生本土人文情怀的紧迫要求。对学生进行本土文化的教育，可以有效地弥补小学语文教材中的不足和缺陷，将一些抽象的知识变得更加具体、直接。其中，最重要的就是本土文化教育可以帮助学生找到实际生活与教材内容相近的地方，有效激发小学生学习语文的兴趣和积极性，加强小学生语文学习能力的同时培养了小学生的人文素养。

第四节 "双减"政策下的小学语文教学

"双减"政策下，小学语文教学出现了新的要求，为了提高语文教学质量，也为了更好地培养小学生语文核心素养，因此，需要结合"双减"政策的要求，推动小学语文阅读、习作等方面教学的开展，真正为学生的幸福成长奠基。

一、"双减"政策背景下的小学语文阅读教学

"双减"政策提出后，小学生课后作业负担显然减轻了。随着新课程教学改革的深入，小学语文教学对于阅读越发重视，对小学不同年级的学生的阅读能力提出了更高的要求，而且还规定了他们应该达到的课外阅读量。作为小学语文教师，应在落实"双减"要求的前提下积极开展阅读教学，引导学生爱上阅读，提高阅读技巧，并养成阅读习惯。

（一）兴趣激发，让学生爱上阅读

兴趣是学习的内驱力，只有当一个学生爱上阅读，才会愿意主动阅读。在当前小学语文教学中，部分学生的阅读兴趣并不高，他们除了在课堂上会跟着教师阅读课文之外，课余时间基本上不会阅读。之所以出现此种情况，是由于小学生年龄尚小，他们既没有意识到阅读的重要性，同时也没有体验到阅读乐趣。在他们看来，快乐的游戏远比阅读更有吸引力。语文教师要想办法激发他们的阅读兴趣，让他们从内心深处爱上阅读。

教材的文章虽然是精选的，但是由于文学性比较强，加上还有各类思考、作业等，学生对于课文的阅读兴趣通常不高。在小学生阅读中，教师要了解学生的阅读兴趣，挑选他们感兴趣的故事书。低年级小朋友更喜欢带有绘本特点的故事书，教师就可以挑选一些符合他们年龄的绘本，让他们阅读；中、高年级学生的兴趣会更广泛，有的学生喜欢童话书和科幻书，有的学生喜欢漫画书，还有的学生喜欢看小说。只要学生在阅读且阅读内容不存在不适合小学生的情况，教师应给学生更多自由，让他们自由阅读。例如，学生学习了教材中的《乌鸦喝水》《揠苗助长》《狐假虎威》《叶公好龙》等寓言故事之后，觉得寓言故事不仅有趣，而且有一定的智慧，于是想要了解更多的寓言故事。面对学生这样的主动求上进的情况，教师则可为其精心挑选中外寓言故事书，鼓励阅读，然后将寓言故事讲给同学们听，教师甚至可以在课堂上寻找合适的机会提问，给予学生表现的机会，如此学生会体验到成就感，更愿意阅读。

教师还可以创建阅读氛围，在教室里设置图书角，并组织阅读活动。每学期评选出读书最多的学生，读书之后写读书笔记最好的学生，设置多个奖

项，奖品是教师签名的书或文具，通过此种方式激励学生主动阅读。培养学生的阅读兴趣需要一个过程，切忌操之过急，要采用逐步引导的方式，让学生慢慢发现阅读中的乐趣，体验阅读的美好与成就感，从而真正在内心深处愿意阅读。

（二）技巧传授，让学生学会阅读

阅读是有技巧的，有的人从阅读中所获颇多，有的人阅读之后则感觉什么都没有学到，造成两者差异的原因就在于阅读技巧。在小学语文要素中，就已经教授了一些阅读技巧，如小学四年级上册第六单元的语文要素为"学习用批注的方法阅读"，这就是一种很实用的阅读技巧方法，引导学生在阅读过程中将重点标注出来，并写出自己在阅读过程中的思考。此外，小学语文阅读中还有其他阅读方法技巧，需要教师整理并教给学生。

如部分小学生总是感觉习作困难，感觉到自身习作素材很少，提笔之后却不知道该写什么，以及如何去写。面对此种情况，语文教师即可教他们读写结合，在阅读过程中去有意识地琢磨作者为何这样写，然后在自己的本子上进行模仿写作。不要在意写得多或写得少，有时看见一个经典的、有意思的句子，也可以进行模仿写作。例如，在阅读了《琥珀》一文开头之后，一个学生想起来自己听到的民间故事，于是也仿照写作"这个故事发生在很久很久之前，大约算起来，得有几千年了"，虽然只是简单的模仿写作，但是随着次数的增加，学生遣词造句方面的能力就会得到显著提高，从而通过阅读促进了习作能力的提升。反之，学生在模仿写作的过程中，将会感受到文章作者的创作体验，从而对理解文章内容也有一定帮助。由此可见，读写结合不仅让学生学会了阅读，也帮助他们提高了习作能力。有的小学生喜欢摘抄书中的成语、经典名句或段落，这都是很好的阅读技巧，教师应持鼓励态度。还有小学生掌握了一个阅读技巧，即在阅读之前先看课后的问题，然后带着问题去阅读。由于问题是编者精心设计的，基本上会涉及文章核心主题，因此这种阅读方法效果也非常不错。

小学语文鼓励学生自主阅读，要想自主阅读效果好，掌握阅读技巧方法是必须的。小学生年龄小，他们自己琢磨阅读方法有一定难度，因此小学语文教师在课堂上应有意识地教给学生阅读技巧，让他们真正学会阅读，提高阅读质量，通过阅读提升语文核心素养。

（三）习惯养成，让学生主动阅读

让学生养成阅读习惯并不容易，这需要较长的时间，而且需要一定的引导技巧。学生的阅读习惯一旦养成，则他们将受益终身。从语文教学角度来讲，学生养成了阅读习惯之后，教师只需要定期给他们推荐书目即可，学生会主动开展阅读活动，并能够从阅读中获取知识。培养学生的阅读习惯是所有语文老师的共同心愿，需要认真寻找技巧。

在培养学生阅读习惯时要循序渐进，小学生阅读时最怕出现倦怠情绪，一旦强迫学生阅读，他们就会反感，甚至出现叛逆心理，敷衍了事。只有学生真心沉浸阅读，才能够真正培养良好的阅读习惯。教师可以每天要求学生阅读20~25分钟，阅读完之后把阅读故事讲出来，讲故事不做强制要求，但是讲得好的学生可以得到免除一次语文作业的奖励。在培养学生阅读习惯的过程中，需要做好家校协同。"双减"背景下的阅读学习，大部分都会发生在课外，教师自然无法通过作业来引导学生课外阅读，因此需要家长在家庭中构建一个良好的阅读氛围环境。父母是孩子的榜样，若家长自己玩手机而要求孩子阅读，则孩子通常不会心甘情愿进行阅读。父母应做好示范，每天规定一个时间，如将饭后的7点半到8点之间设置为家庭阅读时间，这个时间短，家庭成员不得玩游戏，也不需要做家务，全都用来阅读，或者进行阅读交流讨论。只需要坚持几个月，学生的阅读习惯就会培养出来。

培养学生的阅读习惯贵在坚持，小学生年龄小，他们尚不明白坚持的意义，教师和家长则要通过各种方式引导学生坚持阅读，只要坚持几个月，学生的阅读习惯一旦养成，接下来的阅读学习就会变成一种自觉行为，孩子们就会利用空余时间主动阅读。

阅读教学是语文教学的基础内容，通过阅读可以提升学生的语文学科核心素养。在"双减"背景下，首先，要激活学生的阅读兴趣，让他们爱上阅读，愿意阅读；其次，要教给学生一定的阅读方法技巧，让他们会阅读，并从阅读中获得更多知识技能；最后，要培养学生的阅读习惯，让阅读成为一种自觉主动行为，使其受益终身。提高阅读质量，是小学语文阅读教学的追求。在"双减"背景下，小学语文教学应重视学生阅读能力的提升，不仅要让学生爱上阅读，更要教给他们阅读的技巧和培养他们的阅读习惯。

二、基于学习任务群推动群文阅读

阅读能力是语文基本能力之一，群文阅读对于小学生阅读能力的提升有显著作用。在学习任务群的推动下，应细化学习任务群目标，基于目标引领群文阅读活动的开展；基于学习任务群整合单元内容，以群文阅读促进思维能力的发展；通过学习任务群促进学生自主学习能力的提升。群文阅读通过一系列阅读学习任务群活动设计，让阅读更有趣味，更有质量，更能实现核心素养培养。"双减"背景下的小学语文教学中，学习任务群基于语文学科核心素养培养要求，合理对课程内容进行重构，以内容、情境、方法等方面教学要求构建一系列任务。在学习任务中，"实用性阅读"属于发展性学习任务群，"整本书阅读"属于拓展型学习任务群，两者之间有互相促进的关联作用，群文阅读与两者也有联系。为了更好地培养学生的语文阅读能力，基于学习任务群方式推动小学生群文阅读发展是一种可行路径，具体方法如下：

（一）细化学习任务群目标，基于目标引领群文阅读活动的开展

学习任务群和群文阅读都是一种较新的教学方法，其目的在于引导学生形成良好的语文学习习惯，促进学生语文学科核心素养发展。小学生由于学习习惯与自律性等方面因素的影响，大部分学生并没有很好地习惯群文阅读方式，因此需要教师通过学习任务群方式予以引导。在此情况下，教师需要细化学习任务群目标，让每个任务都对应一个具体的学习目标。首先，为了激发学生的群文阅读兴趣，教师可以利用技术手段创设真实的教学场景，激发学生小学语文阅读好奇心，满足小学生的语文表达欲望。在情境创设中，教师积极利用现代化教学手段，利用互联网、多媒体技术提升教学资源整合的质量，实现阅读内容与真实场景相结合，增加小学语文阅读趣味性。其次，在群文阅读中渗透语文素养，让学生的核心素养呈现上升的趋势。

在小学语文四年级上册第四单元，这一单元主要是由《盘古开天地》《女娲补天》《精卫填海》三篇中国神话故事和《普罗米修斯》一篇欧洲神话故事构成，而该单元的语文要素为"让学生了解故事的起因、经过和结果"和"想象力培养"。小学生喜欢故事，但是他们阅读故事时通常更多的是关注情节与趣味性，很少关注故事的整体发展脉络。因此，教师可以通过信息技术手段收集相关故事视频，组织学生进行观看，更加直观地感受故事

内容，了解故事主线，提升学生的学习兴趣。学生看完视频后，就需要对故事进行复述，能把主要故事脉络说清楚。同时，为了培养学生的想象力，教师在阅读中结合故事相关视频和图片设置教学情境，引导学生置身在神话故事内容中去想象，进而强化学生对故事人物情感主线的理解。此外，教师还可以深化神话故事教学，开展神话故事角色扮演，提升学生的参与兴趣。在角色扮演中，教师要抓准教育时机，在扮演同一任务不同情感场景时，采用对比分析的手段，感受神话故事内容的特点，促进学生想象力的发挥。

（二）整合单元学习任务群内容，基于思维能力发展促进群文阅读

在阅读中培养学生的思维能力是当前语文教学的重点。学生通过群文阅读，能够思考不同文章之间的关联，从而找到一些事物的本质。群文阅读一般是基于同一个主题开展一系列文章的阅读，从不同角度来了解一件事或一个任务的整体。在语文教材中，单元通常都会有一个主题，因此在单元教学中，教师应引导学生掌握不同形式阅读课文内容，提升学习任务群与课文内容的联系，进而提升学生思维能力，提升语文群文阅读效果。

鲁迅是中国近现代文学史上的一座丰碑，中小学生学习语文必然接触到鲁迅的文章，然而小学生对于鲁迅的了解是片面的，为了更好地引导学生立体地、多维度了解鲁迅先生，六年级上册第八单元安排了四篇与鲁迅先生有关的文章，其中《少年闰土》《好的故事》是鲁迅先生自己写的作品，《我的伯父鲁迅先生》则是从亲人的角度展示鲁迅先生，而《有的人——纪念鲁迅有感》则是当时社会文学家对鲁迅先生的一种认知与赞美。通过学习任务群设计方式，采用小学语文群文阅读为重要手段，从多个方面阅读来丰富学生对鲁迅先生性格人物特点等内容的了解。在学习任务群教学中，教师利用信息技术收集鲁迅先生的相关资料，如《故乡》《新青年》等文章内容，在此基础上分析了解《有的人——纪念鲁迅有感》文章的写作背景，强化学生对文章的理解，降低群文阅读的难度，在阅读中培养学生小学语文学习的兴趣。教师积极发挥出引导者的作用，强化对阅读课文内容的分析，从不同角度和维度体会文章中鲁迅先生的性格特点，让学生真正了解鲁迅先生的性格与品质。

（三）基于学习任务群开展群文阅读，促进学生自主学习能力发展

学生自主学习能力对学生成长尤为重要，学习任务群的设计，目的之一就是为了通过一系列学习任务的开展,让学生一步步习惯通过学习任务来提高自主学习能力。小学生由于知识基础与认知结构等方面问题,在自主学习方面缺乏足够的经验,因此需要教师的引导。在小学语文群文阅读教学中,基于学习任务群引导学生自主学习能力发展是可行的。学生在群文阅读过程中将会掌握阅读技巧,同时也会形成主动思考的习惯。

小学四年级上册第七单元的人文主题是"天下兴亡,匹夫有责",实际上是培养学生的社会责任感与爱国主义精神。该单元由古诗三首,以及《为中华之崛起而读书》《梅兰芳蓄须》《延安,我把你追寻》三篇现代文构成。该单元的群文阅读内容主要是以任务故事为主线,要求学生以任务为主线,掌握文章的主要内容。利用学习任务群开展实际教学,以群文阅读的方式完成整体单元的教学目标,以阅读文章中的任务为主体,串联起不同人物的时间,掌握阅读材料的大致内容。以《梅兰芳蓄须》为例,教师事先提出问题:"梅兰芳为什么要蓄须?""梅兰芳蓄须体现了什么精神?"等,学生通过自己查资料,以及互相讨论分析等形式解决问题,教师及时进行总结,实现群文阅读教学课堂的升华。在学习任务群教学结束后,教师及时进行总结分享,分析语文阅读的主要教学手段,培养学生的阅读习惯,提升自主学习的效果。自主学习能力培养对学生成长尤为重要,群文阅读教学模式下,设计阅读学习任务群可让学生自主阅读,寻找答案,探索未知,从而使学生的自主学习能力得到发展。

在小学语文群文阅读教学中,通过学习任务群的设计,既可以提升小学语文阅读教学质量,又能促进学生思维能力与自主学习能力发展,更有助于学生核心素养的培养,落实了新课标要求。

三、"双减"政策下的习作作业设计

小学语文习作教学中,学生写作意愿不高,写作能力不强等现实问题较为突出。在"双减"背景下,小学语文习作作业设计应致力于学生习作能力的培养。首先,要重视课外阅读,让学生在阅读中积累素材,同时学习习作技巧;其次,要培养学生观察能力,让学生有细节可写;最后,要训练学生习作技巧,让学生能用自己的语言表达自己的想法,写出观察的事物。通过合理的作业设计,学生习作能力将会得到良好发展。"双减"政策要求下,

作业设计数量显著减少。小学语文教学中，要求教师设计质量更好且契合"双减"要求的作业。习作是不少小学生感到比较难的学习领域，因此，需要语文教师合理设计习作作业，促进小学生习作能力发展。

（一）基于课外阅读设计习作作业

阅读和习作是相互联系的语文教学活动，读写融合被视为提升习作能力的有效路径。不少小学生之所以感觉到习作困难，原因之一就在于平时很少阅读，因此在遣词造句和行文布局方面缺乏经验，也没有习作素材。提起笔来，想要写点内容却不知道从何入手。通过阅读，可让学生了解更多创作方式，书中的故事案例，名言警句，以及优美描写段落等，都将成为学生的习作养分。

"双减"背景下，小学生课后有很多自由支配的时间。"双减"政策要求减轻学生的作业负担，其目的是让学生快乐成长。小学语文教师可引导学生去主动阅读各种课外读物，在给学生推荐课外读物时既要注重文学性与趣味性，又要考虑学生喜好。例如，某个学生喜欢鲁迅先生的作品，认为鲁迅先生的作品在文字方面有一种酷酷的感觉，教师就可以推荐给他鲁迅先生一些文章，甚至鼓励学生模仿鲁迅先生的写法。鲁迅先生写树，"一棵是枣树，还有一棵也是枣树"，通过这种看似简单重复的表达描写方式，迅速抓住了读者。学生在习作中可以进行模仿，如形容一个人特别喜欢吃苹果，就可以写："平时他手里拿着两个水果，一个是苹果，另一个也是苹果。"教师只需要激活学生的阅读兴趣，鼓励学生广泛进行阅读，在阅读过程中，学生自然会去思考探索书中的字词句篇，久而久之就会积累极为丰富的素材，习作起来也更加得心应手。为了让学生更好地阅读，教师可以设置一些阅读奖励措施，如教师推荐十本适合学生阅读的书，哪个学生阅读完了并能够复述讲出来，或者写一篇读后感并得到大家的认可，教师就给他奖励一个"阅读之星"的称号，并送给学生一本该书的签名版，写上教师评语与期望。

在阅读中习作是提高习作能力的最有效方式，当小学生开始爱上阅读，他们的习作能力也会很快提升。

（二）基于现实观察设计习作作业

习作最丰富、最多元的素材来自哪里？当然是生活。小学生之所以习作时感到无话可写，就在于他们平时没有认真观察生活。观察生活是一种能力，不少日常生活中司空见惯的现象，认真观察之下，就会发现其特色的一面。当小学生有了观察体验，产生了观察感悟，在习作时就有话可说，而且表达出来会有很多细节。

观察是人类的一种本能，小学生实际上也具有这种本能，然而细致观察能力则需要针对性的培养。作文课上，教师问学生："请大家描述一片树叶，主要从形状和颜色方面进行描述。"学生的描述几乎千篇一律，要么是绿色的树叶，要么是圆圆或椭圆的树叶，说明他们平时根本没有认真观察树叶。面对此种情况，教师拿出提前准备的树叶，让学生观察之后再进行描述。学生认真观察之后就会发现：原来树叶的颜色是如此丰富，有绿色、黄色、红色等，且同样是绿色，有的是嫩绿色，有的是墨绿色，还有的绿中带点白。树叶的形状也很多，有长条形的，有手掌样的，还有桃形的。学生在观察之后，就会发现原来世界的细节是如此不同。在观察树叶过程中，有的学生还会去看树叶的脉络，感觉树叶脉络呈现出一定规律，非常漂亮。学生了解了观察对于习作的意义之后，语文教师就可以布置一个观察作业，为下一次作文提前做预备。教师："同学们，你们回去观察一下小动物，任何一种小动物都可以，小鸡、小鸭、小狗，或者仓鼠、金鱼等？你们观察它们的外形、动作以及生活习性等，因为下一次我们的习作题目就是'我的动物朋友'。"由于提前安排了观察作业，习作质量有了明显提高。

引导学生养成观察习惯，让他们去观察生活，观察自然，了解更多细节然后在习作中表达出来，如此，习作能力水平会得到显著改善。

（三）基于技巧训练设计习作作业

习作是有技巧的，小学生年龄尚小，他们习作要表露更多童真童趣，用儿童视角去表达生活，如此会让习作具有一种生命力。教师在习作作业设计中应注重技巧训练，此种技巧训练不是要让学生学习习作套路，而是要引导他们形成一种合理的习作思维，合理恰当地将所看到的、所想到的用技巧性的语言表达出来，从而形成一篇优质的习作作品。

记录一件事情是小学语文习作中的常见题材，同时会增加一些限定词语，如"记一件难忘的事""记一件快乐的事"等。小学生自然是有属于自己的喜怒哀乐，但是他们不知道该如何表达，即便表达出来也是相对干巴巴。教师可采用引导方式来让学生先把事情说出来，然后一点点对所记录的事情进行描述，完善细节，如此习作质量就上去了。如"记一件快乐的事情"，教师要引导学生思考如下几个问题：第一，这件事是什么？引导学生对事件内容做一个大概的描述。第二，为什么这件事很快乐？说出原因。第三，当时快乐的表现和感受是什么？是哈哈大笑，还是暗自高兴。第四，这件事的开始、经过和结果是什么？引导他们对事件进行完整描述。第五，这件事让你快乐，你今天还有什么想法，有什么话想要和那个时候的你说？等等。通过一系列问题的引导，学生就会意识到原来一件事说清楚并不容易，于是他们先回答问题，通过口头描述的方式对事件尽量复盘，然后再去下笔写，自然可以达到比较好的习作效果。

技巧训练作业设计类型很多，教师可根据实际教学情况灵活使用，目的是让学生会写，能够用文字恰如其分地表达出内心深处的感受。

在小学语文习作教学中，学生通常不愿写、不会写，若教师没有合理的策略引导，则学生的习作能力难以发展。作为小学语文教师，在深刻领悟"双减"政策要求与精神的前提下，认真设计小学语文习作作业，丰富学生的习作素材，提高学生的习作技巧，让他们乐于写且会写，从而推动整个语文习作教学质量提升。

四、"双减"政策下文学阅读与创意表达教学

文学阅读与创意表达属于语文教学发展性学习任务，也是小学语文阅读教学、口语训练，以及习作系列的重要内容。小学语文教学中，学生文学阅读量偏少且不够深入，创意表达能力不强，且文学表达与创意表达之间的关联不够紧密。基于此，应基于阅读习作融合的理念，让学生广泛阅读文学作品中去领悟习作技巧，同时在习作过程中反思阅读所得，让学生的阅读能力和习作能力得到同步提升。"双减"政策下的小学语文教学中，文学阅读与创意表达属于发展型学习任务群，目的是培养学生的语言建构和审美鉴赏核心素养，并提高创造性思维。文学阅读与创意表达两者之间存在密切联系，通过广泛文学阅读可提高小学生的创意表达能力。

（一）小学语文教学中文学阅读与创意表达的现状与不足

文学阅读属于信息输入，目的是丰富学生体验与认知；创意表达则属于信息输出，目的是让学生将思考所得用合理方式表达出来。

1. 文学阅读量偏少且阅读体验不够深入

阅读量偏少是小学语文学习的一个明显不足，一方面是由于小学生对阅读兴趣不浓，没有养成良好的阅读习惯，因此他们的语文阅读很多时候都局限于教材课文，或扩展到小学语文"快乐读书吧"推荐书目，较少进行大量课外阅读。另一方面则是社会和家庭缺乏阅读氛围，自然也会影响小学生的阅读活动开展，不少家长自己基本上不阅读，因此，小学生在家里也不会进行课外阅读。此外，由于小学生缺乏阅读技巧与方法，在阅读时很难真正深入，不仅难以真正感受到作品的美与内涵，而且难以从阅读中获取更多知识，因此阅读体验不太好，也没有感受到阅读的价值。

2. 创意表达能力相对比较欠缺

进入小学阶段，小学生的基础表达能力有所进步，能将一件事情说清楚，也可以描述一些具体事物。然而，要想让学生更有艺术性和创造性地描述一些事物，不管是采用口头表达方式还是习作表达方式，不少学生会觉得比较困难。例如：在口头表达中，学生表达经常会出现信息零散、逻辑混乱等问题；在习作表达中，学生也可能会出现流水账，或离题跑偏的情况。《义务教育语文课程标准（2022年版）》要求学生："观察、感受自然与社会，表达自己独特的体验与思考，尝试创作文学作品。"可见，不仅学生要会观察、感受和思考，而且要能将这种观察用合适方式表达出来。

3. 文学阅读和创意表达之间联系不够紧密

文学阅读和创意表达之间是密切互动的，学生在阅读中欣赏文学作品的文字之美，感受字里行间表达出来的意境之美与文化之美，接受美的熏陶，提升审美品位。阅读过程中，学生还将学习和感悟笔者文字表达技巧，同样一件事物，为什么从作者笔下表现出来就会具有画面感，从而产生文化艺术感染力。当学生开始这样思考之后，就可为创意表达打下基础。然而，在现实中，很多学生虽然也会进行文学阅读，但是阅读之后却感觉什么都没有学到，因此也就没有形成两者之间的良好互动。

（二）推动文学阅读与创意表达教学发展的具体路径

小学语文教学中，文学阅读与创意表达都属于发展性学习任务群范畴，且与核心素养有着密切关联，因此可从阅读、口语、习作等活动融合发展等路径来推动学生的文学阅读习惯养成，提高创意表达能力。

1. 培养学生良好的文学阅读习惯

文学阅读是语文教学基础内容，文学作品是语文教材基本组成材料，新课标对文学阅读提出了更高要求。文学阅读中，学生的人文精神与思维品质将得到发展，同时也会了解更多文学作品创作特点。小学生的文学阅读量在很大程度上影响其文学理解能力，阅读量越大，则学生累积素材会更多，从而在创意表达方面的能力也会更强。

小学语文教材中选编了不少老舍先生的作品，如描写地方民俗的《北京的春节》，描写动物的《猫》和《母鸡》，描写景观情感的《草原》，等等。通过阅读这些作品，将会感受到老舍行文喜欢用朴实细腻的笔触，将细致观察到的内容呈现出来，阅读老舍先生的文章有一种娓娓道来的感觉。老舍先生经典作品《茶馆》和《骆驼祥子》在描写人物与社会方面非常经典，因此教师可以引导学生开展整本书阅读，让学生领悟更多老舍写作技巧与方法。同时为了形成对比，教师还可以挑选出一部分鲁迅先生的文章推荐给学生阅读，鲁迅先生的文章则多了些锋芒，少了些柔情，字里行间总有一些淡淡的愤怒力量。在行文表达方式上，鲁迅先生也会稍微多一点古文痕迹与色彩，并有自己独特行文方式。学生阅读数量越多，接触的作者越多，自然对于文学之美的体验感悟会更丰富、更深刻，从而可为创意表达奠定基础。

2. 鼓励学生敢于说和愿意写

创意表达包括口语表达与文字习作表达两种具体方式，这两种表达方式的要求不尽相同，但有着内在联系。小学语文要素中，"复述"属于一种重要能力，从简单复述到细节性复述，从情节性复述再到创造性复述，体现了学生口语表达能力螺旋式上升的特点。复述通常采用口语表达方式，既体现了学生对故事性课文的理解和把握，同时又锻炼了学生的表达创意能力。创造性复述对学生的想象思维展开有很大影响。教师在教了一篇课文之后即可引导学生开展复述，让学生从敢于说，到说得好，说得精彩。

复述侧重于口语表达，当学生复述能力提升之后，将其能力向文字表达方式迁移，则会体现出习作表达创意能力发展。学生在学习了《猎人海力布》之后，也可以自己编写一个神话故事，在开头进行模仿，"在我的老家，流传着一些动人的精彩的民间故事"，然后根据自己听到的故事，进行创意习作。当学生愿意习作之后，习作技巧会不断提升，从而文字创意表达能力会显著提升。

3. 阅读写作融合推进

部分学生的观念与行为中，阅读和习作是分离割裂的，阅读的时候学生并不会想到习作，习作的时候学生又会忘了阅读过的内容。要想推动学生阅读习惯的养成，促进学生创意表达能力的发展，将阅读和习作训练融合起来教学，让学生在阅读中积累素材，锻炼文字应用能力；在习作中践行阅读所得，感悟阅读中的精彩之处，如此学生的读写综合素养将会显著提升。

如在阅读老舍先生的《草原》之后，学生也可以模仿进行公园游玩习作："星期天，我终于见到了心心念念的公园。公园里的空气确实很清新，花草树木也很可爱。"学生在习作过程中也会呈现出一种画面感，从而能够进一步了解老舍创作时的笔法与技巧。通过阅读与习作的融合推进，学生读起来更有趣味，写起来更有意思，使得文学阅读和创意表达学习任务群下的能力将会得到发展。

在小学语文教学中，基于文学阅读与创意表达学习任务群，推动学生的阅读教学、口语表达教学，以及习作教学高质量的提升，实现学生核心素养的培养与发展。

第五章

育人先育德，让学生在爱中自我锻造

第一节　道德与法治教学的育人思考

道德与法治课程育人特征明显，有助于引导学生成长，让他们成为一个幸福的人。小学道德与法治作为一门重要的国家课程，担负着落实立德树人根本任务的重要学科使命，与其他课程相比，道德与法治课程蕴含了政治、法治、心理、经济、民族、国情等诸多知识要素，课程涉猎范围不一而足。从小培养学生深厚的爱国情怀、为国为民担当奉献的强烈责任感及使命感、优秀的品德、健康的心理素质，充分发挥本学科的育人作用，是道德与法治课教师始终不渝的目标和坚持不懈的价值追求。

一、当前道德与法治课教育概况

小学道德与法治课程包含丰富的思政教育元素，如社会公德、法律常识、爱国主义、公序良俗等，能够引导学生道德品质、思想观念及法治意识的形成。在教学中，教师要把握小学阶段的教育特点，结合学生身心发展规律，注重教学内容的趣味性与生动性，让学生在轻松愉悦的氛围中健康成长。但由于受到传统教育理念的影响，部分小学道德与法治教师将教学重点放在教材知识的讲授上，忽视了与现实生活的结合，导致学生学习兴趣下降，教学过程僵化，教学成效不足。对此，小学道德与法治教学应当及时变革，坚持以人为中心的教育理念，关注学生的真实需求与个体差异。全方位挖掘思政教育元素，采用科学有效的方式引导学生学习，有效落实立德树人根本任务。

目前，小学道德与法治育人教学存在如下问题：

（一）教学重视度不足

部分教师存在学科偏见，对于小学道德与法治课程重视程度不足，他们认为学好文化课才是主要任务，所以对于语、数、英十分注重，甚至有些学校为了学生语、数、英取得优异成绩，还出现了学科分层，在教学资源及教学投入上，道德与法治课程被冷落，整个课程教学流于形式，存在较为明显的走过场现象，学生在这一环境下自然无法产生学习兴趣，效果自然无法保障。

大部分教师在教学过程中只注重学生在学习过程中的成绩，进而忽略学生在学习过程中对文化知识的掌握程度，所以受传统教学理念的影响，教师在教学的过程中并不会展现实际教学的意义，也不会提高更多积极的影响。这种不重视教学质量的行为，无法将道德与法治的相关知识融入学生的实际生活，所以学生学习到的内容只是片面的知识，而不会进行深入的了解，产生一种学习假象。另外，大部分教师都是以教学过程中的主要科目为中心进行教学，而忽略除主要科目外的相关科目，这样不仅会降低道德与法治课程的重视程度，而且会制约学生在发展过程中的综合素质提升。为了能够有效地解决这一现象，应该加强对道德与法治课程的重视程度，加强对学生在学习过程中对文化知识的掌握能力的重视程度，这样才能及时处理学生在学习过程中出现的问题，有针对性地改善阻碍因素，打破传统教学理念的局限性和单一性，让学生在学习过程中理解文化知识的真实内涵，这样不仅可以提高学生学习过程中的整体质量和效益，而且能提高课堂教学的实效性。

（二）学生参与度不足

结合小学道德与法治课堂的教学现状来看，许多教师在教学观念方面存在一定的滞后性问题，在教学过程中，课堂教学大多流于形式，一些教师对道德与法治课程的重视不足。一方面，教师在教学中缺乏教学动力，受限于传统教育的影响，教师对道德与法治课程的研究与钻研不够；另一方面，学生在学习中缺乏积极性、主动性，影响了小学道德与法治课程实效性的发挥。一些教师虽然在课堂中应用了情境教学法，但是没有正确认识情境教学法的内涵，难以发挥出情境教学法的优势，学生的参与兴趣也不浓厚。

（三）教学内容及教学方法单一

在小学道德与法治课程教学中，因为对这一课程的重视程度不足，在教学内容和教学方法上也较为单一，大多是以灌输式、填鸭式为主，这使道德与法治课程教学缺少趣味性及创新性，学生很难对该课程产生兴趣。而学生一旦缺少学习兴趣，整个课堂教学效率自然十分低下，很难实现培养学生正确道德理念、价值观及思想认知的效果，这也从侧面说明了教学内容及教学方式单一是小学道德与法治课程教学质量无法提升的重要因素。

现如今，大多数教师在教学中依然采取传统的教学模式进行教学，在传统教学理念的影响下，以课本上的内容为教学中心，并且学生在学习知识的过程中，多数处于被动状态，这样不仅会影响学生学习的质量和效益，而且无法有效地促进学生全方位的发展和综合素质的提升，所以会存在一定的局限性和弊端。传统教学理念使教学模式过于单一，无法有效地将道德与法治的课程进行全方位的展开，并且也无法让学生在学习这门课程的过程中体验课程的乐趣，让学生对学习的课程产生消极心理。再加上教师受传统教学理念的束缚，在教学过程中不去观察学生在学习过程中的状态和真实情况，为完成教学任务进行教学，在这种情况下无法掌握学生学习的程度，也不会有效解决学生在学习过程中出现的问题。针对这样的情况，应该不断融入全新的教学理念和教学方法，做到以学生为中心进行教学，为促进学生综合素质的提高奠定坚实的基础，这样才能展现教师在教学过程中的价值和意义，并且也能发挥更多积极的影响。

小学阶段的学生在学习过程中自主学习的能力不足，如若没有采取合理的教学方式，就不能真正地提高学习的质量和效益。大部分教师在教学过程中只是将教学内容以片面化的方式进行讲解，而不会通过实践方式将教学内容进行深入地讲解，在这种单一化教学方式的情况下，学生对教学内容就会产生枯燥感，进而降低教学质量。如果想要有效地解决这一问题，那么就应该利用多元化的教学方式融入更多趣味性的方法，根据学生学习的实际状况，采取合适的教学方式。这样不仅可以吸引学生积极踊跃地参与学习过程，而且能带动学习的整体氛围，将道德与法治教学内容更好地进行传授，便于学生理解。

（四）小学道德与法治课堂理论与实践脱节

小学道德与法治课程本身与生活实践密切相关，使小学生认识和了解社会，并通过学习有效融入社会的重要学科。道德与法治课堂存在的意义在于帮助学生更加具体深入地体验和感受生活，并了解、认识、逐渐融入社会中。而小学生本身理解能力有限，加之自主学习能力缺乏，所以在道德与法治课程教学中需要教师讲授引领。但课程本身的理论性较强，加上教材内容无法及时结合社会现实进行更新，如果任课教师仅仅是照本宣科地进行教材内容讲解，而不与生活实际相结合，也不开展相应的实践活动，会导致理论与实践脱节，使教学效果不佳。

二、基于道德与法治课程特点充分发挥育人功能

道德与法治教育要全面贯彻党的教育方针。近年来，为了全面贯彻党的教育方针，在德、智、体、美全面发展的基础上，又增加了"劳"的内容。教育现代化要求我们重视创新，重视现代文明的能力和成就。道德与法治是德与美的具体体现。学生的全面发展，不是简单地要求所有学科都优秀，而是要看实践知识和创新能力。

在进行道德与法治教育时，应从学生的特点出发，实行量化原则。道德与法治教育还应遵循教育规律，从学生的心理特点和现实接受能力出发，坚持多样性原则，注重教学内容的多样性。激发学生的好奇心，产生学习兴趣，坚持由浅到深、由易到难、循序渐进的原则，达到预期的教学效果。例如，尊老爱幼、懂礼貌、遵守交通规则等，从自己做起。这样，一方面，学生可以学到道德和法治的知识；另一方面，父母可以看到孩子的闪光点。随着教学内容的多样化，一旦他们对道德和法治感兴趣，就会产生可喜的效果，自然而然地提升各种能力。

道德与法治教育应该是规律和持续的。教育培养有着规律性和连续性。《道德与法治》有12本小学教科书，涉及30多项法律法规。通过教学使学生养成知法、懂法、守法、敬老的良好习惯，主要是通过渗透德育和法治课堂，使学生在课堂教学内容中必须加强对德育和法治本身的认识，然后观察学生的动作，观察他们在日常生活中的表现，以及他们对周围不文明行为的认识，这有赖于德育和法治教育的经常性和持续性。例如，低年级学生注重传统美德的教育，高年级学生注重遵守交通规则和法律的教育，并引导他们做一些有意义的活动。学校的系统教育与家庭的正规教育相结合，不断进

步，充分体现了教育形成合力育人的全过程。

三、道德与法治课程与育人功能相结合

（一）思想道德修养与法治教育相结合

道德与法治学科应重视道德素质和法律常识教育，应结合实际合理安排教学内容，明确层次、重点，注重新、旧知识的关系。加强道德与法治教育是落实党教育方针的需要，培养适应21世纪的新一代人才是当务之急，做好各项道德与法治课教学工作势在必行。

（二）调整和丰富教育内容与当地实际相结合

除了教材编写的内容外，还可以从当地实际出发，结合当前的社会形势、地域特色，增加适合学生年龄特点的教学内容。例如：在校园里尊敬教师团结同学，互帮互助，爱护环境，遵守交规，讲究文明，爱护公物，等等。让学生在学校不仅学习科学和文化知识，而且学习更多的生活知识。

（三）提高教师素质与提高课堂效率相结合

为了全面贯彻党的教育方针，使道德与法治学科富有成效，必须培养一支适合道德与法治教育发展的教师队伍，通过提升教师队伍素质，达到提高课堂效率的目的，充分发挥好道德与法治课程的教育功能。

四、道德与法治课程育人策略

道德与法治这门课程主要是以学生的生活作为基础制定的，教师在教学过程中需要培养学生良好的思想品德和行为习惯，确保学生忠于生活并忠于学习，这样才能提升他们良好的道德和法治意识。也就是说，整体的教学目标在于应该如何立德树人，这是该学科的教学重点和教学特色。小学道德与法治这门学科的任课教师，需要不断思考新时代下应该如何培养学生，这是教学的首要任务。

（一）积极构建教师和学生之间的沟通桥梁

小学道德与法治教师需要确保自己内外兼修，这样才能担任学生的引路人，也就是说，教师在面对自己的日常工作时，一定要具备兢兢业业的精神，对于治学需要形成一丝不苟的理念，促使自己成为学生的榜样，这样才能引导学生并说服学生，然后赋予他们情感和道德方面的教育。

小学生因为刚刚踏入学习的列队，他们的人生刚刚起步，所以很多思维、行为还没有定型，此时，教师需要用自己扎实的学识和仁慈的心去引导、关爱学生，也就是让学生系好他们人生中的"第一粒扣子"，确保他们意识到教育的重要性，这样才能拉近学生和教师之间的距离。也就是说，让学生认可教师之后，教师的一句鼓励、一个拥抱或者一个笑脸等才能让他们坚信美好教育背后赋予的含义，以此提高学生坚定的信念并汲取教育中的力量，保证学生健康、快乐地成长。

（二）结合校园文化环境，促使学生获得良好道德教育的熏陶

因为每所学校的发展历程中或多或少都会创造并沉淀一些精神文化制度文化和行为文化等，这些文化的存在无论是对教师还是对学生而言都造成了直接影响。例如：在小学道德与法治一年级上册第二单元的"校园生活真快乐"这个主题教学工作中，整体的教学任务在于教师需要引导学生去熟悉校园并了解校园中设施设备的使用规则，另外，还要提高学生对于校园的喜爱之情，比如，让学生参与宣传墙的绘画工作和板书文明用语等，通过引导学生的关注促使他们不断进步与发展，以此培养学生认真负责、积极向上的精神。

又或者在另一个主题"校园里的号令"教学中，教师可以在课堂上给学生创设相关情境，帮助他们自己选择角色进行扮演，然后尝试做一些相关事宜，以此激发学生的学习欲望，这其实就是在进一步培养学生加快熟悉学校环境并提高他们关注细节的态度。换个角度来看，让学生在号令的指挥下完成学校生活，这样才能保证他们遵守规则，以此强化学生的生活道德理念，也就是确保他们有规则地生活。具体而言，教师可以让学生去扮演校园探险家，引导他们自己观察校园文化墙，以及校园的其他特征，促使学生在活动中有所感悟。在此期间，教师需要注意自己的教学方向，需要和学校德育文化相互结合起来，让学生在日常的学习中积极参与一些竞赛活动，比如学会正确着装，有序整理书包，以及加强眼保健操等比赛，促使学生体验丰富的校园文化，这对于激发学生的智慧非常有效，从而帮助他们形成良好的生活习惯并激发他们积极向上的精神。

（三）促使道德与法治的教学和其他学科教学资源相互整合

在小学道德与法治"我和大自然"这个主题的教学中，为了让学生可以亲近大自然并学会欣赏大自然中植物和动物身上具备的美，教师可以在实际教学环节中将其他学科教学融入进来，以此帮助学生深入了解人和自然之间是共生共存、和谐发展的关系。

在课堂上，教师完全可以借助科学教材中"校园里的植物"或者音乐教材中的《小蚂蚁》《小雨沙沙沙》等课程，促使课堂教学有效整合，确保学生在说唱或者观察等环节中有效体验大自然中的美好。通过这样的教学工作可以激发学生的学习欲望，以此提升他们的观察能力、审美意识和动手操作能力等，换个角度来看，这其实就是在培养学生的道德情操，促使学生和教师在更多课程的整合教学中有所收获，健康成长。

（四）借助多媒体呈现育人特色

小学道德与法治的教学要求教师在课堂上给学生创设问题情境，促使学生更加贴近生活，并引导学生成为学习的主人，这样才能保证学生主动并有效学习。例如，在给学生讲解"家人的爱"这个主题内容时，首先教师需要在正式开课之前给学生布置一些观察类的作业，比如让他们观察一天当中家人给予自己的关心，促使学生用心感受，用眼去看，以此激发学生内心对于亲情的认知和理解。上课后，教师需要给他们设计一个辨析的环节，比如让他们辨析以下两个场景。一个是视频中播放的内容：小明的爸爸并没有帮他收拾书桌，但小明的爸爸会经常辅导小明完成作业，带他出去玩耍。另一个是教材绘本故事中的题材：小红的妈妈不仅帮小红送吃的到她的房间，更多时候还会帮来不及完成作业的小红一起写作业。这两个内容让学生自己去分析，促使他们明白到底什么是真正的关爱，因为这些事情真实存在于学生的日常生活，所以他们在辨析过程中其实就是在锻炼自己的分析、观察能力，同时还能唤醒学生内心的回忆，促使他们体会家人背后深藏的爱。

五、道德与法治课程育人路径

在小学道德与法治教学中，教师如何通过价值引领达到铸魂育德的效果，全面落实道德与法治课程的育人作用呢？

（一）提升素养，正己修身

小学道德与法治课教师，作为思政课教师队伍的一部分，不但要具备普通教师的基本条件，还要有思政课教师的专业素养。作为一名小学道德与法治课教师，要明确"六种"素养的深刻内涵，不断提高专业素养，做学生人生道路上的领路人,为学生扣好人生的"第一粒扣子"。

"其身正,不令而行;其身不正,虽令不从。""学高为师,身正为范。"课堂上,我们要给学生铸魂育德,首先要有这样的"魂"、这样的"德",并成为社会主流价值观的引领者。教师说的每句话,做的每件事,甚至一个微不足道的表情,都有可能被学生看在眼里,记在心里,成为他们灵魂中的一个音符,在成长过程中常常与之发生共鸣。

(二)引领价值,明确目标

小学道德与法治课程以少年儿童的日常生活为基础,以统编版教材为例,各年级每个单元都有一个学习重点,所有教材内容都紧密联系学生的生活实际。设置了大量的自主学习板块——"活动园"和"阅读角",它们意义关联,围绕中心价值目标展开。教师必须明白编者的意图,领悟教材的价值取向,以期取得最好的育人效果。

教师明白了课程内容体系和课标要求,知道了年级、单元、课时的纵横联系和重点,就便于理解每章节教学内容的价值取向,科学制定教学目标。

(三)潜移默化,知行合一

教师要用发展的眼光来看学生,以灵活的方式进行教学。发挥学生在道德与法治课堂上的主体作用,以下几点需要关注:

1. 要让学生在课堂上真正"动"起来

以问题为导向,充分运用小组合作学习、讨论交流、生活例证等形式,实现思想和情感的交融。问题设置不可偏、难、涩,令学生摸不着头脑;也不至于过于浅、直、白,从而失去道德与法治课真正的内涵。充分调动学生参与课堂活动的积极性,达到听、说、想、写的和谐统一。运用教育学、心理学、思维科学知识进行知识的传授、能力的培养、情感的熏陶和人格的塑造。

2. 要学会在课堂上"留白"

要给学生留下独立思考的空间和时间,把一部分教学时间留给学生进行交流、讨论。当然,"留白"也是在"画框"内的"留白",而不是放手不管。学生思考的前提是:结合自己已有的认识,思考社会道德与个人健康成长的相互关系,给自己制订一个成长计划。让学生在深入思考和交流中,形成并凝聚一种科学的、强烈的价值追求。

3. 好的课堂是生成的

教案是教师预设的教学内容和过程资料。为了备好课，教师都会花费不少的时间和精力。但是，在上课时，会出现教师精心准备的一套"说辞"根本用不上，而被学生偶然提出的问题或故事"占用"的情况。遇到这种情况，教师一是要正确看待，知道这是"课堂生长"的路径；二是要依据教学中心目标的要求，因势利导，实现教学的价值引领。

（四）开发资源，课程融合

在实际教学中，要实现以下几个"融合"：道德与法治课与其他课程、现实生活、学生思想实际、现代新媒体技术的融合；课内与课外的融合；师生思想的有效交流与融合；等等。也只有这样，才能把道德与法治课打造成血肉丰满、有灵魂的高效课堂。虽然道德与法治课本是学生学习的主要载体，但课本不能涵盖学生学习的全部内容，它只是学生认识世界的缩影。教师要让学生透过教材这扇"窗口"洞悉真实的生活。通过课程之间、校内外的融合，学生们对爱国、爱党、劳动、奉献、公民等概念的内涵有了更加深刻的认识和理解，从而拓宽学生的知识和眼界，让生活成为学生成长的教科书。

（五）创新方法，寓教于乐

只有不断创新才能不断进步。我们教师不但要守着已有的好经验，还要大胆实践，积极创新，合理运用新的教学方式。现代教育信息技术不断更新，对教学的推动作用越来越明显，教师要及时学习使用。教师在充分挖掘道德与法治课程人文元素的同时，要善于使用新的教学方式，统筹实现各种教育资源的有效融合，做到课程资源与学生思想、生活实际的无缝对接，让课堂"立"起来、"活"起来。

在小学道德和法治课程授课过程中，教师要注意授课方式的灵活性和多样性，提高学生的兴趣和注意力，营造舒适愉快的学习氛围，达到愉快的教学效果。为此，教师首先要从谈话形式入手，善于利用语言艺术，以平等温和的态度与学生交流，融合有趣的语言，拉近双方的情感距离。然后营造生动的教学环境，设计丰富多样的教学活动。要提高学生的教学体验感，增强思想政治教育的感召力和亲和力。例如，在教授《生活不能脱离规则》一课时，教师的传统理论解释换个方式组织学生到超市、路口等地方实践和体验地，自主购物维持秩序和交通指示等，通过活动充分认识到规则的重要性，并形成自觉遵守规则的好习惯，学会分辨是非。

（六）关爱学生，诲人不倦

"爱人者，人恒爱之，敬人者，人恒敬之"，作为一名道德与法治教师，关爱学生、尊重学生，也自然会受到学生的关爱和尊敬。道德与法治课程的知识点大多相对灵活，部分知识具有很强的理论性，课本中的探究与分享涉及很多话题。在教学中，教师应当采取灵活的方式，与学生一起组织探究活动。对于疑难问题，要有耐心地去解释。对于学困生，更应该帮助其找到自身的优势，并促使其树立自己的奋斗目标。关爱本身就是一种德育，而且是最善意的德育。在这个过程中，学生是开心的，教师是快乐的。寓教于乐，对于教师和学生都是充满动力的。通过价值引领，实现铸魂育德，充分发挥小学道德与法治课堂的育人作用，仍然是我们今后经常思考的问题。

（七）基于课程标准，优化教学设计

在小学阶段，学生的思想、感情、思考方式等初步发展，需要长期全方位教化和引导。小学道德与法治课程是这一时期思想教育的主要途径，有责任和义务培养学生的道德品质、价值认知和正确的价值观念三种观点。为此，学校要落实《义务教育道德和法治课程标准（2022年版）》的相关要求，落实政治认同、道德修养、法治观念、健全人格、责任意识等核心素养的培养，提高道德与法治课程人性培养实效。教师要深入研究课程标准要求，正确把握思想政治教育与课程教学融合的趋势。明确人才培养方向，制订科学完善的教育规划。同时，教师要重视教育资源的开发和应用，结合学生的思维模式和认知能力，建设生动的教室，发挥教学的价值引导和人格形成效能。

（八）丰富课程内容，融入思政教育

教师要充分依托教材，挖掘其中的思政教育元素，探寻有效的教学切入点，滋养学生的世界观、人生观、价值观。例如，教授《我是一张纸》时，教师可从教材知识出发，先讲解纸张的制作原料、生产过程、实际用途等，再带领学生回顾造纸术的起源，使学生认识到造纸术的重要地位，激发学生强烈的爱国情怀与民族自信心，最后播放纸张生产加工的微视频，让学生深刻体会到纸张的来之不易，引导学生自觉保护自然资源，养成生态环保、勤

俭节约的价值理念。此外，在系统讲解之后，教师要引导学生建立清晰的知识逻辑，要求学生自主反思，分享在学习中收获的启示，从而强化思政教育成效。

（九）融合校园文化，培养集体意识

思想政治教育不应局限于教室，而应扩大到校园，在日常生活中潜移默化地影响学生的思想观念和道德观念。为此，小学的道德与法治教师可以利用校园文化阵地，组织多种实践教学活动，让学生直接实践道德行为，在实践中使得思想理念内在化，形成健全的人格。例如，教师可以带领学生定期背诵校训，培养热爱学校的精神和规则意识；对升旗的规范要求进行说明，让学生按照要求行目礼，培养爱国感情，组织学生参观学校历史馆，了解学校设立过程，激发学生的自豪感，激发正能量。

第二节 道德与法治的德育探索

道德与法治教学中有丰富的德育资源，因此，利用道德与法治课程开展德育活动，全面推动学校德育教学工作，对学生成长是有利的。

一、道德与法治教学中生活化德育

为了帮助小学生形成良好的道德品质，促进小学生社会性全面发展，新编的小学《道德与法治》教材内容尽量从小学生的视角出发，设计跟小学生的生活息息相关的教学内容，试图让小学生从自己的角度认识生活，体验生活，感悟生活。教师在教学中要从教材出发，从学情出发，创造机会让学生在亲身实践和生活体验中受到心灵的引导和教育，发挥学生的主体地位，提升学生的各种能力，帮助其形成正确的人生观、价值观、社会观。

（一）品德教育回归生活的探索价值

在小学道德与法治课堂教学中，教师所面对的是一个个稚气未脱的少年儿童，他们拥有独立的人格，有独立思考判断能力，还有丰富的情感，但是他们容易冲动，自制力差，是非观尚未成熟。传统的课堂教学中，教育工作者习惯于把理论和经验直接灌输给学生，学生们对知识进行复制，在教师严厉的训导下规范自身言行，这将忽视学生的主体地位，轻视学生的生活经验，忽略对生活资源的挖掘与运用，这种高高在上的教学方法不利于发挥学科育人的实效。让教育回归生活，体现了新课程改革下以学生为主体的教育思想，符合"以人为本"的发展理念，着重观察学生在生活中知、情、意、行等各方面的发展特点，可以促进学生在自然而然的教学活动中唤起自己的主体意识，形成可贵的精神品质。

另外，教师在道德与法治课堂教学中将教学内容与学生的日常生活进行链接，学生在真实的生活中获得真实的体验，提高教学的针对性和实效性。教师从生活中提炼教学资源，合理地开发教材内容，挖掘学生的生活资源，开发家庭教育资源，可以有效发挥道德与法治课堂教学的实效，为学生创设一个适宜自己成长的、发展的环境，让道德与法治课堂充满活力和生长力，提升学生的学习兴趣。

如三八妇女节到了，学生在主题教育《我爱妈妈》中，已经能用语言、绘画、制作等方式来表达对妈妈的爱，但是"学会独立，学会生存"才是送给妈妈最好的礼物。根据小学德育中养成性教育的要求，要让学生学会生活、学会做人。因此，组织小学生参加"小鬼当家"活动，让学生自己盛饭、收拾房间、整理书包、带足带齐学习用品；让孩子学习独立购物（选择20元以内的妈妈喜欢的商品，并自己付钱，领回所剩余零钱），给妈妈送礼物。在活动中小学生割舍了自己的"最爱"，撇去自己对零食的渴望，一心为妈妈选礼物，表达了对妈妈的爱，也体现了学生的一份孝心。这个活动很好地体现了结合生活中熟悉的节日进行孝敬教育的优势，并且通过活动使小学生学会了更多——撇去自己的欲望，撇去往日的被动接受，迎来自己的尝试、思考、应对……这是小学生生活中的道德教育。

（二）生活化德育在小学道德与法治课堂的渗透途径

1. 用生活实例创设情境，提升兴趣

小学生《道德与法治》教材中包含丰富的德育素材，教师结合教材内容从生活中挖掘育人资源，将一个个生动鲜活的生活实例引入到教学中，创设情境，注重学生的体验和感悟，让学生们的情感态度、价值观在潜移默化中得到升华。教师在教学中通过角色表演和情景模拟的方式进行教学，可以实现育人的目标。

情景教学是在当前教学发展中产生的新兴教学方式，小学教师在进行道德和法治教学工作时，可科学运用情景教学，以确保能对学生的爱国主义情感加以有效启迪。在具体实施课堂教学工作中，小学教师必须根据情况设计教学活动，以使得学生对课堂教学内容产生更高的兴趣。在具体实施教学工作时，教师可以向学生介绍邱少云、林则徐、文天祥、屈原等著名爱国人物，在具体开展课堂教学时，引领学生走进中国历史情景，以增强学生的爱国主义情感。而教师在具体实施教学时，也应该根据当前时事热点，进行爱国主义文化教学。时事热点的合理运用，就能够在课堂教学中引入热点新闻，对学生知识的视野加以合理扩展，从而确保达到教学内容的合理丰富。

例如，在《上学路上》一课教学中，教材内容是学生日常生活中经常出现的场景，教师在课堂教学中划伤斑马线，让不同的学生表演老人摔倒了的情境，学生们互相打闹的情境，发生交通意外时的情境等，让学生根据上学随时可能发生的情境来进行模拟自己会有什么反应，会采取什么行动规避风险。学生通过真实生动的学习，意识到辨认交通信号标志的重要性，提升了学习的积极性。教师引入社会时事热点进行教育，让学生进一步提升了认识。

2. 组织生活实践活动，学以致用

认识来源于实践，实践也是检验学习效果的重要途径。道德与法治教师在课堂教学中积极组织学生参与形式多样的生活实践活动，让学生在真实的体验中留下深刻的心里印象，提升教育的有效性。

如在教授《生活离不开规则》一课时，为了培养学生遵守规则的意识，学校积极维护和改进规则，教师让学生自主参与制定校园中的各种规则。其中一个学生选择制作课间活动规则，他观察学生在课间活动中的不良表现，展示不遵守课间活动规则的案例，以表格的方式展示了相应的规则，学以致用，将良好的行为习惯贯穿于喜爱校园生活中。另外，教师在教学评价环节可以进一步优化提升，通过正面评价来丰富学生的情感体验，将理念、精神、价值观的教育内容根植到学生日常生活实践中。教师在课堂教学中转变角色，以合作者、支持者的角色进行师生交往和互动，对学生进行激励性评价，让学生参与课堂评价，强化学生不断进步与提升。

教师以《道德与法治》教材内容为载体，从生活中挖掘育人资源，丰富课堂教学内容，不断细化、活化、趣化相应的教学资源，选择适合小学生身心成长规律的教学方式，发挥道德与法治课的育人实效性。道德与法治从生活中来，再回归到生活中去，学生在丰富多彩、形式多样的生活化学习氛围中提升自身品德修养，提升生活情趣，在生活实践中锻炼自理、自治、自立的能力，形成科学的道德观和健全的人格。

二、道德与法治体验式作业育人

体验式作业是指学生在现实生活情境中参与、体验，得到锻炼提升的一种开放性作业形式，强调学生的亲身经历与现场体验，主张"身心"合一。设计科学合理的小学道德与法治体验式作业，让学生在"调研探究""动手操作""资料阅读""打卡签约""角色扮演""模拟游戏"等活动中亲身感受成长的生命历程，知行合一，在认识、体验与践行中促进正确思想观念和良好道德品质的形成和发展，充分发挥好作业的育人功能。

（一）注重具身体验，锻炼学习能力

具身认知理论强调，身体是认知活动发生的基础之一，身体和体验学习的基本要素之间不可分割。在小学道德与法治学科开展身体力行的验证实践作业，让学生在真实的生活情境中体验、探究、思考，将学科的理论知识还原、内化、运用，锻炼学生的学习能力。

1. 调研观察型作业，学会探究

道德与法治课程涉及经济、政治、文化、社会、生态文明等，很多教学内容必须延伸到课前和课后，指导学生设计"调研观察实践计划表"，借助实践基地、学校实践、传统节日、研学等活动，完成动态作业。此类调研观察型作业，将学生与学校、家庭、社会等有机结合起来，引导学生走进现实社会去考察、调查和访问，在多看、多问、多听、多行动中拓宽学习空间，丰富学习内容，关注生活和社会，提升他们的公民意识、责任意识和探究能力。

学习一年级下册《大自然，谢谢你》后，引导学生走进大自然，在自然中观察学习，在阳光下呼吸新鲜空气，观察土地里的农作物生长，感受自然界中空气、阳光、水、土地等诸多资源养育了人类，探究人类衣、食、住、

行需要的各种物品源自哪里，在探究活动的同时培养学生对大自然的感恩之情。

在教师或家长的指导下，学生带着探究课题走向社会，接触社会，参与社会。引导学生从饮食、生活用品、用水用电等方面观察，通过人物访谈或观察等探究方法，从问题的提出、问卷的设计、信息数据的汇总分析提出合理化建议，最后以小调研报告或制作小报等形式呈现结果。在完成作业过程中，学生获得关注社会，探究和服务于社会的体验，在亲眼观察，亲手实践等亲历考察中发现一系列浪费现象本可以避免，感受到节约资源的重要性，实现了明理与导行的统一。

以身体之，以心验之。调研型观察型作业让学生在身心融合的实践活动中，参与各项体验实践活动的发展、变化和过程，既有高效的具身认知活动，也有丰富深刻的情绪意志体验，还有情境化的行为反应活动，培养学生的实践能力。

2. 动手操作型作业，学会做事

《礼记·中庸》提出的学习方法之一是"笃行之"，就是要用习得的知识和思想指导实践。道德与法治学科设计动手操作型作业，手脑并用，注重锻炼学生的动手能力。在多种多样的实践操作中，学生可以凭借实践过程初步了解和认识社会中的现象，并逐步培育其爱思考、爱实践、不怕失败等重要品质，从而提升动手能力。

亲手操作、亲身体会，动手操作型作业让学生全情融入生活中，锻炼自己的能力、培养自己的情感，充分发挥综合育人功能，在树德、增智、强体、育美、促劳方面为学生一生的发展打下良好基础，在学生成长的过程中形成积极健康的人格品质，促进学生成为对未来社会发展有价值的高端人才。

（二）深化情感体察，通达价值体验

人通过亲身经历收集生命中丰富的情感体验，将内心世界与外界进行连接，认识所生活的社会，认知、认同价值意义，深度进入价值理解与价值建构。情感体验是德育课程的灵魂，也是学生行为驱动的内核。道德与法治学科紧密结合社会现实，承载当代主流价值观，作业作为学科教学不可或缺的一环，是价值观教育的重要载体。作业设置将情感体验扎根在生活这片沃土，更真实、更长效。通过突出情感元素和特征的作业设计，引导学生在学习中生成意义，通达价值观，从而发挥作业在育人方面的全面、深刻和积极作用。

1. 阅读收集型作业，学会参与

阅读收集型作业是指围绕某一知识点，充分利用报刊、图书、网络等资源，收集整理相关信息，以便拓宽学生的知识面。布置收集型作业，促使学生全身心地参与社会实践，直面成长中的各种问题，分析问题，解决问题，让学生用心、用情去体会感受，在价值多元的社会中实现正确的价值认同。

收集阅读型作业连着社会和情感，连着认知与参与。人的生命是多测度、多面向的综合体，学生在学习中是以情绪与认知、感性与理性相统一的"整全人"状态而在场的，收集阅读材料的学习过程借由情感激发和体验、意义呈现和感受、思维碰撞和交融等"认知—情感"的互通、冲突、一致、反复等，引导学生认识社会，参与社会，适应社会，理解社会。

2. 打卡签约型作业，学会坚持

道德与法治课程涉及较多学生行为习惯的内容，良好行为习惯的养成需要一个过程，打卡签约型作业通过强化道德行为深化道德情感，帮助学生实现自我规划，在自我监督下自主行动，通过自我评价实现自我行为的强化，继而养成良好的行为习惯。

良好行为习惯的形成需深化学生的道德情感体察，引导学生践行正确的道德观念。道德与法治课程关注学生的良好行为、良好品质的培育，如一年级上册《早睡早起》教育学生养成良好作息习惯；一年级《吃饭有讲究》培养学生养成良好的饮食习惯；二年级上册《班级生活有规则》培养学生遵守班级、学校纪律的良好习惯；二年级上册《大家排好队》指向公共场合的排队意识，体现了规则的内涵；二年级下册《坚持才会有收获》培育良好的意志品质；三年级下册《善于帮助别人》学习关爱他人……教授完这些课程后，设计"行为记录表""日记""每日打卡"等作业，让学生在日常生活中践行这些价值观念，实现知识内化，最终通过自我评价激发情感体验，塑造良好行为。

打卡签约型作业通过激发学习兴趣、学习热情、学习动机，为学生搭建深度情感体验的阶梯，让学生在深度体验中自觉反思，在自觉反思中深刻领悟，以行促思，以情导行，最终树立正确的价值观念，形成良好的思想行为。

（三）沉浸心灵体悟，培育良好品质

心灵体验式作业是一种很好的建构外界交往环境，激发同伴之间交流互动的学习成长方式。在学生成长过程中，设置心灵体验式作业，不断打开越来越多的感知通道，让学生尽情抒发情绪，释放精力，表达自我，在与周遭互动的情感交流和对话中，去理解和感受生命的价值和意义。通过内心感受和产生爆发力，感受自己存在的价值和世界的美好、生活的美妙。

1. 角色扮演型作业，学会负责

小学生天生具有强烈的表演欲，角色扮演的方法是结合生活中的一些具体事例进行现场教育，把理论知识和实践活动有机结合在一起，能够极大地激发学生的参与兴趣和热情。角色扮演型作业让学生沉浸心灵体悟，自由建构活动环节，展现自己对角色思想和行为的模仿。设计角色扮演型实践作业，培育学生责任素养。

建构主义注重在实际情境中进行教学。让学生在真实具体的生活场景里学习，关注的是学生内心的成长、心灵的释放，深化思想道德意识。在教授四年级上册《少让父母为我操心》一课时，可设计角色扮演型作业，要求学生与父母互换角色，父母"扮演学生"，将学生平时在家的不良表现表现出来，如爱刷手机、挑食、乱扔学习用具、做事磨磨蹭蹭等；让"扮演父母"的学生体验一下自己平时给父母添的麻烦，作为"父母"该如何解决。完成角色扮演作业，学生换位思考，感受到了父母的辛苦与不易，认识到自己的错误和缺点，激励着他们反省、改进，立志做一名让父母省心的、懂事的好学生。

角色扮演让学生以其自身的角色揣摩当时可能之真实状况，当一个崭新的、被自我接受的形象出现时，他们远离了狭隘、胆怯、紧张和自私，不断获得积极、乐观、幽默和爱的情绪，负责任、有勇气、有热情的良好品德便在学生心里悄然生长。

2. 模拟游戏型作业，学会自律

游戏型作业带有"玩"的色彩，在"玩"上下功夫，把作业当成学生的活动或生活去设计，是激发兴趣的最好载体。模拟游戏型作业巧妙地将知识融入游戏活动，让学生全情投入生活实践，在玩中实践，玩中应用，玩中形成技能。同时在与同学、家长的合作学习中，玩中交流倾听，玩中讨论合作，在深度体悟中成长。

当学生置身于丰富的社会生活环境，最能被激发知、情、意、行整合的体验学习。二年级上册《班级生活有规则》中"把'约定'做成文明棋"，组织学生小组合作讨论"班级生活规则"，分工制作"卫生约定文明棋""行为习惯文明棋""学习文明棋"等，将班级规则制作在棋盘上，"文明行为"有"奖励"，可以前进一格或两格；"不文明行为"要"惩罚"，得退后一格两格或停一次。小组同学一起下文明棋，游戏活动给学生愉悦的情绪感受，他们在游戏中强化班级规则意识，形成正确的价值观，愿意在行为上自觉遵守规则。

人本主义学习理论强调从做中学，提出要重视学习者的意愿、情感与需要，模拟游戏型作业让学生沉浸在轻松的游戏氛围中，在思索、反思中自我教育，发展自己的潜能，达到自我实现。指向育人的体验式小学道德与法治作业联结教材与生活，通过亲身参与和真实体验，去发现问题，解决问题，架设"致知"与"笃行"的桥梁，让学生在深度体验中实现关键能力的提升，以及必备品格、价值观念培育的深度学习。

三、道德与法治和劳动教育的融合

对于小学生而言，在小学阶段接受劳动教育，可以帮助学生从小树立劳动意识，获取一定的劳动技能，让学生认识到劳动最光荣、最崇高的道理，这有助于促进学生的成长和发展。在当下教育环境中，劳动教育在教学中所占据的比例越来越高，所以，为了让学生具备优秀的劳动素养，教师要注重引导德育与劳动教育的融合。

（一）小学道德与法治课程和劳动教育的认知

伴随教育体系改革的不断深入，在国家"立德树人"教学任务落实过程中，道德与法治课程作为落实载体，如何确保教育教学任务的达成是现阶段教育工作者的核心教学改革发展方向。作为德育的重要载体，道德与法治课程的核心教育教学目标是培养有理想、有道德、有文化、有纪律的社会主义合格公民，其中，作为德育教材中必不可少的组成部分，劳动主题活动的开设不仅能帮助学生形成正确的"三观"，在培养学生优秀品质方面也发挥了重要性作用，是提高学生劳动素质的重要渠道。

小学阶段的道德与法治课程教学，对学生的思维发展、道德提升具有深远影响。小学道德与法治课程具有生活性、开放性、活动性、延续性等特点。劳动教育具有鲜明的思想性、社会性、实践性特征，可以使学生树立正确的思想价值观念。道德与法治课程和劳动教育存在着相辅相成的关系。将劳动教育有效融入小学道德与法治课程教学，可调动学生参与劳动实践的主观能动性，为落实立德树人提供保障，助力道德与法治课程质量的提升。让学生积极参加有意义的劳动，是小学道德与法治课程的目标之一，也契合劳动教育的目标。劳动教育涵盖的内容十分广泛，注重学生在实践中的经历与感受。劳动实践可以作为道德与法治教学的主阵地，帮助学生树立正确的劳动观念，养成良好的学习与劳动习惯。

就目前来看，在现阶段经济快速化发展过程中，学生的生活环境在逐渐优越化，但劳动意识却在逐渐丧失，长此以往，不仅对学生全面化发展造成了十分不利的影响，也严重威胁了社会的稳定性，故此，通过将劳动教育渗透到道德与法治课程中，以期通过促使学生积极地劳动体验使其产生情感共鸣，进而在不断强化学生劳动素质的基础上帮助学生养成良好的劳动习惯。

（二）小学道德与法治课和劳动教育有机融合的具体策略

1. 融入生活元素，提高学生的劳动意识

小学阶段的劳动教育应将侧重点聚焦在能力培养与全面发展上，让学生在学习劳动技能的同时理解劳动的意义。在小学道德与法治课程中融入生活元素，能开阔学生的视野，发掘更多的劳动教育元素，有效提高小学生的劳动意识。小学道德与法治课教师要重视提炼教材中的生活元素，带领学生从生活角度理解重、难点知识，依据所讲内容设计贴近生活实际的劳动活动，使学生形成对劳动的直观认识与理解。

作为德育教育教学的重要载体，道德与法治课程囊括了诸多关于"劳动教育"的课程，因此，为从根本上改善传统教育教学现状，推动学生的全面化发展，在劳动教育教学过程中，可以采取生活化教学模式，帮助学生树立正确的"劳动意愿"，是现阶段教育工作者取得预期劳动教育教学目标的重要战略基础。对于现阶段小学生而言，由于他们在一种被关爱的环境中长大，在日常生活中缺乏"劳动意识"或"劳动意愿"较弱，为此，要想切实有效地提高他们的劳动素养，一方面，教育工作者可在劳动教育中渗透情感

教育，让学生的情感贯穿教学始终，以此在强化学生劳动体验基础上"入情"，最终为其劳动情感体验的充分调动打下坚实基础；另一方面，教育工作者还可借助当前先进的多媒体教学设备，通过图片、视频、音乐来渲染气氛，带领学生入情入境，由此来激发学生的"劳动意愿"，为劳动教育教学目标的达成打下坚实基础。例如，在进行"干点教务活"课程教学过程中，教育工作者可在课程导入环节，向学生询问"家里的劳务主要是谁在做"以及"平时有没有劳动习惯"等生活化问题，并通过播放一个家庭一天的家务事项近距离感受父母的不易，由此在萌发学生想要帮助父母做家务情感的基础上，为后期劳动教育教学目标的达成打下坚实基础。

例如，在进行小学道德与法治《我的环保小搭档》教学时，教师可从环保工艺品、清洁辅助工具等角度入手，带领学生动手实践，适当融入生活元素，提高学生的劳动意识与环境保护意识。首先，教师要利用地球仪与环境分析数据，引导学生了解环境恶化对人类产生的不良影响，使之意识到保护环境刻不容缓。其次，教师依托教材内容，提炼教学案例中的生活元素，引导学生分析问题"使用不可降解的塑料袋、塑料杯、收纳盒是否会加剧环境污染？"并根据学生的回答，引导其动手制作环保收纳盒，利用生活中的纸板、包装盒、废旧纸张等材料，制作环保工艺品，意识到废物循环再利用可减少对环境的污染。最后，教师指导学生与自己的环保搭档一起完成清洁任务，分别用自己准备的工具清理自己的课桌与教室地面，使其通过劳动感受践行环保行为的乐趣，进一步提高学生的劳动意识。

2. 通过生活观察，培养劳动意识

在小学生的意识中，生活中的现象或事件是他们最熟悉的内容，因而，这些生活现象运用在教学活动中也更能引发学生的共鸣，调动学生的学习兴趣。基于此，教师在开展劳动教育时，应将对生活的观察活动融入课程教学，从而在加深学生对劳动有深入理解的同时，培养学生的劳动意识。

以统编版小学道德与法治四年级上册第二单元第四课《少让父母为我操心》为例，教师在讲解本节课的内容时，为了让学生对父母的工作有更多的认识和了解，感受父母的辛勤付出，教师在教学中可以采用视频展示与实践观察结合的教学方法来培养学生的劳动意识。在课程中，教师为学生播放的一段影视作品中孩子为了了解父母的工作跟随父母拍摄了一段生活记录的片段。片段中，孩子从父母上班前的早上准备工作到出门上班的路上再到公司工作，每个场景都记录了父母辛勤付出的不易。通过片段的观看，可以让学生对父母的工作有一个更直观的、形象的认识。而后，教师可以根据本节课学习的内容为学生设置一个生活观察作业，即观察父母在下班回到家后，在家庭中都做了哪些事情，同时，学生应思考这些事情中哪些是自己可以帮助父母完成的。

通过对父母生活中的观察，可以让学生在感受到父母辛劳的同时培养自己的劳动意识，帮助父母做一些力所能及的事情，这对学生而言也是一段非常重要且宝贵的学习经历。

3. 通过故事讲述，感受劳动魅力

生动有趣的故事在吸引学生的注意力、提高学生的学习兴趣方面有着同样重要的作用。在开展劳动教育课程时，如果教师只是单纯地照本宣科，不仅不会发挥劳动教育应有的效用，反而还会降低学生对劳动教育的兴趣度。因此，在实际教学中，教师应创新教学方法，将劳动知识以故事讲述的形式展现出来，以此让学生在学习过程中感受到劳动的魅力。

以统编版小学道德与法治四年级下册第三单元第九课《生活离不开他们》为例，在学习本节课时，学生会接触到不同行业的劳动者，并认识不同行业劳动者的工作内容。对此，为了让学生对不同行业劳动者的工作内容有更多的认识和了解，教师将通过故事讲述的形式带领学生走进这些劳动者。例如，教师可以把为人们辛勤付出的医务工作者、为群众传递物资的外卖小哥、为保护一方安全的基层工作者等劳动者的工作事迹以故事的形式讲给学生，让学生在听故事的过程中感受这些劳动工作者工作的不易，同时也要让学生感受到劳动者身上背负的使命和责任，从而强化学生对劳动、对劳动者的认识，体会到劳动的魅力。

4. 通过家校联合，养成劳动习惯

在培养学生的劳动意识，帮助学生养成劳动习惯的过程中，不仅需要学生在学校接受学习和教育，同样也需要学生家庭的教育，只有真正实现家校联合，才能让学生接受到全面的劳动教育，并逐渐养成劳动习惯。因此，在开展劳动教育时，教师应充分认识到家庭的重要性，并通过适当的家庭实践作业，让家长参与培养学生劳动习惯的过程。

以统编版小学道德与法治四年级上册第二单元第五课《这些事我来做》为例。本节课的学习主要是让学生通过做家务来锻炼自己的能力，并通过做家务的方式让学生养成自己的事情自己做的劳动习惯。对此，教师为学生布置了一项需要父母参与进来的家庭作业，即学生需要在家庭中完成他们能力范围内的家务活，如整理自己的卧室、帮父母收拾厨房、打扫客厅等，在这个过程中，家长作为监督者，需要对学生的完成情况给予客观、真实的评价，这样就可以让学生体会到劳动的积极意义，逐渐养成良好的劳动习惯。

5. 采取体验式教学，让学生学会劳动

作为一门实践性较强的课程，道德与法治在进行课堂实践教学过程中，确保了学生主体作用的充分发挥，对于提高课程教育教学质量和效率而言也具有重要意义，就目前来看，在劳动教育教学活动开展过程中，为让学生掌握劳动技能，教育工作者还可采取体验式教育教学模式，通过让学生亲自实践来达到预期的教学目标。

如在进行学做家务活课程教学过程中，教育工作者可通过设计精彩纷呈的现场体验活动——"叠衣服"，之后以"小组"为单位进行比赛，由此激发学生生活情感，同时使其获得基本技能。在课堂实践教育教学过程中，教育工作者可首先要求会"叠衣服"的学生充当小队队长的角色，而后给不会的学生做示范，由此，在强化学生合作意识的同时提高他们的合作能力，最后教师通过开展小组叠衣服大PK，对叠衣服数量多且整齐的小组进行口头表扬和颁发"家务小能手"徽章，以此来激发学生的动手操作积极性和主动性，并在品尝劳动带给自己的自豪感和荣誉感的基础上激发学生"爱劳动"的积极性和热情，最主要的是通过组织学生进行动手操作，使其掌握基本的劳动技能。

6. 采取拓展延伸，帮助学生树立"爱劳动"的习惯

习惯的培养是一个长期的过程，对小学生而言更是如此，究其原因，主要是因为小学阶段学生正处于心理、生理成长和发育的初始阶段，极易受到外界事物的影响，只有帮助学生将劳动变成他们的"自觉性"行为后，劳动教育才算取得预期的教学目标。

以劳动为主题的教学活动的开展与情感教育的渗透存在一定的内在联系，就目前来看，虽然现阶段道德与法治课程关于劳动教育的部分编排了较

多的主题活动，但调查发现，这些活动在开展过程中都过于强调学生的"劳动技能"，忽视了对学生"情感"的培育，学生"爱劳动"情感的激发难以达到预期目标，而要想从根本上改善当前教育教学现状，在教学过程中渗透情感教育，促使学生道德认识转化为道德行为，最终在帮助学生产生情感共鸣的基础上显著地提高他们的劳动素养。除此之外，为帮助学生树立"爱劳动"的习惯，在进行劳动主题活动开展过程中，教育工作者还必须将活动回到学生生活，具体而言，教师可通过设置一些课外体验活动，由此在拓展学生课程知识认知范畴和帮助学生践行劳动技能的基础上，进一步深化学生情感，帮助学生自觉形成"爱劳动"的品质。

小学阶段的劳动教育对学生的成长和发展有着重要意义，因此，在开展劳动教育教学的过程中，教师要充分认识到劳动教育对学生发展的重要性，并通过运用生活观察、故事讲述、家校联合等教学方法开展劳动教育课程教学，让学生在劳动教育课程的学习中培养劳动意识、感受劳动美丽、养成劳动习惯，促进学生的综合发展。

四、德育与法治课程教学中融入心理健康教育

心理健康教育的意义在于促进学生的身心健康发展，应将教学内容与学生的实际生活联系起来，使小学生可以将所学习到的知识与内容应用到实际生活中来，继而培养健全的价值观与人格。作为教师，要增强自身的教学知识与技能，在明确教学目标的基础上深入研究，并不断创新教学方法，提高道德与法治课堂教育的质量。

（一）道德与法治课程与心理健康教育融合的价值

从2017年9月开始，全国义务教育阶段的起始年级推行并使用了全国统一的统编版教材《道德与法治》，该课程原名是《品德与社会》《品德与生活》，进入新时代，课程的内容、性质也发生了变化，通过增加法律内容，突出法律教育的重要性。然而，课程内容的改变也一度引发教师这样的思考"该如何给6~7岁的孩子讲法律？"事实上，该课程的设立并非要从小培养专业性的法律人才或者专家，而是希望通过法治教育让学生在可理解的范围内树立法治意识，培养法治思维，形成理性的逻辑思维，从小敬畏、信仰法律，同时在工作上还要懂得按照规则与程序办事情，养成良好的为人处世

观，如"借东西要还，损坏东西要赔偿"等观点。道德与法治课程在内容设置上要求学生根据要求来安排和学习法治内容，要求学生掌握法律法规，开展"法治"教育，正确采用"法治"思想、意识、行为等推进法治教育活动。法治教育的教师要从多个渠道来学习法律常识，在教育教学中还要结合学生的实际生活对所学习的内容进行变更，尊重地方差异与民族特色。

道德与法治课程本身是对学生进行思想政治教育的课程，要求学生具备正确的思想意识，形成科学的世界观、人生观和价值观，而心理健康教育是根据学生生理、心理发展规律，运用心理学教育方法，培养学生良好的心理素质，促进学生整体素质全面提高的教育。道德与法治课程与心理健康教育二者的教育理念和教学目标存在很多的相似性，都是希望全面提高学生的整体素质，因此，二者结合起来教学可以发挥"1+1>2"的效果。

伴随着新课改的实施，教师在此教学过程中需要切实加强对学生专业课的指导教学，并密切关注学生心理健康状况的发展。由于教师还在以往传统的教学模式进行教学，将自身作为课堂的主体，而忽视了学生的主体地位，同时也忽视了学生心理健康的发展情况，这样的教学模式使学生的心理健康发展出现了许多问题，从而阻碍了学生的全面发展。因此，为进一步顺应时代发展需求，将心理健康教育融入小学道德与法治教学是十分必要的。

1. 有利于提高学生的综合素质水平

教学期间，学生综合素质的有效提升离不开道德与法治课程，同时，优质的心理健康教育应渗透于此课堂的教学中，道德与法治教学对于提升学生综合素质是具有一定实际价值的，在此过程中，将心理健康教育融入小学道德与法治教学过程中是十分必要的，并且起到十分重要的作用。在教学期间，教师可以以好人好事对学生进行启发，使学生树立心中学习的榜样。同时，运用典型的心理引导教学方式，更好地实现思想道德建设，使得学生综合素养得到全面提高。

比如，教师在《小水滴的诉说》教学期间，为了更好地体现课程的内容，第一，教师可以借助多媒体教学设备为学生播放相关的教育类视频，这样的教学方法能够使学生及时了解到水资源对人们的重要性；第二，教师可以在此期间为学生布置相应的活动作业，并引导学生调查周围常见的水资源浪费与水污染情况，学生通过这样的实践方式不仅可以使自身的实践能力得到提高，而且通过这样的调查，使学生自身对水资源浪费行为感到自责，并坚定自身之后要保护水资源的决心，以及养成节约用水的行为习惯；第三，教师通过多种方法向学生传递节约用水的方法，在此基础上，使学生保护水资源的意识逐步增强。

2. 有助于学生树立端正的道德与法治观念

教育就是将立德树人作为教学的本质目标，在促进学生全面发展的同时，也将培养学生道德品质当作教育教学的重要指导路线。因此，教师在进行此课程的教学过程中，也须结合学生的真实情况，运用在课堂教学中，渗透心理健康教育的方法，为学生营造良好的学习氛围，同时也使道德与法治课堂变得更有特色。例如，教师在此教学期间可以针对书中所提到的先进事迹，将其与学生的实际生活进行有效结合，从而实现更深入的渗透。同时，教师也可以举"过马路""学雷锋"等与学生生活息息相关的例子，让学生感受到道德与法治就在自己身边，并通过学习活动帮助学生自身树立起端正的道德与法治观念。

（二）小学心理健康教育与道德与法治课程融合的必要性

虽然在当前的小学道德与法治教学中心理健康教育的融合引起了教师的重视，但是在实际融合过程中，由于缺乏科学的方式导致融合的效率较低，比如有一些教师在讲述道德与法治教学内容的时候，渗透心理健康教育时仅讲述一些简单的实例内容，没有结合心理健康教育的特点进行，又或者是在课堂上、生活中没有主动和学生进行交流和互动，所以无法了解学生的性格和学习状况，这也会影响小学心理健康教育与道德与法治的融合，无法开展具有针对性的心理健康教育与道德与法治教学，更无法培养小学生良好的行为习惯和道德品质。

1. 二者有共同的教学目标和共同的教学宗旨

小学心理健康教育与道德与法治课程的融合具有极强的必要性，因为小学心理健康教育和道德与法治教学具有共同的教学目标和方向，所以两者的融合可以有效地促进教学目标的实现，使小学生良好习惯的培养和道德品质可以得到提升。因为心理健康教育可以引导小学生养成良好的心理素质，使小学生具备克服困难的精神和品质，以积极的心态面对生活和学习，从而促进小学生的健康成长和快乐学习。道德与法治重视的也是对小学生良好行为习惯的培养，使小学生养成良好的行为习惯之后可以取得更加突出的学习效果，在生活中可以做到乐于助人、乐于奉献，所以二者在教学目标上有着极强的相似性，由此可以看出，小学心理健康教育与道德与法治课程的融合有着极强的必要性，作为小学心理健康教育的教师和道德与法治学科的教师，应对课程融合引起足够的重视。

2. 是贯彻落实素质教育和新课改的基础和前提

在素质教育的背景下，现代化的教育教学不仅要重视学生的学习成绩，还应重视对学生良好习惯的培养和道德品质的教育，但是想要达到这一教学目需要教师创新教学方式，充分发挥教学内容中蕴含道德教育资源的价值和意义，为小学生良好习惯的养成和道德品质教育提供有利条件。小学心理健康教育与道德与法治课程的融合过程中，心理健康教育可以取得更加突出的成就，小学道德与法治教学也可以得到创新，有效促进了教学改革的实施和素质教育提出的教学要求，同时也体现出了小学心理健康教育与道德与法治课程融合的必要性。

（三）道德与法治课程中融入心理健康教育实践

小学生正处于良好学习习惯和道德品质养成的基础时期，所以，在这一时期的教学中，教师采用的教学方式和教学观念直接影响小学生的成长和学习，因此，我国小学阶段的教学加强了对学生良好学习习惯和道德品质的培养，小学心理健康教育与道德与法治课程的开展就是培养小学生良好行为习惯和道德品质的重要途径。所以，在教学过程中，教师应重视心理健康和道德与法治课程的融合，为小学生的健康成长和良好习惯培养提供良好的环境，推动素质教育的实施，以及贯彻落实新课改对现代化教学提出的教学要求。

1. 教师要丰富知识技能，关注学生的心理健康状态

教师是学生心理健康教学的核心与关键，学生则是道德与法治教育的主体，教师只有不断提高自身的教学能力与教学水平，才能够将心理健康教育融入道德与法治的教学。教师要及时观察和重视学生的心理健康状态，为学生营造平等、互助、友爱的心理适应条件，了解学生个体的心理特征，在教学中针对学生的具体情况因材施教，从而提高课程学习的效率。教师还应有效疏导学生的心理健康状况，使学生保持比较平和的心理健康状态。如果发现班级中存在心理问题的学生，则要实施重点交流沟通，使其保持积极向上的心理健康状态。

2. 深度挖掘教材内容，增强课堂教学效率

小学的道德与法治课程与其他学科课程存在不同，要求将学生的价值观目标、情感态度等放在教学的关键点，同时还要培育学生积极的价值观，并丰富学生的情感体验。教师在教学前要认真解读道德与法治课程的教学内容，并学习关于心理健康教学相关的教材，同时在教学的过程中要积极关注学生的需求、烦恼等，提高知识的运用能力与理解能力。在教学的过程中，教师要善于发现道德与法治教育和心理健康教学二者之间的差异，应首先结合前者展开教学，确保教学内容的正确性与合理性。比如，教师在讲述道德与法治课程中关于勤洗手的主题时，教师可以引导学生从勤洗手的角度出发拓展哪些情况需要洗手，让小学生回答问题，这样学生的学习热情也会显得比较高涨；还有在进行《不能损坏他人财物》的教学时，教师可以列举损坏他人财物的现象和处理结果，让学生认识到损坏他人的财物要赔偿的思想，从而在生活中更加遵守行为规范。

在小学道德与法治课堂教学期间渗透心理健康教育，需要将其与教材进行有效结合。在教学期间，教师应将教材当作重要基础，对教材的内容展开全面且有深度的探究与分析，及时找到可以融入心理健康相关内容的切入点。除此之外，教师也不能被教材限制，而需要在教材内容的基础上对教学内容进行创新、拓展、调整和优化。

3. 创设体验式教学情境，培养良好的心理素质

以往小学道德与法治课程的开展，主要采用灌输、说教的教学方法，这种方法容易引起学生的反感，而创设体验式的教学情境，如借助浅显易懂、经典的古诗活动等，则能够激发学生的学习兴趣，使心理健康教育与道德与法治课程充分联系起来。故事在选择上有很多类型，与长篇大论相比，学生更喜欢听故事，通过联想和思考故事情节，可以培养学生的思考能力、总结能力，从而提高学生对道德与法治相关知识、心理健康知识的理解能力。教师可以让学生通过扮演故事中人物的方式在课堂上进行表演，使学生置身于体验式教学情境中获取知识，激发对日常生活中关于道德、法治等相关知识的思考，培育积极向上的心理素质。

体验式学习离不开游戏的运用，在小学道德与法治的教学中运用游戏方式，学生做游戏时的情绪会显得比较高涨，因此，基于游戏体验心理健康教育，能够让学生在实践中获得体验，在喜欢的游戏中不断成长。比如，教师在设计游戏时，可以设计成具有竞争性质的游戏，要求学生遵守游戏规则，学生在参与游戏的过程中会体验到竞争、失败、胜利等各种心理情绪，而队友之间的互动也会使小学生对抗挫折的能力和规则意识不断增强。

长期以来，小学教育的要点是创造良好且和谐的教学氛围，良好且和谐的学习氛围能够让学生缓解自身的紧张、不安，以及焦虑等负能量的情绪，同时，也可以及时改善教师与学生二者之间的互动。身为教师，要为学生创造良好的学习氛围，要遵循以学生为根本的基本原则，使学生处于课堂的主体地位，并积极引导学生加入课堂的活动。同时，也要了解与尊重学生的思想，不侵犯学生的隐私。除此之外，教师在教学期间也要注意与学生交流的语气，要从根本上使学生感到课堂的轻松，将学生自身的紧张感逐渐消除，从而使教师与学生之间的关系逐渐升温，课堂教学效果得到及时改善。

教学情境可以帮助学生在情境中对知识、情感有深刻的体会和感悟，同时也为学生提供生动、有趣的互动情境，也可以使学生更主动地去探索并有所收获。道德与法治教学内容原本就包括大量的、可构建教学情境的部分，所以教师需将其内容进行灵活应用，并根据实际教学需求，及时考虑到学生的兴趣爱好，为学生构建可以激发学生自身积极性的教学情境，同时将心理健康教育融入情境。

4. 在道德与法治教学中拓展教学资源融合心理健康教育内容

小学心理健康教育与道德与法治课的融合需要教师拓展教学内容，通过拓展教学内容为心理健康教育在教学中的融合提供有利条件，在这样的教学方式中学生可以学习更多知识，心理健康教育与道德与法治也可以进行有效的融合，使小学生的良好学习习惯得到培养，道德品质和个人素养得到提升，促进小学生德、智、体、美、劳的全面发展。

学生是心理健康教育的主体，所以教师在教学期间应准确了解学生的身心特征与实际情况，这样才能保障教学效果，从而促进学生心理健康的发展。教学期间，教师须对低年级学生的身心发展规律进行研究和总结，不仅要通过相应书籍、资料等进行理论学习，而且要结合教师与学生的相处经验进行总结，从而更加客观、准确地理解学生的身心特点。同时，教师要认真观察学生在学习生活中的状态，一旦发现任何的异常，便可以通过沟通的方式引导学生讲出自己遇到的问题，教师要主动关心学生，予以关怀和温暖，对学生的心理发展进行正确引导。在此基础上，教师在教学期间便能够结合学生的真实情况进行有针对性的教学，积极努力引导学生正确地宣泄出负能量，帮助学生建立一个更积极健康的心态。

比如，在进行统编版小学《道德与法治》教材中《说话要算数》这节课程时，教师可以讲述生活中关于诚信的故事，让学生感受诚信的重要性和"说话要算数"的意义，在这样的教学方式中，小学生既可以养成诚信的品质，同时也培养了小学生良好的行为习惯，使小学生养成尊重他人的品质和行为，实现了小学心理健康教育与道德与法治课程的融合，为小学生的成长和学习提供了有利条件，对素质教育的实施和教学改革起到了积极的作用。

5. 创设教学情境，在情境中开展教学融合心理健康教育

在小学道德与法治教学中融合心理健康教育，教师也可以采用情境创设的方式进行教学，通过创设教学情境使学生在情境中深刻地理解所学知识，感受所学内容的价值和实际作用，使得小学生参与学习的兴趣得到提升，并且在充满兴趣的心态中主动学习。再加上情境创设教学法具有综合教学的特点，学生在情境教学模式中可以提高多方的能力，因此情境教学法在道德与法治教学中的运用也可以为心理健康教育的融合提供有利条件。

就像在进行《我们当地的风俗》这节课程的时候，在本节课程教学中教师可以组织学生在班级内创设出"民俗风情"的情境，让学生直观地感受当地民俗的魅力，让学生在情境中更加快乐地学习本节课程的知识，并且在情境中小学生可以感受中华文化的魅力，感受家乡的发展和民宿风情，使小学生养成热爱家乡、热爱祖国的品质，引导小学生树立正确的价值观和思想观，而这正是心理健康教育与道德与法治课程融合的体现，也是构建高效课堂的重要途径。

6. 加强实践教学，使学生在实践中学习感受所学知识，开展多学科教育

加强对实践教学的重视是培养学生实践能力的重要途径，也是帮助学生深入理解所学知识的有效方式，同时，在实践教学中学生可以获取学习的乐趣，对激发学生的学习兴趣起到了积极作用。就像在小学心理健康教育和道德与法治课程融合的过程中，教师可以通过明确学习的目标让学生在实践中完成目标，在完成目标的过程中进行学习，从而为小学心理健康教育与道德与法治的融合提供有利条件。

比如，在进行《我能行》这节课程时，教师可以让学生总结自己完成的事情，通过总结这些事情让学生感受到自己成长的过程，接下来，小学生就可以在实践的过程中感受自己的成长，小学生的自信心可以得到培养，使小学生在日后的生活和学习中养成不放弃的心态和品质，实现对小学生的心理健康教育和道德与法治课程的创新，为构建高效的小学心理健康教育课堂与道德与法治课堂提供有利条件，促进小学生多方面能力的提升并推动素质教育的实施。

小学心理健康教育与道德与法治课程的融合不仅创新了教学方式，同时激发了学生的学习兴趣，构建了高效的小学心理健康教育课堂与道德与法治结合，对小学生未来的学习和发展起到了积极的帮助作用，同时，贯彻落实了新课改对现代化教育教学提出的教学要求，使小学生的良好习惯得到培养，道德品质得到提升，从而培养更多文化素质高的现代化人才，实现多学科融合教育背景下的课堂。

心理健康教育是此教学期间必不可缺的教学内容，因此，教师在此教学期间应深入渗透心理健康教育，为帮助学生的健康成长与发展起着促进作用。同时，教师也须在教学过程中积极探索，并结合学生的实际情况进行教学。除此之外，教师还须注重培养学生的人生观与价值观，更好地帮助学生成为社会所需的优秀人才。

第三节　道德与法治培育时代幸福新人

道德与法治教育最重要的目的是培养时代幸福新人，拥有良好的道德品质是内在，遵守法律并懂得用法律保护自己是外在表现。道德与法治让学生更好地适应自己的成长，适应社会的发展，学会与人相处，真正体验生活的幸福。

一、道德与法治培养时代幸福新人的追求

道德和法律是人类社会内外一致的双重规范机制，缺一不可。道德归属于社会意识形态，是人们共同生活及其行为的准则与规范。道德以善与恶、正义与非正义、光荣与耻辱、公正与偏私等标准来评价人们的言行，并通过人们的内心信念、传统习惯和社会舆论维系并发挥作用。道德对人是一种"软约束"，法律对人是一种"硬约束"。因此，通过《道德与法治》课程的学习，引导学生去理解个体与国家、社会的关系和责任，让学生从小懂得，任何人不论职位高低，在法律面前人人平等。法治教育追求的是未来公民能够理性地、执着地探索更好地解决问题的方法，从而推动社会以法治的方式发展。

建设社会主义法治中国是中华民族实现伟大复兴和屹立于世界民族之林的必然选择。培养社会主义合格的、负责任的守法公民是现代教育的重要目标，这是每个教育人应当承担起的责任。法治教育要与道德教育相结合，注重以法治精神和法律规范弘扬社会主义核心价值观，以良法善治传导正确的价值导向，把法律的约束力量、底线意识与道德教育的感化力量、提升精神紧密结合，使少年儿童理解法治的道德底蕴，牢固树立规则意识、诚信观念、契约精神，尊崇公序良俗，实现法治的育人功能。

在小学阶段培养学生的道德品质至关重要，随着素质教育的不断深入，

道德与法治已经成为提高小学生道德品质素养的重要途径。由于小学生的年纪比较小，道德品质还处于形成阶段，通过对道德与法治学科的学习，能够引导学生树立正确的世界观、人生观和价值观，为小学生未来的健康成长与发展奠定良好基础。在道德与法治课程教学中渗透德育教育，可以更大限度地提高道德与法治教学的有效性，提升小学生的道德品质和法律意识。

二、道德与法治德育培养时代幸福新人的要求

（一）丰富学生的情感体验

在小学道德与法治教学中渗透德育教育，能够有效丰富学生的情感体验，激发学生的学习动力，使学生对所学知识有更深入的理解。在传统的道德与法治教学中，因为受到应试教育思想的束缚和其他因素的影响，整体教学质量并不是很理想，学生在学习中只能学会书本中的知识，而且对这些知识的记忆只停留在表面。随着我国教育事业的不断发展，素质教育得到了越来越多人的关注，并且已经成为当今教学改革的重要方向。在素质教育的大环境下，通过小学道德与法治德育渗透，可以让学生切实成为学习的主人，在学习中不再只是单纯地掌握基础知识，而是提升了自身的各方面素养。另外，学生对待道德与法治学科的学习态度也发生了变化，产生更浓厚的兴趣，并从中认识到了事物的发展规律，可以运用所学知识解决日常生活中的各种问题。

（二）促进学生的自主成长

在传统教学模式中，小学道德与法治课程中包含很多枯燥的内容，并且需要学生进行反复记忆，这种教学方式的最终结果只是让学生记住了知识的浅层意义，并没有理解其深层含义，非常不利于提升学生的学习效率。小学生的年纪比较小，很难将注意力集中在学习上，面对众多需要背诵且枯燥的知识，学生会对该课程产生反感的情绪。针对这种情况，教师利用德育渗透的教学方式，将德育知识与小学道德、法治教学结合在一起，能够充分发挥学生的主体作用，为学生创造表现自我的机会。在教学活动中，通过对教材的深入挖掘，寻找与学生实际生活的联系点，以此来加深学生对所学知识的理解，使学生能力得到全面发展。在此过程中，教师通过积极地引导，可以更好地促进学生自主成长，为学生的全面发展打下基础。

（三）热爱集体的道德品质

高尚的道德品质不仅是中华民族的传统美德，也是当今社会每位公民都需要具备的道德素养。因此，在小学道德与法治的课堂教育实施过程中，教师需要借助课本中的知识对学生实施教育引导，并鼓励学生将课本知识与高尚的道德品质加以结合，进而有效地在知识学习的同时实现高尚道德品质的建立和健全。同时，借助道德与法治课堂教育实施德育渗透，还能有效改变学生对于德育教育活动的教条化、刻板认知，促使学生不知不觉地在知识的分析和探究中达成高尚品格的洗礼和熏陶，进而逐步建立高尚的道德品质。

每个人的生活和成长都离不开集体，而班集体则是学生成长过程中所经历的第一个集体，小学道德与法治教师需要借助小学班集体对学生实施集体主义教育，并借此有效建立学生热爱集体的道德品质。同时，教师可以将道德渗透与课本上的相关教学内容相结合，以期达成良好的教育实施效果。

例如，在学习《我爱我们班》这部分知识时，教师为了提升学生的学习效果、借助课堂教学对学生实施集体主义的道德渗透，于是就邀请学生说一说"班集体对你意味着什么？"学生在笔者的鼓励和引导下积极思考，有的学生表示班集体对自己意味着快乐和很多的朋友，有的学生表示班集体对自己意味着成长，有的学生表示自己是班集体的一员、班集体对于自己十分重要，还有的学生表示班集体对自己意味着团结、每位班级成员都是班集体的建设者和管理者。笔者肯定了学生的见解和看法，并借助课堂讨论促使学生感受到了班集体的价值和意义，促使学生在知识探究中高效建立了热爱班集体的意识和品质。最终，每位学生都在课堂体验和参与中感受到了班集体的价值，建立了热爱班集体的道德品质。

（四）热爱祖国的道德品质

每位中国人都应该热爱自己的国家，每位中国少年都应该为了中国崛起而努力读书。在小学道德与法治的课堂上，教师需要借助课堂教育的实施对学生实施热爱祖国道德品质的德育渗透，并帮助学生正确认知国家的意义和地位，促使学生在课堂知识的学习和体验中建立热爱祖国的高尚品质。

例如，在学习《我们神圣的国土》这部分知识时，教师借助多媒体资源为学生展示了我国广阔的国土面积，促使学生结合本校、本市、本省和国家的国土面积进行有针对性的对比，并借此让学生直观感受我国国土的辽阔。

此外，教师还借助我国美丽的自然和人文风光请学生观赏，并在多媒体资源欣赏完毕后请学生发表观看感受：有的学生表示我国太广阔了、太美了，有的学生表示中国有"好山好水好风光"，还有的学生表示我们的国家很大，虽然不同的地区有不同的生活习惯，但是对于祖国的热爱是一样的。教师肯定了大家的看法，并借助多媒体教育资源的整合和总结，帮助学生进一步感受祖国的力量，建立热爱祖国的道德品质。

三、道德与法治德育培养时代幸福新人的策略

（一）立足教材，教学与学生生活紧密结合

教材是课堂教学的重要载体，是教师和学生开展教学活动的主要材料。结合新课程标准相关内容来看，"教育向生活世界回归"成为新课程改革的一个核心理念。小学道德与法治教学资源的开发，要以教材为基础，融入生活化教学理念，实现生活与教学的紧密结合。结合新课程改革的发展形势，如何挖掘教学资源并对教学资源进行有效的应用，对于帮助学生树立正确的价值理念，具有十分重要的意义。基于新课程理念小学道德与法治教学资源的开发，要求教师深入解读教材内容及内涵，联系学生生活实际丰富课堂教学内容，强化小学生对道德与法治德育知识的深入学习及理解。

例如，在统编小学《道德与法治》教材五年级下册《参与公益》一课的教学中，结合本节课的教学要求来看，对教材内容的把握要围绕教学目标，引领学生自主探究感知什么是公益活动。在教育教学资源开发过程中，教师要紧扣教材内容设计教学活动。首先，播放优美动听的公益歌曲《谢谢你》，并请学生谈一谈自己的感受。其次，提出启发性的问题："同学们，此时此刻你最想把这首歌送给谁？"引领学生回归自己的实际生活。有的学生想把这首歌送给爸妈，感谢父母的养育之恩，有的学生想把这首歌送给正在给他们上课的教师，感谢教师的谆谆教导。再次，通过对教材《小娟的故事》的阅读和对"青年志愿者标志"图标构成和内涵的理解，学生自主构建对"公益事业和志愿者"知识点的认知和思考。最后，引导学生对教材中《田家炳爷爷的故事》进行深入分析，学生从中理解服务社会不分大事小事、小善可以聚大爱，丰富扶危济贫、乐善好施中华传统美德的情感体验，增进热爱公益事业的家国情怀，提高了公益意识。教师立足教材尊重学生原

有生活经验的教学资源开发，使课堂教学内容变得更加鲜活与真实。

小学生的思维逻辑和理解能力尚未完全形成，针对道德与法治教学中的一些内容，理解起来会有一定的难度。为了更好地将德育教育渗透到教学中，教师需要深入挖掘现实生活中的案例和素材，以此来加深学生对所学知识的体会，让学生对道德与法治中的知识有更深刻的理解，让学生在掌握知识的同时提升能力。

例如，在学习人教版三年级下册《大家的"朋友"》时，通过本课教学需要让学生认识破坏公共设施的现象及给人们生活带来的不良影响，并且使学生学会正确使用公共设施，能够积极维护公共设施。在进行该部分知识教学时，教师提前准备了学生常见的公共设施图片，让学生分别说出它们的名字，然后再引导学生自主思考，说一说自己常见的"朋友"。教师通过几个发生在学生身边的真实案例，证明公共设施受损会给人们带来影响和危害。随后，教师又为学生介绍了相关的法律知识，并通过小游戏让学生知道如何善待公共设施。在小学道德与法治教学中，通过与学生日常生活的紧密结合，让学生对所学的知识有了更深的理解，既提高了课堂教学效率，同时也培养了学生的良好品德。

（二）充分发挥学生主观能动性

在道德与法治教学中渗透德育教育，需要充分发挥学生的主观能动性，突出学生在学习过程中的地位，让学生积极主动地参与学习。因此，教师需要不断了解学生的身心特点及发展规律，并从学生的兴趣爱好入手开展教学，以此来激发学生的学习热情，让学生在此过程中不断进行自我思考，从而促进学生的进步与发展。

例如，在学习人教版三年级下册《同学相伴》时，该课的教学重难点是让学生体会到同学相伴的快乐，并且初步体会共同生活对个体的意义，使学生养成乐于交际、悦纳他人的好习惯。由于三年级的学生活泼好动，教师便组织学生进行了一个趣味小游戏，学生以小组为单位，通过合作共同完成教师布置的任务，以此来使学生感受同学合作。在整个游戏过程中，学生参与的热情非常高涨，游戏结束后，在教师的引导下，使学生明白与同学在一起是快乐的，与同学合作完成一件事的效率更高。

(三)摆脱传统教学模式的束缚

现在的小学道德与法治教学目标已经不再只是向学生传授知识,更注重培养学生的综合能力,促进学生更为全面地发展。因此,教师需要摆脱传统教学模式的束缚,制定科学合理的教学目标,不断改进教学手段和方法,彰显学生的课堂主体地位,充分融入德育教育。

例如,在学习人教版三年级上册《父母多爱我》时,教师站在学生的角度与学生进行深入交流,唤起学生对父母由衷的爱。随后,教师又组织学生进行了交流分享,使学生感受到了父母对自己的疼爱。整堂课结束之后,学生切身理解、感受到了父母对自己的疼爱及养育之恩,有效进行了德育渗透。

在小学道德与法治教学中进行德育渗透,能够显著提升道德与法治课程的教学质量,帮助学生形成优秀的行为习惯、良好的人格。因此,教师需要及时了解小学生的身心情况,通过对教学方式的改革与创新,将小学道德与法治教学和德育教育结合起来,促进小学生的终身发展。

(四)组织教学活动,深入探究思考

教学活动是教师进行课堂教学组织的活动,是引导学生对知识学习的一个重要过程。新时代,如何开发有效的德育教学资源,开展有效的教学活动,促进学生的高效学习,落实学生核心素养发展,需要小学思政课教师不断地思考、探索与创新。小学道德与法治课堂教学资源的有效开发及利用,教师需要把握课程教学标准和教学内容,注重借助符合学生健康成长需求的教学活动,引导小学生对道德与法治德育教育教学资源进行积极探究与深入思考,真正用道德的课堂引领学生的学习和生活。同时,在对道德与法治教学资源开发利用的过程中,要克服教学内容孤立、封闭、僵化的问题,要突出教学内容与学生生活之间的关联性,引导小学生从自主发展的角度出发,对道德与法治知识进行全面把握。

例如,在统编小学《道德与法治》教材二年级上册课程资源开发过程中,以第4课《团团圆圆过中秋》的教学为例。结合课程资源开发利用的视角,教师可以利用信息技术对学生进行传统文化熏陶,引导学生通过节假日的风俗人情感知和理解中华民族传统文化的多元性,开阔小学生的学习视野,丰富他们对中华传统文化内涵的体验。在传统文化德育教育资源开发时,教师还可以与学生家长进行联系,发挥家校合作的功能及作用。随着时

代的发展、教育方式的演进，多元家庭文化所蕴含的丰富德育教学资源，极大提升了家校协同育人的成效。在《团团圆圆过中秋》课程教学资源的开发及利用中，首先，设计教学导入环节——说一说我们传统的节日都有哪些？学生可能回答：端午节、中秋节、春节等。其次，开展教学过程——联系教学资源开发，组织教学活动。先组织学生与小组成员说一说自己家是怎样过传统节日的，然后引导小学生了解节日的由来及发展历史，开阔小学生的学习视野。最后，教学总结——对节日文化进行了解，促进文化的传承及发展。有效的德育教育资源与教学活动能激发小学生对优秀传统文化进行深入探究和深层体验，增强中华传统文化的自信心和中华民族自豪感。

（五）开发教学案例，开展合作学习

对小学道德与法治而言，一个好的教学案例是将师生带入课堂教学对话的工具，是教师组织一堂精彩教学活动的素材，是学生发现问题、解决问题、丰富体验的助推器。小学道德与法治课程资源开发时，教师可以充分开发教学案例资源，对关键知识点进行利用，引导小学生进行合作学习，培养学生的合作意识和团队精神。

例如，在《我们遵守规则》教学过程中，结合本单元的教学知识点，围绕"规则"这一主题进行教学资源的开发及应用。课前，教师可以搜集班级中主题活动、校规与班规、课间游戏、课外活动等有关规则主题的教学案例资源，再根据学生的能力、学生的需求组成学习兴趣小组共同完成规则主题调查问卷和汇报材料的书写等准备工作。课中，教师利用现代信息技术呈现与"规则"内容相关的图片、视频资料等案例教学资源，引领学生由近至远、由浅入深地探究规则的内涵。开展小组合作交流学习活动，调动所有学生参与贴近生活案例的教学活动，每个学生都能在探究学习过程中体验到规则与自身的密切关系。有目标、有组织、有成效地合作交流学习，培养了学生民主平等意识与合作交往能力，满足少年儿童思想道德成长的需要。课后，开展丰富的主题德育践行活动，将课堂上学习到的规则内容拓展延伸到学生广阔的实际生活世界中，真正培养小学生的规则意识与行动能力，帮助小学生树立正确的价值理念。创造性地开发和利用教学案例资源，带给学生的是更有价值、有思考的教育生活，有助于培养小学生发现问题的敏锐力、分析问题的深刻性和知行合一的实践能力，为学生的品德形成和社会性的发展奠定坚实基础。

　　在开展小学道德与法治教学资源开发及利用过程中，要立足于新课程改革及新时代教育教学发展的新形势，发挥教师的引领作用，突出小学生的主体地位，有效开发课程德育教育资源，以实现小学生更好地成长及发展的目标。这一过程中，教师可以结合教材内容联系小学生的生活实际，组织贴近学生生活的课堂教育教学活动，引导小学生自主探究、高效学习及深度思考，开发丰富的教学案例，帮助小学生从小树立正确的价值观念，更好地实现道德与法治课程"培养幸福的人"的育人目标。

参考文献

[1] 程振响.新时期怎样当好校长［M］.南京：江苏人民出版社，2010.

[2] 成彦明.办好学校的关键策略［M］.南京：南京大学出版社，2010.

[3] 徐莹晖，王文岭.陶行知论生活教育［M］.成都：四川教育出版社，2010.

[4] 陈建华.基础教育哲学［M］.北京：北京人学出版社，2009.

[5] 黄焯.校长怎样抓学校管理［M］.天津：天津教育出版社，2009.

[6] 陈永华.校长在学校文化建设中的作为［J］.教学月刊小学版（综合），2023（3）：1.

[7] 刘铁芳.建设有内涵和品质的学校文化［J］.湖南教育（D版），2023（2）：24-25.

[8] 钟乐江.新时代教师专业成长的应有姿态［J］.教师博览，2023（5）：2.

[9] 王川.促进教师专业成长的有效策略［J］.华夏教师，2023（5）：33-35.

[10] 杨再隋.深度教学需要深度教研［J］.语文教学通讯，2023（3）：1.

[11] 陈晖，汤自安.评价引领学校文化生态建设［J］.甘肃教育研究，2022（12）：8-11.

[12] 詹泽慧，曾筱洵.培养有文化涵养的跨学科创新人才：C-STEAM的理念、方法与愿景［J］.中国信息技术教育，2022（18）：4-9.

[13] 刘晓梅.浅谈如何培养学生的自信心［J］.学周刊，2021（19）：175-176.

[14] 谢志萍，李孟平.和谐互动 合作共生：共生课堂的校本建构和实施经验［J］.教育界（教师培训），2019（7）：24-26.

［15］向守万.名师工作坊"五个一"引领教师专业成长［J］.西藏教育，2023（3）：54-55.

［16］陈永华.学校文化引领力提升的两个视角［J］.教学月刊小学版（综合），2023（4）：1.

［17］张东娇.学校文化涂层的概念化、结构化与格式化［J］.清华大学教育研究，2023，44（2）：63-72.

［18］宗秀明.对"深度教研"的几点思考［J］.吉林教育，2023（12）：18-20.

［19］任尚锋，杜钢辉，李琳华，等.读书，教师专业成长的助推器［J］.河南教育（教师教育），2023（4）：10-11.

［20］潘彩霞.核心素养导向下的小学语文教学［J］.当代家庭教育，2023（9）：177-179.

［21］沈荣.核心素养下小学语文高效课堂构建策略［J］.全国优秀作文选（写作与阅读教学研究），2023（2）：17-18，22.

［22］刘素芸.构建多元立体课程体系，突显幸福文化教育特色［J］.教育家，2021（31）：66.

［23］蔡国瑛.幸福教育的实践探索［J］.甘肃教育，2020（1）：39.

［24］李波.创建家校协同共育机制的实践探索［J］.创新人才教育，2023（2）：21-24.

［25］孙明.让家校协同共育迈向专业化道路［J］.上海教育，2023（Suppl.1）：136.

［26］马春梅.家校协同共育方式的创新［J］.知识窗（教师版），2022（7）：66-68.

［27］董红军."双减"背景下的家校协同共育［J］.中国教育学刊，2021（S2）：196-199.

［28］刘宝平.新课程背景下语文教学中的情感教育探析［J］.成才之路，2021（27）：50-51.

［29］王杨.情感教育在小学语文教学中的渗透［J］.考试周刊，2017（32）：5.

［30］王新萍.情感教育在语文教学中的运用［J］.学周刊，2015（25）：116-117.

［31］张亚静.核心素养下的小学语文教学探究［J］.文理导航（下旬），2023（5）：7-9.

［32］马凤雨."双减"政策下的小学语文教学模式创新方法［J］.天天爱科学（教学研究），2023（5）：2.

［33］甘文娟."双减"政策下小学语文教学的优化策略研究［J］.天天爱科学（教学研究），2023（5）：55-57.

［34］张爱琴.围绕小学道德与法治课程的协同育人［J］.中学政治教学参考，2022（34）：83.

［35］邹丽珍.坚持理论性与实践性相统一，提高小学道德与法治学科育人实效［J］.新课程导学，2022（16）：71-73.

［36］王春梅.小学道德与法治学科育人的情感突围［J］.中小学班主任，2021（24）：54-55，58.

［37］郝珍芳.小学道德与法治课程中的德育教育探究［J］.当代家庭教育，2023（10）：208-210.

［38］于国良.小学道德与法治教学中的德育渗透［J］.教学管理与教育研究，2023，8（4）：17-18.

［39］郑姝姝.如何寓德育于小学道德与法治课堂［J］.学苑教育，2023（5）：22-23，26.